Burgen im Hochschwarzwald

Roland Weis

Burgen im Hochschwarzwald

Jan Thorbecke Verlag

VERLAGSGRUPPE PATMOS

PATMOS
ESCHBACH
GRÜNEWALD
THORBECKE
SCHWABEN
VER SACRUM

Die Verlagsgruppe
mit Sinn für das Leben

MIX
Papier aus verantwortungsvollen Quellen
FSC® C004592

Für die Verlagsgruppe Patmos ist Nachhaltigkeit ein wichtiger Maßstab ihres Handelns. Wir achten daher auf den Einsatz umweltschonender Ressourcen und Materialien.

Verlagsgruppe Patmos in der Schwabenverlag AG, Ostfildern
www.thorbecke.de

Umschlaggestaltung: Finken und Bumiller, Stuttgart
Umschlagabbildung: Neufürstenberg (Thomas Demattio, Hammereisenbach)
Gestaltung, Satz und Repro: Schwabenverlag AG, Ostfildern
Druck: Firmengruppe APPL, aprinta druck, Wemding
Hergestellt in Deutschland
ISBN 978-3-7995-1368-5

Inhalt

Dank

Dieses Buch konnte nur dank der Mithilfe und Unterstützung vieler Einzelpersonen, Organisationen und Einrichtungen zustandekommen. Für finanzielle Unterstützung danke ich ganz besonders Burkart Knospe und der Testo AG, ebenso den Sparkassen Bonndorf und Hochschwarzwald, der Volksbank Freiburg, Mathias Nikolay von der badenova AG, Thorsten Rudolph von der HTG sowie den Städten und Gemeinden Kirchzarten, Titisee-Neustadt, Höchenschwand, Bonndorf, Stegen, Bräunlingen, Friedenweiler, Schluchsee, St. Märgen, Eisenbach, Löffingen und Lenzkirch.

Bei der Recherche zu einzelnen Burgplätzen und ihrer Geschichte war ich häufig auf lokale Überlieferung und spezifisches örtliches Wissen angewiesen. Hier danke ich insbesondere Altortsvorsteher Berthold Meister für die Hinweise zur Neuenburg und den Tipp, zur Burg Hardegg in Mundelfingen bei Gebhard Merz nachzufragen. Ich danke Thomas Demattio für seine Bilder und Informationen zur Ruine Neufürstenberg und ihm sowie dem Förster Klaus Tröndle für die Führungen rund um Laubenhausen und Krumpenschloss. Für Tipps und Recherchehinweise rund um die Neustädter Burg Honvirst danke ich Birgit Hermann und Gerrit Müller, für Fotos und Illustrationen gilt mein besonderer Dank Udo und Eve Beylich sowie Ingo Behring. Uwe Kaiser danke ich für das Material zum Amtshaus in Neustadt.

Ein solches Buch lebt auch immer stark von der Illustration und der optischen Umsetzung der Themen. Hier danke ich ganz besonders dem Zeichner und Illustrator Carlo Büchner aus Sexau für die Geduld und Akribie, die er an den Tag legte, um gemäß meiner nicht immer leicht durchschaubaren Anweisungen die Burgen zeichnerisch zu rekonstruieren. Ebenso danke ich Anita Schwörer von der Agentur FOX-Grafik Design in Neustadt für die liebevolle Erstellung der Übersichtskarte. Mein Dank geht außerdem an meine Lektorin Daniela Naumann vom Jan Thorbecke Verlag, die sich immer für dieses Buch stark gemacht und es am Ende auch ermöglicht hat.

Ganz zum Schluss danke ich meiner lieben Frau Carolin, die keine Klettertour und keine noch so abwegige Waldbegehung gescheut hat, um mich bei den meisten meiner Ortserkundungen zu begleiten.

Roland Weis, Januar 2019

Burgen und Herrenhäuser
DES HOCHSCHWARZWALDES

BIS 800 NACH CHRISTUS
1. Heidenschloss Berau
2. Krumpenschloss
3. Tarodunum
4. Römerkastell Hüfingen
5. Heidenschloss Höchenschwand
6. Römertürme Dittishausen / Thurner
7. Ringwall Kappel
8. Welschenorderach
9. Schellenfrauenbuck

BIS 1000 NACH CHRISTUS
10. Wiesneck
11. Kasteleck
12. Zastlerstein
13. Roteck
14. Honvirst
15. Alt-Tannegg
16. Hörnle
17. Guggelsberg
18. Lausheim
19. Fohrenbühl
20. Signau
21. Tombruck
22. Rappenfelsen
23. Enkenstein
24. Brandenburg-Galgenbühl

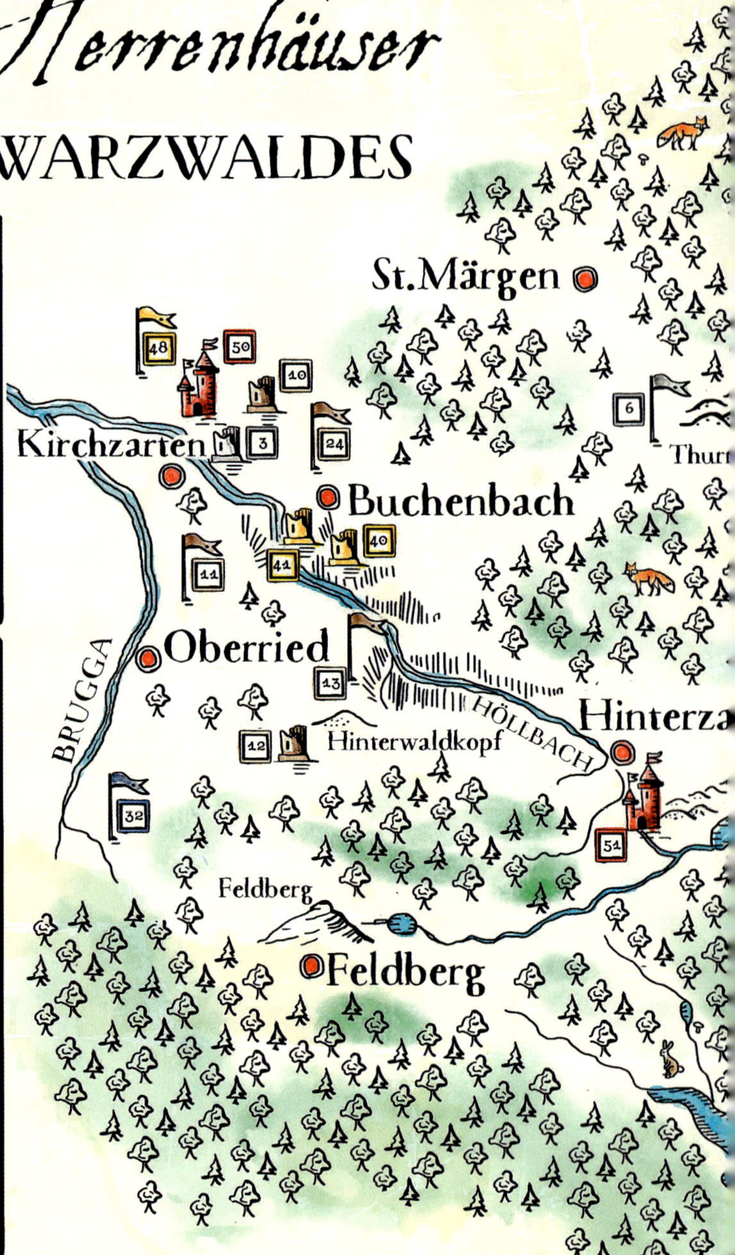

BIS 1300 NACH CHRISTUS
25. Blumegg
26. Neu-Tannegg
27. Stallegg
28. Neublumberg- Räuberschlössle
29. Steinegg
30. Roggenbach
31. Neuenburg
32. Wilde Schneeburg
33. Künzingen
34. Hardegg
35. Dillendorf
36. Buchegg
37. Dellingen
38. Eulenburg
39. Rotes Haus

BIS 1500 NACH CHRISTUS
40. Falkenstein
41. Bubenstein
42. Neufürstenberg
43. Zindelstein
44. Kirnburg
45. Schloss Urach
46. Grünburg
47. Vöhrenbach
48. Falkenbühl

BIS HEUTE
49. Schloss Bonndorf
50. Schloss Weiler
51. Erlenbruck
52. Amtshaus Neustadt

Vöhrenbach
BREG
Hammereisenbach
Höchst
Eisenbach
Frieden-
weiler
Bräunlingen
GAUCHACH
RÖTEN-
BACH
Neustadt
GUTACH
Hochfirst
Dittishausen
Rötenbach
Döggingen
Löffingen
Unadingen
enzkirch
Göschweiler
Reiselfingen
Bachheim
WUTACH
Ewattingen
luchsee
STEINA
Bonndorf
Blumegg
Wellendingen
Grafenhausen
SCHWARZA
METTMA
FOX
Berau
Bedeutung der Farben und Symbole:
Keine Reste vorhanden
Noch Mauern vorhanden
Gebäude komplett vorhanden
Bis 800 n. Christus
Bis 1000 n. Christus
Bis 1300 n.Christus
Bis 1500 n. Christus
Bis Heute

Einführung

Den Hochschwarzwald bringt man kaum mit Burgen oder Burgruinen in Verbindung. In der Tat mangelt es an vorzeigbaren Objekten. Die prächtigen Ruinen oder gut erhalten gebliebenen Schlösser, die wir aus anderen Regionen Badens kennen, sucht man hier vergebens. Nach dem allgemeinen Empfinden ist der Hochschwarzwald nahezu burgenleer. Es gibt nichts, was man ernsthaft als Attraktion vorzeigen könnte. Die aufragenden Bergfriede der Roggenbacher Schlösser im Steinatal, für die es neuerdings Sanierungszusagen des Landes gibt, sind die noch am besten erhaltenen Überreste mittelalterlicher Herrensitze im Untersuchungsgebiet. Ihre Ruinen bilden die einzige Burgstelle, die aus romantischer und touristischer Sicht überhaupt einen Besuch lohnt.

Archäologische Befunde ergeben hingegen bereits einen deutlich umfangreicheren Fundus. Immerhin Mauerreste und sichtbare Spuren haben die Jahrhunderte von den einstigen Burgen Zindelstein (Bregtal), Neufürstenberg (Hammereisenbach), Urach (Lenzkirch), Neu-Tannegg (Boll), Stallegg und Neu-Blumegg (Göschweiler), Falkenstein (Höllental) und Wiesneck (Buchenbach) übrig gelassen, um nur die wichtigsten zu nennen. Leider ist es um Erhalt und Pflege dieser Ruinen nicht besonders gut bestellt. Nimmt man nun auch noch schriftliche Quellen, Ortsüberlieferungen, namenkundliche Belege und weitere Indizienbeweise hinzu, so erweitert sich der Kreis beachtlich. Die Liste umfasst am Ende mehr als dreißig gesicherte oder vermutete einstige Burgplätze.

Die nähere Definition des Untersuchungsgebiets liefert dazu eine erste Erklärung. Bei dem hier als »Hochschwarzwald« benannten Gebiet handelt es sich nicht um den eng bemessenen geografischen Raum des ehemaligen Landkreises dieses Namens. Dieser umfasste einst lediglich die Landschaft zwischen Hinterzarten und Bonndorf. In der vorliegenden Untersuchung werden dem Hochschwarzwald zusätzlich auch die Erschließungstäler im Westen zugeordnet, also das obere Dreisamtal, das Wagensteigtal, das Zastler- und St. Wilhelmer Tal sowie das Höllental mit seinen Nebentälern. Ebenso ist im Osten die Absenkung zur Baar mit eingeschlossen, also der Raum zwischen Löffingen und Bräunlingen/Hüfingen, im Norden begrenzt durch das Bregtal. Im Süden sind es die Flusstäler der zum Rhein abfließenden Wutach, Steina, Mettma und Alb, die in ihren für die frühe Erschließung des Hochschwarzwaldes bedeutsamen Oberläufen ebenfalls mit in das Untersuchungsgebiet einbezogen werden. Bei all den aufgezählten, aus dem naturräumlich definierten Hochschwarzwald schon hinausführenden Tälern und Landschaften handelt es sich um die historischen Zugänge zum Siedlungsraum Hochschwarzwald. Sie müssen deshalb im Hinblick auf dort einst vorhandene Burgen als wirtschaftlich, machtpolitisch und verkehrstechnisch eng mit dem Hochschwarzwald verknüpfte räumliche Einheit betrachtet und behandelt werden. Dennoch ergab sich die Notwendigkeit, Grenzen zu ziehen, wo scharfe Grenzen eigentlich gar nicht auszumachen sind. Zur Baar hin bilden in etwa die Gauchach und die Breg diese Grenzen, und deshalb liegen zum Beispiel die Stadtburg Bräunlingen oder der Stammsitz des Hauses Fürstenberg auf dem Fürstenberg außerhalb dieser Grenzen, obwohl es gute Argumente gäbe, auch diese beiden Burgplätze noch in die Untersuchung aufzunehmen. Nur müsste man dann auch die Entenburg Pfohren oder Burg Wartenberg ebenfalls hinzunehmen und entfernte sich räumlich immer weiter vom eigentlichen Untersuchungsgebiet. Ebenso verhält es sich am westlichen Rand unseres Untersuchungsgebiets, im Dreisamtal. Die Talvogtei in Kirchzarten, das sickingische Schloss in Ebnet, die Burg der Zähringer in Freiburg – ja, alle diese Standorte hatten hohe Bedeutung auch für das Geschehen auf dem Wald, aber es sprengte den Rahmen dieser Untersuchung, wollte man sie angemessen darin berücksichtigen.

Das Stichwort der verkehrstechnischen Verknüpfung liefert einen Hinweis für die überraschend hohe Anzahl der zum Vorschein kommenden Burgplätze. Seit frühesten Zeiten führten Wege und Straßen durch den Hochschwarzwald. Sie verknüpften bedeutsame Herrschaftszentren, wie es besonders anschaulich für die Zeit der Zähringerherzöge gezeigt werden kann; sie sicherten aber auch dem lokalen Kleinadel die Existenz, was man anhand der Geschichte der Burgen im Wutachgebiet gut nachzeichnen kann. Vielfach müssen Burgen im Hochschwarzwald auch mit den ganz frühen Erschließungsvorgängen in Verbindung gebracht werden, was dann in die für unseren Raum weitgehend urkundenlose Zeit der alemannisch-fränkischen Herrschaft zurückführt, in Einzelfällen sogar noch weiter zurück, in die Zeit der Römer und der Kelten. Hier sprechen wir zwar eher von Befestigungsanlagen als von Burgen, dennoch können diese Plätze nicht unterschlagen werden. Sie bilden deshalb den ersten von insgesamt fünf größeren Zeitblöcken, denen in der vorliegenden Untersuchung mit jeweils einer kurzen Einführung die unterschiedlichen Burgen und Befestigungsanlagen zugeordnet werden. Diese fünf »Epochen« sind keine wissenschaftlich gebräuchlichen Kategorien, sondern eine vom Verfasser vorgenommene zeitliche Zuordnung, die es erleichtert, die Burgen thematisch zusammenzufassen.

Der erste Zeitblock stellt frühzeitliche Wehrbauten aus heidnischer Zeit vor, vom ausführlich durch die Wissenschaft sezierten keltischen Tarodunum im Dreisamtal über das »Heidenschloss« in Berau bis zum Krumpenschloss in Hammereisenbach. Im zweiten Abschnitt sind all jene Burgen zusammengefasst, die – mutmaßlich oder höchstwahrscheinlich, denn gesichert ist das nie – der vorurkundlichen Zeit der fränkischen Herrschaftsbildung zuzuordnen sind. Hier handelt es sich naturgemäß um sehr unsichere Kandidaten, da vielfach weder archäologische Befunde noch schriftliche Quellen vorhanden sind. Dennoch gibt es, wie wir sehen werden, erstaunlich zahlreich Indizien und Hinweise anderer Art. Der dritte Abschnitt zeigt Burgen und Herrensitze, die eindeutig dem lokalen Adel des Mittelalters zuzuweisen sind, die aber spätestens mit der Herrschaftsbildung der Zähringer und deren Nachfolgern ihre Bedeutung und ihren Nutzen verloren haben. Die Zähringerburgen beziehungsweise die ihrer Ministerialen und der ihnen nachfolgenden Geschlechter der Uracher und Fürstenberger bilden den vierten großen Block. Als Letztes wird im fünften Abschnitt eine kurze Zusammenstellung der neuzeitlichen Herrensitze angeboten. Hier geht es um Schlösser und schlossähnliche Bauten, die erst in jüngerer Zeit entstanden sind.

Für die meisten Burgruinen und Burgstellen des oben beschriebenen Gebiets ist die Quellenlage nicht besonders gut, aber dennoch gibt es reichlich Literatur zum Thema. Die gründlichsten und neuesten Darstellungen stammen aus dem Forschungsprojekt »Die Burgen im mittelalterlichen Breisgau« von Alfons Zettler und Thomas Zotz (künftig: Zettler/Zotz), das in bisher drei Bänden nahezu jeden Burgenplatz zwischen Herbolzheim im Norden und dem Hochrhein im Süden erfasst hat. Leider steht der vierte Band »Südlicher Teil, Buchstaben L–Z« noch aus, so dass, sofern sie überhaupt zur Aufnahme vorgesehen sind, vor allem die Burgen der oberen Wutachschlucht und der Westbaar noch fehlen, die uns hier besonders interessieren. Für diesen Raum steht jedoch die von Hans Voellner vorgelegte Untersuchung »Die Burgen und Schlösser zwischen Wutachschlucht und Hochrhein« aus dem Jahr 1975 zur Verfügung. Er hat zum Teil auf die schon 1861 erschienene Darstellung »Der Amts-Bezirk oder die ehemalige sanktblasische Reichsherrschaft Bonndorf« von Albert Kürzel zurückgegriffen. Ebenfalls schon vor über hundert Jahren erschien die Darstellung »Die Burgen und Schlösser Badens« von Eduard Schuster. Der Abgleich mit seinen Vor-Ort-Beschreibungen macht anschaulich, inwiefern sich Ruinen binnen der letzten hundert Jahre verändert haben beziehungsweise teilweise sogar seither gänzlich verschwunden sind.

Daneben gibt es eine Reihe von Spezialuntersuchungen wie etwa den von Hermann Ehmer herausgegebenen Band »Burgen im Spiegel der historischen Überlieferung« oder »Burgen im Breisgau – Aspekte von Burg und Herrschaft im überregionalen Vergleich«, herausgegeben von Erik Beck, Eva Maria Butz, Martin Strotz, Alfons Zettler und Thomas Zotz, die zahlreiche wissenschaftliche Aufsätze zum Thema versammeln und vom Verfasser entsprechend herangezogen wurden. Einen ganz speziellen Zugang vermittelt der Band »Badische Burgen aus romantischer Sicht«, der 1991 anlässlich einer Ausstellung im Freiburger Augustinermuseum erschienen ist. Dem Verfasser standen weiterhin zahlreiche Aufsätze, Zeitungsartikel, heimatgeschichtliche Einzeluntersuchungen und Abhandlungen zur Verfügung.

Unter den populärwissenschaftlichen Darstellungen ist bis heute Arthur Hauptmann mit seinem Buch »Burgen einst und jetzt« unerreicht, das aus einer Zeitungsserie im »Südkurier« hervorgegangen ist. Hauptmann wagt zu jeder Burg eine Rekonstruktion. Diese Kühnheit ist wissenschaftlich zwar verpönt, weil die archäologischen Befunde nur in den seltensten Fällen belastbare Rückschlüsse auf die einstige Architektur zulassen, aber sie erlaubt romantisierende Annäherungen, die bis zu einem gewissen Grad hohe Plausibilität in sich bergen. Deshalb geht auch das vorliegende Buch diesen Weg. Die hier angebotenen Rekonstruktionen greifen entweder auf frühere Darstellungen und Beschreibungen zurück oder orientieren sich an vergleichbaren Bauten in vergleichbaren Zeithorizonten und in verwandten Geländereliefs.

Generell gilt, dass Schriftquellen, die auf die Existenz von Burgen im Hochschwarzwald hinweisen, erst im späten Mittelalter, in der zähringerischen Zeit, auftauchen. Der Adel, der den Burgenbau betrieb, war bis ins 11. Jahrhundert weitgehend schriftlos. Schriftquellen, wo sie überhaupt vorhanden sind, stellen also immer einen »terminus ante quem« dar, also einen Zeitpunkt, zu dem die Burg sicher existiert hat, aber ohne Angabe dazu, wie lange sie schon bestand. Häufig werden die Burgen des Hochschwarzwaldes zuerst oder ausschließlich als Namensbestandteil fassbar. Das heißt, ein Adliger und seine Familie benannten sich nach einer Burg und verwendeten dann den Burgnamen als Familiennamen.

Die Burgherren haben so gut wie keine eigenen Aufzeichnungen hinterlassen. Wir sind also häufig auf die klösterlichen Überlieferungen angewiesen, die naturgemäß aber frühestens mit der Klostergründung einsetzen konnten, im Falle von St. Peter und St. Märgen also erst am Ausgang des 11. Jahrhunderts. So nimmt es nicht wunder, dass 1079 die Ersterwähnung der Burg Wiesneck am Eingang des Wagensteigtals die früheste Schriftquelle überhaupt hinsichtlich einer Burg im Hochschwarzwald darstellt. Diese Erwähnung steht im Zusammenhang mit der Eroberung des Breisgaus durch Berthold II. im Jahr 1079 und belegt, dass die Burg Wiesneck längst schon bestand, denn der Zähringer ließ sie zerstören. Inzwischen herrscht in der Burgenforschung die einmütige Auffassung, dass die erste schriftliche Nennung einer Burg wenig über den Zeitpunkt ihrer Erbauung aussagt und dass der adlige Burgenbau auch im Breisgau und Südschwarzwald bereits im 9. und 10. Jahrhundert eingesetzt hat.

Aus dieser Frühphase dürften in den Erschließungstälern Richtung Hochschwarzwald auch jene Burgplätze und Ruinen stammen, die uns heute nur noch als Flurnamen, Ortssagen oder rätselhafte Steinhaufen im Gelände entgegentreten. Dies wird in jedem Einzelfall zu prüfen und zu diskutieren sein.

Das Problem der Datierung lässt sich nur bedingt lösen, etwa über technische oder ästhetische Baumerkmale, die sich über Vergleiche und Analogien zeitlich einordnen lassen. Das setzt aber vorhandene Bausubstanz voraus, wovon an den Ruinenplätzen im Hochschwarzwald kaum die Rede sein kein. Keramik- und Münzfunde erschließen ebenfalls Datierungshorizonte. Speziell von den Burgplätzen im östlichen Dreisamtal liegen solche Funde vor. Die Burgstellen an Wutach- und Gauchachschlucht und anderen entlegenen Winkeln des Hochschwarzwaldes liegen archäologisch jedoch noch nahezu jungfräulich da, ohne dass je eine systematische Begehung stattgefunden hätte. Zusammenfassend ist einzuräumen, dass eine exakte und verlässliche Datierung der hier vorgestellten Burgen nur in wenigen Ausnahmefällen möglich ist. In der großen Mehrheit muss man sich mit Spekulationen und über Indizien hergeleiteten Plausibilitäten begnügen.

Möchte man sich mit Einzelheiten zum Leben auf der Burg beschäftigen, so steht man vor der Frage: Wer lebte überhaupt dort? Ganz sicher müssen wir neben den eigentlichen Burgherren, die nicht in jedem Fall zu den dauerhaften Bewohnern gehörten, auch Burgvögte mit militärischen, administrativen und wirtschaftlichen Aufgaben annehmen, unter ihnen dann aber ein buntes Gebräu an Bediensteten und ihren Familien: Stall- und Fuhrknechte, Kriegssöldner, Handwerker vom Schmied bis zum Bäcker (Pfister), Verwaltungspersonal, Köche, Boten, Mägde, Jäger, Pförtner, Schweine- und Viehhirten, da wo es gehoben zuging: Brauknecht und Schreiber. Selten dürfte die Zahl der regelmäßigen Burgbewohner viel höher als bei zwanzig oder dreißig Personen gelegen haben. Die zahlenmäßig kleinen Burgbesatzungen reichten kaum zur ernsthaften Verteidigung aus. Der wesentliche Schutz einer Burg lag in ihrer Unzugänglichkeit. Hinter Zugbrücken, Mauern und Gräben, umgeben von steil abfallenden Felsen, konnte sich auch eine kleine Burgbesatzung geraume Zeit verschanzen.

Der Wohnkomfort der Burgen dürfte höchst bescheiden gewesen sein. Man darf im Lebensalltag Holzgeschirr annehmen, Teppiche, Leintücher, Öfen, vereinzelt auch verglaste Fenster, Vorräte an Wein (in Fässern), Getreide (in Säcken), Hülsenfrüchte, lebendes Geflügel, Schweine, Ziegen, Schafe und Vieh. Die Trinkwasserversorgung erfolgte über Quellen (oft von außerhalb der Burg – das Wasser kam dann über offene Gräben oder hölzerne Deichelleitungen in die Burg), Zisternen und in selteneren Fällen regelrechte Brunnen.

Der Verfasser hat nahezu jeden Burgenplatz, der hier erörtert wird, selbst begangen und aufwändig durch Fotografien dokumentiert. Die Fotos illustrieren, soweit dies in unwegsamem Gelände und oft im Unterholz möglich ist, die jeweilige Ist-Situation. Das Buch erzählt, soweit bekannt, die Geschichte der einzelnen Burgen und ihrer Bewohner, die Umstände ihrer Zerstörung, die Mutmaßungen, die sich um Alter, Erbauer und Zweck der jeweiligen Burg ranken, sowie die gegenwärtige wissenschaftliche Einordnung. Dabei werden auch Sagen, Mythen, Ortsüberlieferungen und Namensbelege in den Zeugenstand gerufen.

Die prominentesten, rätselhaftesten und am besten erhaltenen einstigen Burgen und Wehranlagen sind in ihrem möglichen einstigen Erscheinungsbild jeweils in einer zeichnerischen Rekonstruktion nachempfunden. Diese Rekonstruktionen sind im oben dargestellten Sinne nur als Annäherung zu verstehen, sie erheben nicht den Anspruch einer architektonisch authentischen Darstellung. Die künstlerisch überhöhten und zum Teil stilisierten Burgansichten stammen vom Zeichner und Grafiker Carlo Büchner aus Sexau. Er hat den Versuch unternommen, ein Abbild anzubieten, das aus dem archäologischen Bestand, aus historischen Darstellungen, aus früheren Rekonstruktionen und aus dem spiritus loci zusammengesetzt ist.

Das vorliegende Buch will durch diesen populärwissenschaftlichen Ansatz als Lese- und Einführungsbuch verstanden sein. Zugunsten der leichteren Lesbarkeit wurde auf Fußnoten im Fließtext verzichtet. Das schmälert jedoch nicht den wissenschaftlichen Anspruch. Der Hinweis auf relevante Quellen erfolgt jeweils im Fließtext.

DIE FRÜHZEITLICHEN BURGEN UND WEHRANLAGEN

Einführung

Die Besiedlung des Schwarzwaldes hat viel früher eingesetzt, als es die Forschung bis vor Kurzem noch angenommen hat. Die alte Lehrbuchmeinung, wonach erst im Hochmittelalter zwischen 900 und 1100 n. Chr. nennenswerte und dauerhafte Siedlungen im inneren Schwarzwald entstanden seien, ist inzwischen durch Pollenanalysen, Namensforschung, archäologische Befunde und weitere wissenschaftliche Disziplinen gründlich widerlegt. Ein alemannisch-fränkischer Einbaum aus dem Schlick des Schluchseegrundes ist dendrochronologisch zweifelsfrei dem 7. Jahrhundert zugewiesen worden, auch zwei steinerne Sarkophage aus einem Grab am Titisee gehören in dieses Jahrhundert. Solche Fundstücke setzen organisierte Besiedlung, dauerhafte Anwesenheit und Wegverbindungen voraus, kurzum eine Durchdringung, die auch mit herrschaftlichen Strukturen verbunden ist. Wo solche herrschaftlichen Strukturen nachgewiesen sind, ist es nicht mehr weit zu herrschaftlichen Bauten. Nach den Gepflogenheiten der Zeit waren dies Burgen oder zumindest burgähnliche Befestigungen.

Inzwischen kennt die Wissenschaft auch nahezu die exakte Trasse einer einstigen Römerstraße durch den südlichen Schwarzwald. Sie führte vom Kastell Brigobannis beim heutigen Hüfingen über das Brändgebiet auf den Höchst/Kolmen bei Eisenbach und von dort auf der Kammlinie der Höhen zwischen Höchst und Thurner bis zum Hohlen Graben. Vom Hohlen Graben ging es auf verschiedenen Routen hinunter Richtung Breisgau bis nach Riegel, wo einst ein römisches Militärlager bestand. Links und rechts dieser Römerstraße befanden sich bäuerliche Siedlungen, Raststationen und mit großer Wahrscheinlichkeit auch Schutzanlagen. Mit dieser Römerstraße befinden wir uns bereits im 1. und 2. nachchristlichen Jahrhundert, doch die Hinweise auf eine Besiedlung des Hochschwarzwaldes führen noch weiter zurück. Das Römerlager in Hüfingen wurde am dortigen Galgenberg auf einer noch älteren eisenzeitlichen Siedlung errichtet, die wiederum die Nachfolge eines noch älteren keltischen Siedlungsplatzes angetreten hat. Damit reichen die Siedlungsspuren bis ins 8. Jahrhundert v. Chr. Das ist der äußerste Zeithorizont, den wir in unserer vorliegenden Untersuchung halbwegs seriös ins Auge fassen können. Alles, was eventuell noch älter sein, noch weiter in Bronze- oder gar Steinzeit zurückführen könnte, ist derzeit spekulativ und in keiner Weise wissenschaftlich gesichert. Das bedeutet allerdings nicht, dass über die Möglichkeit noch älterer Besiedlung nicht schon längst die wissenschaftliche Diskussion ausgebrochen wäre. Man weiß schon lange von steinzeitlichen Siedlungsplätzen im Hochschwarzwald. Steinzeitliche Funde sind selbst in den größten Höhenlagen gemacht worden. Mit seinen Forschungen entlang der Pollenanalysen aus eiszeitlichen Seen und Mooren des Süd- und Nordschwarzwaldes hat zum Beispiel der Tübinger Professor Manfred Rösch mittlerweile lange währende Besiedlungsepochen am Schluchsee schon 6000, 3000 und 1500 v. Chr. nachgewiesen. Der Verfasser selbst hat in mehreren Untersuchungen Wegverbindungen, Namensrelikte und bauliche Hinterlassenschaften aus jenen vorchristlichen Jahrtausenden zur Diskussion gestellt.

Das heutige Süddeutschland bildete in vorgeschichtlicher Zeit das Kernsiedlungsgebiet der nordwestalpinen Hallstattkultur (800 bis 450 v. Chr.). Als Träger dieser Kultur gelten die Kelten, deren Kerngebiet in allen Quellen, in denen davon die Rede ist, mit dem Gebiet zwischen Oberlauf der Donau und dem Hochrhein- und Oberrhein angegeben wird. Der Hochschwarzwald mit seiner Lage zwischen diesen schiffbaren Verkehrswegen befand sich damit sozusagen mitten im Zentrum des keltischen Ursprungsgebiets.

Erwägen wir die Kelten als früheste Baumeister von Wehr- und Burganlagen, für deren Existenz wir heute noch Spuren im Hochschwarzwald finden, so drängen sich drei markante Örtlichkeiten auf: Die antike Siedlung Tarodunum im Dreisamtal, das rätselhafte Heidenschloss auf dem Berauer Horn und die umstrittene Fliehburg Krumpenschloss bei Hammereisenbach. Von diesen drei Plätzen gilt im Hinblick auf ihre keltische Vergangenheit nur Tarodunum als eindeutig gesichert. Beim Heidenschloss in Berau sind die Befunde erdrückend, dennoch fehlt der finale archäologische Nachweis für eine bronzezeitliche Datierung. Das liegt schlicht daran, dass es eine echte archäologische Kampagne auf dem Areal bisher noch nicht gegeben hat. Die größten Fragezeichen liegen über dem Krumpenschloss, aber auch dort wächst die Zahl der Anhänger jener These, wonach es sich auch hier um eine keltische Flieh- oder Schutzburg gehandelt habe.

Neben diesen drei Örtlichkeiten stehen weitere Anlagen oder Plätze unter Verdacht einer vorzeitlichen Vergangenheit. Bei Höchenschwand ist dies das Heidenschloss, bei Reiselfingen der Schellenfrauenbuck, bei Bonndorf der Lindenbuck. Zu diskutieren wären auch Fundberichte aus Lenzkirch-Kappel und weiteren Orten.

Die einzige, eindeutig römische Wehranlage im Untersuchungsgebiet, wenn auch an deren äußerstem Rand, ist das Römerkastell in Hüfingen. Da es dazu an reichlicher Literatur und an ausführlichen Forschungsberichten nicht fehlt, beschränkt sich die Darstellung in diesem Kapitel auf das Notwendigste. Bei dieser Gelegenheit wollen wir aber die Aufmerksamkeit auf mindestens zwei weitere Plätze richten, Stationen entlang der oben erwähnten Römerstraße, die zumindest einige Merkmale für das mögliche einstige Vorhandensein eines Turmes oder einer Wachstation aufweisen.

Zuletzt stellen wir in diesem Kapitel noch die Frage, ob es vielleicht auch Hinweise auf Befestigungen aus alemannischer Zeit gibt. Möglicherweise solche, die später in Siedlungen aufgegangen sind, oder solche, die im Übergang zur fränkischen Zeit bereits erste Herrschaftssitze gewesen sein könnten. Dabei ist die Lücke, welche die Alemannenzeit hinterlassen hat, durch das Wesen dieses germanischen Volksstammes gut erklärbar. Es handelte sich um Kriegs- und Jagdsippen, die in ihren Anfängen im Südwesten eher auf Erobern und Zerstören aus waren. Später, als sie siedelten, in Einzelgehöften und kleineren Weilern, schufen sie eher dörfliche Gemeinschaften ohne wehrhafte Herrschaftszentren. Der Anführer einer Alemannensippe war in der Regel der Besitzer des größten Bauernhofes, weniger der Herr über eine Burg. Die Sitte, eine herausgehobene Stellung auch architektonisch in Form eines Herrensitzes sichtbar zu machen, kam erst mit den fränkischen Herrschern auf.

Das Heidenschloss auf dem Berauer Horn

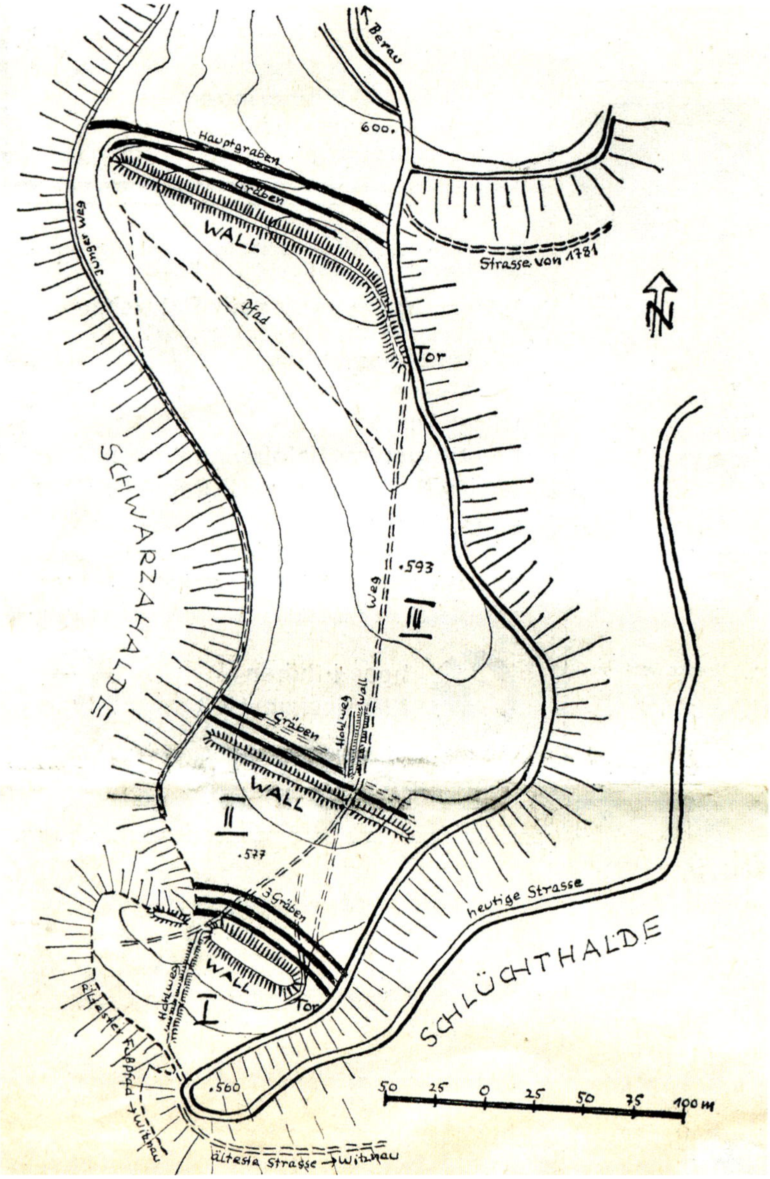

▲ Der Heimatforscher und Hobbyarchäologe Heinz Voellner hat die Gesamtanlage auf dem Berauer Horn 1972 für einen Zeitungsartikel im Südkurier in diesem Lageplan übersichtlich dargestellt. Deutlich ist zu erkennen, wie die drei Wälle jeweils den gesamten Bergrücken abriegeln.

Das Berauer Horn ist der von Schluchsee-Schönenbach kommende und am weitesten nach Süden auskragende Sporn des Hochschwarzwaldes. Dieses Horn wird von der Schwarza und der Schlücht gebildet, die sich an seinem Fuß bei Witznau vereinigen. Der Sporn verengt sich hinter dem Dorf Berau auf eine Breite von nur noch einigen hundert Metern, auf dem letzten Abschnitt sind es sogar weniger als hundert Meter Breite. Und genau auf diesem letzten Abschnitt, mit steil abfallenden Felsen hinunter in die Täler von Schlücht und Schwarza, befinden sich die Reste eines Ringwalls, einer Fliehburg, einer Höhenburg – was immer man darin sehen möchte. In der Chronik von Berau (erschienen 1969) heißt es dazu: »Die Anlage dieser gewaltigen Ringwall- oder Fliehburg erfolgte wahrscheinlich im ersten vorchristlichen Jahrtausend und diente den Ackerbau treibenden Siedlern der damaligen Zeit und sicher auch der Bevölkerung in den folgenden Jahrhunderten in unsicheren Kriegszeiten als Zufluchtsort.« Rudolf Metz spricht in seiner »Landeskunde des Hotzenwaldes« von einer »vermutlich Latène-zeitlichen Anlage«, bestehend aus »einer Hauptburg und einer Vorsperre«. Als »Latènezeit« (nach einem archäologischen Fundort) bezeichnet die Wissenschaft die Eisenzeit in den Jahrhunderten vor den Römern, also etwa zwischen 500 v. Chr. und der Zeitenwende. Dieser Epoche werden in unseren Breiten gemeinhin die Kelten zugeordnet.

Die Befestigungsanlage auf dem Berauer Horn nimmt den gesamten Bergrücken vor der letzten Straßenkehre von Berau nach Witznau ein. Sie umfasst damit ein Areal von rund 400 Metern Länge und im Schnitt 200 Metern Breite, insgesamt etwa 80.000 Quadratmeter. Nur an der äußersten Spitze verjüngt sich der Sporn auf zuletzt gerade noch 25 Meter Breite. Das Messtischblatt bezeichnet die Anlage als »Schanze«. In der Ortsüberlieferung von Berau wird sie »Heidenschanze« beziehungsweise »Heidentor« genannt. Jenseits der Verschriftlichung gibt es auch die Ortsüberlieferung, bei den Wällen handele es sich um »Hunnengräber«.

An der Bergseite Richtung Berau riegelt ein 150 Meter langer, bis zu 12 Meter breiter und 5 Meter hoher Stein- und Erdwall den gesamten Bergrücken in seiner vollen Breite ab. Diesem Wall vorgelagert sind noch einige Gräben. Innerhalb des Areals stößt man dann im letzten Drittel vor dem steilen Felsabsturz auf zwei weitere Wälle. Der erste ist etwa 75 Meter lang, bis zu 5 Meter breit und 5 Meter hoch. Er zieht sich ebenfalls über den ganzen Bergrücken und es sind ihm drei Gräben vorgelagert. Der letzte, südlichste Wall riegelt bis zu 18 Meter hoch die vorderste Bergnase ab und ist nur noch 60 Meter lang. Er ist heute durch einen Hohlweg gestört, der einst zur ältesten Straße nach Witznau gehörte. Das heißt, der Wall ist älter als diese älteste Straße, die aus dem Mittelalter stammt. An ihren Längsseiten besitzt die Anlage keinen Wall, weil hier das Gelände sofort steil Richtung Schlücht und Schwarza abfällt. Die steilen Felsabstürze waren Schutz genug. Neben der beeindruckenden Größe und Höhe der Wälle ist vor allem eine einstige Toranlage beachtenswert. Noch im 18. Jahrhundert sollen sogar Teile eines Turmes (Heidenturm) und des Tores (Heidentor) zu sehen gewesen sein.

Die Vermutung liegt nahe, dass sich hinter dem südlichsten, dritten und letzten Wall das Zentrum dieser Anlage befand, möglicherweise der Sitz eines Fürsten oder Häuptlings. Leider ist der beengte Platz hinter diesem dritten Wall massiv gestört durch einen dort aufgestellten Hochspannungsmast. Für seinen Bau ist in den 1960er-Jahren das Gelände planiert und damit gegenüber dem Ursprungszustand unwiederbringlich verändert worden. Weitere Hochspannungsmasten stehen zwischen dem zweiten und dem dritten Wall. Es gibt noch weitere neuzeitliche Zerstörungen. Der Bau der neuen Kreisstraße von Witznau nach Berau (1973) hat an den Wällen und Gräben Schäden hinterlassen. So hat man seinerzeit den Abraum beim Straßenbau in die drei Gräben vor dem oberen,

▲ 12 Meter breit und bis zu 5 Meter hoch ist der Stein- und Erdwall, der das Berauer Horn als erster oder vorderster Wall auf einer Breite von 150 Metern abriegelt.

nördlichen Wall gefüllt und anschließend das Areal planiert. Das ist besonders ärgerlich, weil diese Gräben möglicherweise hätten Auskunft über die Trinkwasserversorgung geben können. Dazu weiter unten mehr.

Heinz Voellner verglich die Anlage mit der keltischen Altenburg bei Rheinau und vermutete in den 1970er-Jahren, dass die Anlage aus der jüngeren Bronzezeit stammt, aus der Zeit etwa zwischen 1000 und 500 v. Chr., und dass diese (keltische) Befestigung noch bis zur Ankunft der Römer benutzt worden ist. Nach Hans Matt-Willmatt wurde auf dem Gelände 1954 bereits ein Bronzeschwert gefunden. Über dessen Verbleib ist allerdings nicht bekannt. Nach Auskunft von Rolf Hindsches, dem Vorsitzenden des Geschichtsvereins Berau, habe nach dem Bau der Kreisstraße ein einheimischer Arbeiter mit dem Fund einer Schwertklinge im einstigen Torbereich geprahlt. Später darauf angesprochen, habe er aber den Fund abgestritten. Der Heimatforscher Franz Falkenstein setzte den Zeithorizont für die Entstehung der Anlage in die späte Bronzezeit zwischen 1200 und 800 v. Chr. Er wusste aber auch schon mehr als der Burgenforscher Voellner, denn inzwischen hatte es im Jahr 2000 eine professionelle Vermessung und wissenschaftliche Begehung durch Experten des Landesdenkmalamtes gegeben. Dabei und bei weiteren Begehungen einzelner Archäologen wurden auch einige aussagekräftige Funde gemacht: Tonscherben aus der Urnenfelderkultur (späte Bronzezeit), Keramik mit Brandspuren, angeschmolzene Gesteinsstücke. Sogar steinzeitliche Funde, Silex und Pfeilspitzen stammen von dem großen freien Feld zwischen äußerem Wall und dem ersten inneren Wall. Es ist keineswegs auszuschließen, dass die Befestigungsanlage auf einem noch älteren steinzeitlichen Siedlungsplatz errichtet wurde. Die Prominenz des Platzes oberhalb von Schlücht- und Schwarzatal dürfte zu allen Zeiten Menschen angelockt haben.

Die Datierung der bronzezeitlichen Funde führt in eine Zeit, in der sich auch in Süddeutschland größere Völkerverschiebungen abspielten. Aus dem Osten entlang der Donau eindringende Zuwanderer führten zu Flucht- und Rückzugsbewegungen beispielsweise der Bewohner der Pfahlbauten. Diese flüchteten sich in sichere Lagen und legten Höhensiedlungen an. Damit begann die Zeit der stark befestigten Wehranlagen, die Zeit des Burgenbaus.

Ihrer Größe und Einteilung nach müsste die Anlage auf dem Berauer Horn der ständige Wohnsitz eines Fürsten samt seiner Dorfgemeinschaft gewesen sein. Handelte es sich also um eine dauerhaft besiedelte, kleine Bergstadt? Oder war es lediglich eine Fluchtburg, in die sich die Bewohner des Berauer Berges im Falle der Gefahr mit Vieh und Habe retten konnten? Die drei markanten Wälle sind höchstwahrscheinlich zeitlich nacheinander angelegt worden. Der älteste Abschnitt lag an der ehemals unzugänglichsten Stelle des Bergrückens, also am südlichen Ende. Vor dem Bau der Straße 1866 war dieser südlichste Sporn nach drei Seiten durch steile Felsabstürze geschützt, gegen den Bergrücken durch den etwa 60 Meter langen und bis zu 18 Meter hohen Erdwall. Im Mittelalter ist dieser Wall durchbrochen worden; man hat einen Hohlweg hindurchgeführt. Vor diesem südlichen Wall sind noch heute drei tiefe, etwa 3 Meter breite Gräben zu erkennen. Ein Angreifer hätte also zuerst diese drei Gräben überwinden müssen, ehe er überhaupt den Wall hätte erstürmen können. Zwischen diesem und dem nächsten, zweiten Wall, nur knapp 50 Meter entfernt, vermutet Heinz Voellner den Platz für eine einst älteste Vorburg. Auch durch diesen zweiten Wall ist der mittelalterliche Hohlweg hindurchgeführt worden, höchstwahrscheinlich an jener Stelle, an der sich ursprünglich ein Tor befunden hat. Diesem Wall vorgelagert waren zwei oder sogar drei flache Gräben, die heute nur noch in Teilen erkennbar sind. Der dritte Abschnitt der Bergfestung, das Areal zwischen dem zweiten und dem dritten, dem nördlichsten Wall, nahm den bei Weitem größten Raum der ganzen Anlage ein. Es handelt sich um ein vom nördlichen Wall her leicht abschüssiges Gelände, das man sich sehr gut bewirtschaftet vorstellen kann, durch Viehweiden, Gärten oder Felder. Weil der Bergrücken hier immer breiter wird, ist der nördlichste Wall bereits rund 150 Meter lang. Er riegelt an einer strategisch klug gewählten Stelle den Bergrücken ab, denn seine Erbauer haben ihn hinter einer natürlichen Einsattelung

▼ Innerhalb des großen Areals zwischen erstem und zweitem Wall befinden sich einige auffällige Steinformationen, so wie diese kreisrunde Schale. Zusammen mit den seitlichen Quadern wirkt sie wie ein ehemaliger (zerstörter) heidnischer Altar.

◀ Der südlichste Wall auf dem Berauer Horn riegelte einst 8 Meter hoch den hier noch etwa 60 Meter breiten Bergrücken komplett ab. Inzwischen ist er durch einen mittelalterlichen Hohlweg (rechter Bildrand) durchbrochen. Das Plateau, das er schützte, ist neuzeitlich durch den Bau eines Hochspannungsmastes komplett gestört.

errichtet, die den von der Burganlage bedeckten Bergrücken etwas von der Berauer Hochfläche absetzt. So ragt der Wall an seiner Außenseite 12 bis 15 Meter hoch auf, während er von innen gesehen höchstens 5 Meter hoch ist. Vor dem Bau der erwähnten Kreisstraße nach Witznau verlief dieser nördlichste Wall noch in abgewinkelter Form etwa 25 Meter weiter als heute bis zum einstigen Tor, das durch den Straßenbau zerstört wurde. Diesem Tor verdankt die ganze Anlage aber ihre im Volksmund überlieferte Bezeichnung Heidentor. Es muss der Hauptzugang zur gesamten Anlage gewesen sein. Der nördliche Wall weist noch eine weitere Besonderheit auf. Im Unterschied zu den beiden anderen Wällen handelt es sich nicht um einen Erd-, sondern um einen Steinwall. Höchstwahrscheinlich trug er zur besseren Verteidigung auf seinem Kamm einst noch einen hölzernen Palisadenaufbau. Generell wird man sich rund um die Anlage und auch in ihrem Inneren weitere Palisaden und Verhaue vorstellen müssen. Auch dem nördlichen Wall sind drei tiefe Gräben vorgelagert, ein sehr tiefer Hauptgraben sowie zwei etwas kleinere, die bereits in die Außenböschung des Walls eingezogen sind.

Die gesamte Architektur ist darauf angelegt, einen möglichen Angriff von der Berauer Hochfläche her abzuwehren. Nur von dieser Seite her war die Anlage zugänglich. Wer als Fürst oder Stammeshäuptling hier oben saß, hatte einen weiten Ausblick in die tief unter ihm liegenden Täler von Schwarza, Schlücht und Mettma sowie über den ganzen Berauer Bergrücken. Von den Kelten weiß man, dass sie sich als große Sippenverbände um einen Stammesfürsten scharten und in Rückzugsfestungen wie der Heuneburg bei Sigmaringen, der Altenburg bei Jestetten, der Fürstenburg in Breisach oder Tarodunum im Dreisamtal zusammenschlossen. Um eine solche keltische Höhenburg, Zentrum des Adels, Sitz des Fürsten, Mittelpunkt der Stammesgemeinschaft, hat es sich allem Anschein nach auch beim Heidentor in Berau gehandelt. Möglicherweise haben die Kelten der bronzezeitlichen Ursprungsanlage auf dem Berauer Horn weitere Bauabschnitte hinzugefügt und sie auf den heutigen Umfang gebracht. Die neuzeitliche Siedlung Berau

▲ Ein vom Wetter verblichenes Schild des Geschichtsvereins an der ehemaligen Trasse des Wuhrs zeigt, wie man sich diesen Wassergraben zur Zeit des Berauer Klosters vorzustellen hat.

ist erstmals 786 in einer St. Gallener Urkunde erwähnt worden. Franz Falkenstein glaubt, dass die edelfreien Herren von Berau noch im 11. und 12. Jahrhundert die Befestigungsanlage als Fliehburg benutzt haben, um bei Gefahr mit den Bewohnern des Berauer Berges samt Vieh dorthin zu fliehen.

Bei alledem wird eine Frage immer drängender, die von den morphologischen und geologischen Gegebenheiten auf dem Berauer Horn nicht befriedigend beantwortet werden kann: Wie haben sich die Bewohner dieser Großanlage einst mit Trinkwasser für Mensch und Vieh versorgt? Es gibt auf dem gesamten Sporn keine einzige Quelle, kein natürliches Gewässer. Um Zugang zum Wasser von Schlücht und Schwarza zu bekommen, wären über hundert Höhenmeter im steilsten Felsabsturz zu überwinden gewesen. Brunnenbau wäre auf dem Felsengrat (Granitporphyre) ebenfalls ein Ding der Unmöglichkeit gewesen, es gibt im Gelände auch keinerlei Hinweise auf solche Versuche. Bleiben also nur die erwähnten Gräben und die Vermutung einer künstlichen Wasserversorgung. Damit landet man unweigerlich bei einer Überprüfung des Berauer Wuhrs, eines über 8 Kilometer langen künstlichen Wassergrabens, der von der Mettma bei Brenden bis aufs Berauer Horn führt. Bezeichnenderweise zweigt das Wuhr von der Mettma an einer Stelle ab, die bis heute Heidenmühle heißt, und das Wuhr ist selbst in der Ortsüberlieferung und den älteren Schriften stets als Heidenwuhr bezeichnet worden.

Die Sage dazu: Im Mettmatal lebte zur Zeit der christlichen Missionare noch ein heidnischer Müller. Er und die Seinen opferten trotz der Warnungen und Drohungen der Mönche ihren Göttern. Deshalb organisierten die Mönche Sanktionen. Niemand brachte mehr das Korn in die Mühle und es ging nicht lange, da hatten die christlichen Missionare den heidnischen Müller und seine Familie vertrieben, weil diese sich nicht zum Christentum bekehren wollten. Der Müller und seine Anhänger rächten sich jedoch. Sie kamen eines Nachts heimlich in das Dorf und zündeten es an. Die alte Siedlung brannte vollständig ab, übrig blieb ein rauchender Trümmerhaufen. Seither heißt das Dorf Brenden und die Mühle im Mettmatal Heidenmühle.

Heidnische Erbauer des Wuhrs sind eine Spur, welcher der Verfasser schon in früheren Untersuchungen folgte, und sie wird auch von Franz Falkenstein angesprochen. Das Alter dieses Wuhrs lässt sich archäologisch nicht bestimmen. Die Wissenschaft hat versucht, den Bau ins 12. Jahrhundert zu datieren und mit der Errichtung des Frauenklosters Berau zu begründen. Man habe für die Getreidemühle des Klosters dieses Wasser benötigt. Es sei über das Wuhr herbeigeführt und dann beim Kloster in einem kleinen Weiher gesammelt worden.

Gegen diese Interpretation sprechen mehrere Fakten. Zunächst leuchtet es kaum ein, dass ein Wasserkanal, der von Mönchen zur Versorgung eines Klosters angelegt wird, dann über Jahrhunderte hinweg den Namen Heidenwuhr erhält. Dies in einer Zeit, als die katholischen Missionare alles Heidnische im Schwarzwald auszumerzen trachteten, wie es anschaulich die Sage illustriert. Der Name Heidenwuhr deutet deshalb in die Zeit vor der christlichen Missionierung und weist auf die wahren Erbauer und Nutzer hin: die Heiden.

Der Bau des Berauer Klosters ist bis ins Detail in zahlreichen Urkunden dokumentiert. Jeder Bauabschnitt, jede Holzlieferung, jeder Mauerstein, die Handwerker, die Lieferanten, die Baukosten – nichts, was man nicht schriftlich festgehalten hätte. Nur über den Bau des Wuhrs gibt es kein Wort, nicht den kleinsten Hinweis. Dabei hätte es sich doch, wäre das Wuhr erst für das Kloster angelegt worden, um die alles entscheidende Baumaßnahme gehandelt. Denn nur über das Wuhr kam Wasser nach Berau. Alles deutet deshalb darauf hin, dass das Wuhr bereits existierte, weshalb der Ort auch so gut geeignet für einen Klosterbau war.

Des Weiteren ist es schwer nachvollziehbar, dass man das Wasser aus dem Wuhr lediglich zum Betrieb einer Getreidemühle benötigt haben soll. Das steht in keinem Verhältnis zum Aufwand, der für die Anlage des Kanals erforderlich gewesen war. Bei seinem Bau müssen ungeheure Erdbewegungen stattgefunden haben. Das 8 Kilometer lange Wuhr ist eine ingenieurstechnische Meisterleistung. Es schlängelt sich mit genau einem halben Grad Gefälle von der Mettma hinweg in Schleifen und Schlingen den steilen Berghang entlang auf den Berauer Berg, quert die Wasserscheide am Großmoos und führt dann, jetzt mit mehr Gefälle, in einer großen Schleife über die Wiesenlandschaft Richtung Berau. Den exakten Verlauf kann man bis zur Propstei des Klosters und dem dort einstmals vorhandenen Weiher verfolgen. Dann verliert sich die Spur, denn die Gräben unterhalb des Dorfes sind zugeschüttet, der Weiher ist verlandet. Um die Bedürfnisse des Frauenklosters zu befriedigen, wäre der Bau eines Karrenweges zu den Getreidemühlen unten im Mettma- oder Schlüchttal wesentlich einfacher, in Bau und Unterhalt billiger und insgesamt bedeutend klüger gewesen als der hochkomplexe Bau und die dann folgende aufwändige Unterhaltung des Wuhrs. Schon Heinz Voellner hat deshalb die Frage gestellt, ob das Wuhr möglicherweise viel älter ist und ursprünglich der Wasserversorgung der keltischen Festungsanlage diente. Franz Falkenstein hat im Gelände Einsenkungen verfolgt, die eine Trassenführung über den Klosterweg nahelegen. Damit hätte das Wuhr die Wallanlage entweder an den Gräben außerhalb des nördlichen Walls erreicht, was wegen der dort inzwischen angelegten Erddeponie nicht mehr rekonstruiert werden kann, oder es fand sogar in Höhe des einstigen Tores direkt Eingang in das Innere der Befestigung. Auch dies lässt sich wegen der heute dort aufgeschütteten Kreisstraße nach Witznau nicht mehr überprüfen.

▲ So sieht die Trasse des einstigen Wuhrs heute aus, nachdem der Geschichtsverein Berau sie von Bewuchs und Geröll befreit hat. Man kann sie auf einer Länge von mehreren Kilometern zwischen Mettma und Berau entlangwandern.

Das Krumpenschloss Hammereisenbach

▶ Geheimnisvoll im Wald verborgen ragen die zerfallenen Mauern der einstigen keltischen Wallanlage Krumpenschloss bis zu 10 Meter empor.

In einem Waldrevier oberhalb des Bregtals beim Fischerhof, in der Nähe von Hammereisenbach, gibt es ein Areal, das in den Karten als »Keltengräber« bezeichnet wird. Unterhalb dieses Areals liegt ein Plateau, auf dem die Heimatforschung die abgegangene keltische Siedlung Laubenhausen vermutet. Dort ist die Rede von einem 70 bis 100 Hektar umfassenden, befestigten und überbauten Areal. Man sieht und findet davon allerdings nicht mehr viel: im Norden einige kaum noch aus dem Erdreich aufragende und bis zu 3 Meter breite Steinwälle; im Süden, oberhalb des Geländes, einige rätselhafte, gemauerte Bauwerke, zwei künstlich gefasste Quellen, der Laubenhauser Brunnen und der Breitbrunnen. Ergiebiger ist die Suche auf einer in das Bregtal hineinragenden, benachbarten Bergnase. Von der Fundstelle Laubenhausen ist diese Bergnase durch den sogenannten Krumpendobel getrennt. Die Befestigung auf der Bergnase oberhalb des Krumpendobels heißt »Krumpenschloss«. Hierbei handelt es sich mit größter Wahrscheinlichkeit um eine keltische Wallanlage. Laubenhausen, der vermutete keltische Siedlungsplatz, das Flurstück »Keltengräber« und das »Krumpenschloss« müssen zeitlich und funktionell zusammengehört haben. Die Siedlung Laubenhausen ist von etlichen Rätseln und Fragezeichen umgeben, so dass die Wissenschaft sich noch nicht zu einem einheitlichen Urteil über die zeitliche Einordnung dieses Platzes einigen konnte. Die Wallanlage »Krumpenschloss« scheint eindeutiger zu sein, doch auch hier herrscht noch kein finaler Konsens im Hinblick auf die zeitliche und funktionale Zuordnung.

Die Herkunft des Namens Krumpenschloss ist unklar. Bisweilen wurde es auch als »Alt-Fürstenberg« bezeichnet, zur Unterscheidung von »Neu-Fürstenberg«, der Burg in Hammereisenbach. Doch ein Bezug zum Fürstenhaus in Donaueschingen konnte für das Krumpenschloss noch nie nachgewiesen werden. Schon in der »Mappa der Landgrafschaft Baar« aus dem Jahre 1620 ist die Rede vom Krumpenschloss. Lage und Gestalt dieses Krumpenschlosses lassen zwingend eine keltische Wallburg vermuten. Verschiedene Heimatforscher haben sich bereits mit dieser Anlage beschäftigt: Heribert Saldik, Karl Kwasnitschka und Emil Ketterer sowie die Vermessungstechniker Thomas Maya und Bernd Volzer. Letztere haben einige konkrete Daten geliefert: Die Anlage sitzt auf der Spitze eines Bergrückens, der bis heute »Schloßberg« heißt. Das gesamte Areal ist von einem Wall umfasst, der ein Oval bildet, das sich mit einer Länge von 150 Metern nach Westen und einer Breite von 80 Metern nach Norden und Süden ausbreitet. Die imponierendsten Dimensionen erreicht der Wall mit einer Höhe von 10 Metern und einer Breite von 5 bis 8 Metern zum westlichen Bergrücken hin. Hier handelt es sich um einen mächtigen Schildwall. Ihm vorgelagert sitzt an der flachen Westseite des Bergrückens noch ein weiterer Wall mit vorgelagertem Graben einige Meter vor dem eigentlichen Hauptwall. Dieser Graben ist stellenweise bereits fast vollkommen verschüttet. Dies kann als ein Hinweis auf das hohe Alter der Anlage gewertet werden. An den Steilhängen ins Bregtal hinunter ist die Wallhöhe nicht mehr ganz so imponierend, vom Innenraum aus gesehen sind es 2 bis 3 Meter. Es handelt sich durchgehend um einen aus Steinen aufgeworfenen Wall. An einzelnen Stellen kann man noch gut erkennen, dass zum Teil behauene Steinbrocken verwendet wurden. Vieles ist heute abgerutscht und überwachsen, aber eine gewisse Mauertechnik ist noch erkennbar. Innerhalb der Wallanlage sind bisher keinerlei archäologische Funde gemacht worden – es hat aber auch noch keine systematische Suche stattgefunden. Das Gelände ist flach nivelliert und leicht abfallend. Eine Wohnbebauung oder Funktionsgebäude müssten Spuren hinterlassen haben. Ihr Fehlen hat dafür gesorgt, dass bis heute die Zweifel an der zeitlichen Zuordnung und an der Funktion der Anlage nicht ausgeräumt sind. Der Tübinger Archäologe Thomas Knopf will das Krumpenschloss maximal als frühes mittelalterliches Bauwerk anerkennen, weil er in der Bergbewirtschaftung Spuren mittelalterlicher Forst- und Landwirtschaft ermittelt hat. Ebenso sieht er das benachbarte Laubenhausen als mittelalterliche Wüstung an. Der Beweis einer mittelalterlichen Landnutzung darf aber nicht mit dem Ausschluss früherer Nutzungen verwechselt werden. Außerdem bleibt Knopf eine Erklärung schuldig, was denn dann der Zweck dieser Wallburg gewesen sein soll. Sie kann kaum landwirtschaftlichen Zwecken gedient haben. Dafür ist sie viel zu aufwändig erbaut. Selbst wenn die Forstwirtschaft in

▼ An manchen Stellen ist noch gut zu erkennen, dass der Wall aus behauenen und sorgsam gefügten Steinquadern aufgeschichtet wurde.

neuerer Zeit an der zum Bregtal abfallenden Seite des Ringwalls mehrere Störungen hinterlassen hat, sticht immer noch ihr militärischer Charakter ins Auge. Alles andere als eine Verteidigungs- oder Wachtburg an dieser Stelle entbehrt jeglicher Plausibilität. Die Anhöhe heißt, wie oben erwähnt, Schlosshöhe. Das spricht für eine dauerhaft bewohnte Burganlage. Man findet im Gelände oberhalb des Krumpenschlosses auffällige Bewässerungsgräben, die einst die Wasserversorgung der Wallburg sichergestellt haben könnten. Nach Karl Kwasnitschka erfüllte das Krumpenschloss die Funktion einer Schutzburg für Laubenhausen und für den hier vorbeiführenden Fernhandelsweg und dessen Furt durch die Breg, die direkt unterhalb des Krumpenschlosses lag.

Den skeptischen Einwürfen und Zweifeln, die in regelmäßigen Abständen allzu keltophile Festlegungen zu dämpfen versuchen, ist entgegenzuhalten: Schon die ältesten Überlieferungen zum Krumpenschloss und zu Laubenhausen sprechen von einer heidnischen Anlage. So schrieb schon 1782 der Fürstlich Fürstenbergische Hofrat und Archivar Carl Döpser von »einer ehemalig berühmt gewesen sein sollenden großen Handelsstadt. [...] Ihre Lage war zwischen Mistelbrunn und dem Krumpenhof von Morgen gegen Abend [exakt die Position von Laubenhausen, Anm. d. Verf.] [...] ihr Umfang soll sich auf eine Stunde Wegs erstreckt haben und ihr Dasein fällt in die Zeiten des Heidenthums.«

Es gibt neben Lage, Form und Größe des Krumpenschlosses eine ganze Reihe von guten Argumenten, hier eine keltische Wallburg anzunehmen. Ihre Aufgabe wäre der Schutz der benachbarten Siedlung Laubenhausen gewesen, Zuflucht für deren Bevölkerung in Kriegszeiten, Kontrolle über den uralten Weg, der hier vom Wutachgebiet kommend über Mistelbrunn Richtung Bregtal und weiter nach Villingen geführt hat, sowie sichtbares Zeichen eines Herrschaftsanspruchs. Das keltische Fürstengrab auf dem Magdalenenberg bei Villingen ist mit einem Durchmesser von über 100 Metern der mächtigste keltische Grabhügel Mitteleuropas. Das ist Luftlinie nicht einmal 10 Kilometer entfernt. Mächtige Keltenfürsten wie jene vom Magdalenenberg, deren Siedlungsplatz übrigens bis heute nicht zweifelsfrei gefunden wurde,

▶ Dieser Wall zieht sich als Oval um den gesamten Bergrücken. An einigen Stellen ist er durch die Forstwirtschaft zerstört.

◀ Rätselhafte Mauerreste auf dem Areal der vermuteten einstigen Keltensiedlung Laubenhausen.

wären also vorhanden, um Laubenhausen und das Krumpenschloss mit Leben zu füllen. Es fehlt im ganzen Schwarzwald-Baar-Kreis und im benachbarten Hochschwarzwald auch nicht an bronzezeitlichen Hügelgräbern. Tausende davon sind im Umkreis von weniger als 20 Kilometern um Laubenhausen und Krumpenschloss dokumentiert. Bei Waldhausen zwischen Kirnbergsee und Bräunlingen ist außerdem ein hallstattzeitlicher Brandopferplatz nachgewiesen. Haben die Keltenfürsten vom Magdalenenberg vielleicht sogar im Bregtal ihr wahres Herrschaftszentrum gehabt? Der fantasiebegabte Heimatforscher und langjährige Leiter der Fürstlich Fürstenbergischen Forstdirektion, Karl Kwasnitschka, war dieser Ansicht und hat das vergessene und untergegangene Laubenhausen mit dem antiken Pyrene gleichgesetzt, das von der Forschung verzweifelt gesucht, aber bisher nicht aufgefunden wurde, und über das schon der Geschichtsschreiber Herodot berichtete. Bei Herodot heißt es, die Donau entspringe bei »den Kelten und der Stadt Pyrene«. Wollte man diesen Hinweis wörtlich nehmen, dann landete man im Bregtal.

Für die Annahme, Kelten hätten im Bregtal bei Hammereisenbach eine größere Ansiedlung und eine Wallburg angelegt, spricht noch eine weitere Überlegung: Woher stammte der Reichtum der Keltenfürsten vom Magdalenenberg? Woher hatten diese Fürsten ihr Metall? Das Bregtal wäre eine Erklärung. Denn hier lagen reiche Eisenerzvorkommen, die im Mittelalter zur Gründung und Namensgebung von Hammereisenbach und Eisenbach geführt haben. Kwasnitschka formuliert wie auch andere Autoren den Gedanken, es habe zwischen Hammereisenbach und Bregenbach bereits zu keltischen Zeiten Bergbau gegeben, was eine Schutzanlage wie das Krumpenschloss ebenfalls begründen könnte. Immerhin fanden Forscher in der Umgebung des Krumpenschlosses bei Hammereisenbach eine Anzahl von Gruben, die eine schwach linienartige Anordnung besitzen. Sie können als »Pingen« interpretiert werden, also als Erdeinbrüche

▶ Für solche linearen Einsenkungen im Waldboden könnten eingestürzte Hohlräume im Untergrund verantwortlich sein. Diese sogenannten Pingen sind dann vielerorts ein Hiweis auf früheren Bergbau.

infolge unterirdisch eingestürzter Grubenbauten. Auch die Namensgebung »Reichenbach« in unmittelbarer Nähe könnte laut Heribert Saldik auf frühen Bergbau schließen lassen. Gegen diese Annahme spricht vor allem bisher das Fehlen archäologischer Befunde. Man müsste auf ähnliche Überreste von Schmelzöfen und Schlacke stoßen, wie dies im Nordschwarzwald bei Neuenbürg-Waldrennach der Fall war. Dort konnten keltischer Bergbau und keltische Eisenproduktion nachgewiesen werden. Es muss aber nicht unbedingt in der unmittelbaren Nachbarschaft des Krumpenschlosses oder Laubenhausens gesucht werden. Die Erzreviere im Eisenbachtal und im benachbarten Fahlenbachtal kämen ebenfalls als frühe Abbaustätten infrage. Dann müsste man einige Kilometer bregaufwärts nach den Spuren keltischen Bergbaus suchen. Möglicherweise wurde Abraummaterial aus den nahegelegenen Bergbaustätten bei der Erstellung der Wälle und Mauern am Krumpenschloss und in Laubenhausen mitverwendet. Dann müssten auch davon Spuren in den noch vorhandenen Resten der einstigen Befestigung zu finden sein. Leider steht eine professionelle archäologische Erkundung des Krumpenschlosses noch aus. Bis dahin darf das Fehlen eines Beweises zum Erzabbau aber nicht als kategorischer Beweis für das Fehlen des Bergbaus angenommen werden. Es ist eine Frage, die schlicht noch offen bleiben muss.

Dennoch: Bei der Zusammenschau all dieser Thesen, Überlegungen und Beweisführungen ist heute eine wachsende Mehrheit der regionalen Forscher der Überzeugung, dass das Krumpenschloss und die benachbarte abgegangene Siedlung Laubenhausen in die keltische Hallstattzeit (Eisenzeit, ca. 800–450 v. Chr.) zu datieren sei.

Tarodunum im Dreisamtal

◀ Von der Wallmauer mit Graben, die einst das Dreisamtal gegen den Schwarzwald abriegelte, ist nach vielen Jahrhunderten landwirtschaftlicher Übernutzung nur noch dieser Buckel in der Wiese übrig geblieben.

Es ist unklar, ob der keltische Platz Tarodunum im Dreisamtal überhaupt als Befestigungsanlage zu werten ist. Der Name steht sowohl für eine keltische Siedlung bei Zarten als auch für eine Wall- und Böschungsbefestigung zwischen Burg und Birkenhof. Die Forschung unterscheidet inzwischen nach der Siedlung Tarodunum auf dem Gewann Rotacker bei Zarten und der Befestigung »Heidengraben« westlich von Kirchzarten am Eingang zum Himmelreich. Diese Befestigung weist in ihrem Innenraum kaum Besiedlungsspuren auf. Um eine klassische Wallburg nach dem Muster anderer keltischer Befestigungen, wie etwa der Heuneburg bei Sigmaringen oder der Wallburg auf dem Ipf im Ostalbkreis, handelt es sich nicht. Der Murus Gallicus, das Mauer- und Wallbauwerk, welches hier freigelegt oder dem Verlauf nach identifiziert wurde, ist aber nach allgemeinem Wissenstand nicht vollständig. Es handele sich um ein »oppidum [welches] […] offenbar nie fertiggestellt wurde«, so stellte es 2013 Holger Wendling im Buch zur Landesausstellung »Die Welt der Kelten« dar. Die abrupte Einstellung des Mauerbaus wird auf das Jahr 100 n. Chr. datiert, ohne dass plausible Erklärungen dafür vorliegen. Sie erfolgte aber gleichzeitig mit dem Ende der gegen Zarten hin gelegenen Siedlung, dem eigentlichen Tarodunum.

Die archäologische Ausgrabung der Wall- und Grabenanlage östlich von Tarodunum, welche der Wissenschaft die wesentlichen Erkenntnisse über Wallmauer, Heidengraben, Größe der Anlage und Vorhandensein eines östlichen Tors bescherte, fand im Jahr 1901 statt. Seither ist das grob 190 Hektar große Innenareal der befestigten Fläche vielfach überbaut und neuzeitlichen Nutzungen unterworfen worden. Neben der Bahnlinie durchquert auch die neue und wegen des Lärmschutzes tiefergelegte

▶ Bei der archäologischen Ausgrabung 1901 entstand dieses Foto von der freigelegten Wallmauer. Es ziert heute eine der Hinweistafeln am »Tarodunum-Rundweg«.

B 31 das komplette Areal von West nach Ost, ebenso queren etliche weitere Straßen und Verbindungswege die Fläche. Die komplette Siedlung Burg-Birkenhof ist auf der Niederterrasse angelegt. Bei all diesen Baumaßnahmen sind außer einigen Streufunden keinerlei archäologische Befunde zutage getreten, die auf eine frühe Besiedlung innerhalb der Wallmauern hindeuten. Andererseits ist das durch die Wallmauern umschlossene Gelände bei einem Umfang von 6 Kilometern so groß, dass ein rein militärischer Zweck kaum vorstellbar erscheint.

Auch im Dreisamtal begegnet uns der Dreiklang von Siedlung, Wallanlage und Bergbau. In der Siedlung Tarodunum wurden neben Töpferei und anderem Handwerk auch Eisenverhüttung und -verarbeitung nachgewiesen. Schlacke, Reste der Buntmetallschmelze und Ofenfragmente aus einem Grubenhaus sind Indizien für die Ausbeutung von Erzlagerstätten in unmittelbarer Nachbarschaft; höchstwahrscheinlich waren es die Erzlagerstätten auf den umgebenden Schwarzwaldhöhen. Auch Hammer und Blechschere sind geborgen worden, woraus die Archäologen auf eine Schmiede oder eine Münzwerkstatt an diesem Ort schließen. Inzwischen wird Tarodunum auch als »Ausgangspunkt einer der wichtigsten Querverbindungen über das Gebirge« (Wendling) angesehen. Wenn das so ist, dann müsste es auch einen Endpunkt gegeben haben. Das Krumpenschloss im Bregtal böte sich dafür vorzüglich an, egal ob die Handelsroute über die Wagensteigroute Richtung Kalte Herberge und Bregtal verlief oder ob sie über Thurner, Höchst und Kirnbergregion bei Mistelbrunn ins Bregtal hinunterführte.

Um was genau es sich beim »Heidengraben« in unmittelbarer Nachbarschaft zur Siedlung Tarodunum handelte, beschäftigt die Forschung seit einigen Jahrzehnten. Lange hat man hier die eigentliche Siedlung Tarodunum vermutet, ehe diese Siedlung weiter im Westen in der Flur Rotacker nachgewiesen werden konnte. Nunmehr konzentrieren sich die Überlegungen auf die wehrtechnische Funktion. Die gesamte Anlage erstreckt sich zwischen dem Wagensteigbach im Norden und dem Höllbach/Rotbach im Süden. Diese beiden Gewässer haben in postglazialer Zeit bis zu 15 Meter tiefe Täler in die Niederterrasse eingeschnitten, welche hier fast die gesamte Breite des oberen Dreisamtals ausfüllt. Die steilen Terrassenböschungen an diesen Gewässern gelten bereits als integraler Bestandteil der Befestigungsanlage. Eine etwa 6 Kilometer lange Befestigungsmauer entlang der Böschungen umfasst damit ein 190 Hektar großes Areal, das im Westen beim Zusammenfluss von Rotbach und Wagensteigbach spitz zuläuft, im Osten (Höhe Rainhofscheune) jedoch mehr als 1 Kilometer breit ist. Hier im Osten fehlt ein Geländeeinschnitt, wie ihn im Norden, Süden und Westen die beiden genannten Bäche bilden. Deshalb ist hier eine in der Mitte stumpf abgewinkelte und etwa 700 Meter lange Wehrmauer aufgerichtet worden, der ein breiter Graben vorgelagert war – der sogenannte Heidengraben. Im Gelände braucht man ein geübtes Auge, um dies alles zu erkennen. Der touristisch angelegte »Tarodunum-Rundweg«, der überdies nur ungenügend und verwirrend ausgeschildert ist, hilft nur bedingt, das Großartige der Anlage zu erfassen. Mehrfache Sondierungsgrabungen entlang des Randwalls an den Bächen legten Details der Konstruktion frei. So weiß man inzwischen, dass der künstlich hergestellte Böschungswall aus einer Frontmauer bestand, die aus großen, unbehauenen Geröllen erbaut war. An verschiedenen Abschnitten, etwa südwestlich des Birkenhofs, sind davon noch gut erhaltene Reste zu erkennen.

Im künstlichen Wall mit Heidengraben sind 1901 unter anderem auch Eisennägel gefunden worden, die einen Hinweis auf die Holzkonstruktion dieser Befestigung lieferten. Man spricht von einer gallischen Mauer (murus gallicus). Dabei handelt es sich um eine zur Keltenzeit verbreitete Bautechnik. In ein Fachwerk aus Holzstämmen und aus Balken setzten die keltischen Baumeister große Steinquader und verfüllten die verbleibenden Zwischenräume mit Schutt. Die Fachwerk-Konstruktion verlieh der Mauer Stabilität und machte sie einem reinen Steinbauwerk überlegen. Selbst bei größeren Schäden brach die Mauer nicht ein. So hatten es Angreifer schwer, einzelne Breschen in das Bollwerk zu schlagen. Allerdings: Wenn die Holzkonstruktion nach einigen Jahrzehnten verrottete, musste sie entweder erneuert werden oder es trat der Verfall der ganzen Anlage ein. Deshalb ist es der Archäologie europaweit bis heute auch nicht gelungen, einen intakten Murus Gallicus aufzufinden. Der Heidengraben, der außerhalb der Mauer im Osten der Anlage angelegt ist, weist eine Breite von 12 und eine Tiefe von bis zu 4 Metern auf. Der Aushub von lehmhaltigem Kies und Geröll ist auf der Innenseite der Mauer zur Aufschüttung verwendet worden. Durch die Jahrhunderte hinweg ist das Bauwerk im Gelände so intensiv landwirtschaftlich übernutzt worden, dass sich mittlerweile alles zu sanften Bodenwellen zurückverschliffen hat. In der Sohle des Grabens sind aber bei den Grabungen 1901 im Brandschutt Gefäßscherben eindeutig keltischen Ursprungs ausgehoben worden.

▼ Bestandteile der einst 6 Kilometer langen Befestigungsmauer sind auch heute noch an der Böschung der Rotbach-Talaue zu erkennen.

▶ Beim Zusammenfluss von Rotbach und Wagensteigbach, an der Westspitze des Tarodunum-Areals, ist der Wall auch heute noch gut im Gelände zu erkennen.

An der Stelle, an der 1901 eine Toranlage und ein Straßenzugang nachgewiesen werden konnten, setzt der Graben auf einer Strecke von rund 30 Metern aus. Der Wall hingegen weist eine rechtwinklig nach innen gerichtete Einbuchtung auf, außerdem nach außen vorspringende Turmfundamente. Schon bei den Ausgrabungen 1901 sah man das Tor im Osten der Befestigung als Hinweis darauf, dass Richtung Schwarzwald Wege führten und der vermutete »Feind«, gegen den die Anlage Schutz bieten sollte, vielleicht eher aus dem Westen erwartet wurde. Vom Rheintal her kommend, also vom natürlichen Zugang zum Zartener Talkessel, hätte jeder Besucher einen unverhältnismäßig großen Umweg machen müssen, um das Tor auf der abgewandten Seite im Osten zu erreichen. Ein weiteres Tor oder ein anderer erkennbarer Einlass ins Innere der Anlage ist bis heute nicht aufgefunden worden. Rampen auf das Plateau der vom Wall eingeschlossenen Niederterrasse gibt es (von der neuzeitlichen B 31 abgesehen) lediglich beim Pfisterhof in Burg und beim Rainhof in Birkenhof, zwei Örtlichkeiten, die ebenfalls eher am östlichen Ende der Anlage liegen.

Das Römerkastell in Hüfingen

▲ So könnte das Römerkastell in Hüfingen einst ausgesehen haben. Diese Rekonstruktion findet sich an einer der Infotafeln im Römerbad

Vorweg: Vom einstigen Römerkastell am Galgenberg in Hüfingen ist nichts mehr zu sehen. Was auch immer noch vorhanden sein mag, es ist unter Ackerboden und Wiesen verborgen. Am Fuß des Galgenbergs befand sich einst das Balineum, ein römisches Bad. Seine Ruinen sind gut erhalten und unter einem modernen Schutzbau für Besucher zugänglich gemacht. Es war zwar kein Bestandteil des militärischen Kastells, aber es gehörte ebenso zum Soldatenlager wie ein benachbarter Vicus, ein ziviles Dorf, das heute durch ein Gewerbegebiet überbaut ist.

Der Galgenberg, der vor den Römern schon als Siedlungsplatz genutzt und nach den Römern von alemannischen Neuankömmlingen übernommen wurde, ist eine exponierte Kuppe, die von der B 31 aus gut sichtbar ist, ehe man von Löffingen kommend links in den Ort Hüfingen abbiegt. Der Sporn fällt nach allen Seiten schroff ab, nur nach Süden zur heutigen B 31 hin senkt er sich sanft. An seinem Fuß befindet sich eine Kalksteinhöhle, die neuzeitlich als Sprengstoffdepot genutzt wurde, heute vermauert und durch Stahltüren geschützt ist. Sie gab der Kuppe den Beinamen »Höhlenstein«. Vor den Römern existierte hier bis etwa 100 v.Chr. eine latènezeitliche Siedlung. Oberirdisch ist weder von dieser Siedlung noch vom Römerkastell etwas Sichtbares übrig geblieben. Dass es sich um einen guten Platz für eine militärische Befestigung handelte, sieht man der Erhebung jedoch auch heute noch an. Sie bietet einen weiten Rundblick über die Landschaft. Hier stießen römische Straßen zusammen: jene, die von Windisch (Vindonissa) über Schleitheim vom Süden heranführte und nach Norden über Rottweil (Arae Flaviae) zur Schwarzwaldquerung Richtung Straßburg (Argentorate) weiterging, und jene, die von Bregenz (Brigantium) kommend über Mengen nach Westen durch den Schwarzwald bis nach Riegel am Kaiserstuhl führte.

Die früheste archäologische Erkundung des Galgenbergs ist aus dem 16. Jahrhundert überliefert. Damals nahm der Hüfinger Grundherr Hans von Schellenberg eine Sondierungsgrabung vor. 1828 stießen Ausgräber auf einen gemauerten Bau auf der Kuppe des Galgenbergs, ohne dass sie sich über dessen Bedeutung klar wurden. Erst 1897 trat bei weiteren Ausgrabungen, die an der südlichen Abflachung des Galgenbergs einen Graben freilegten, auch römische Keramik zutage, die, ebenso wie spätere Münzfunde, eine Datierung in die Zeit der Kaiser Vespasian (70 n.Chr.) und Claudius (50 n.Chr.) ermöglichte. Beim Bau der Bahnlinie, die an der Ostseite des Galgenbergs vorbeiführt, sind dann nach 1901 weitere zuverlässige Funde gemacht worden. Seither weiß man verlässlich, dass es hier nicht nur das römische Bad (schon 1821 unter ein Schutzdach gestellt) und ein Dorf gab, sondern eben auch das Kastell, das den westlichen Endpunkt des Donaulimes markierte. Bis 1932, unterbrochen durch den Ersten Weltkrieg, verschaffte sich die Wissenschaft dann durch weitere

▲ Gut erhalten sind die Ruinen des einstigen Römerbades in Hüfingen. Besucher werden auf einem Steg durch die überdachte Anlage geführt.

Grabungen ein exaktes Bild von dem einstigen Militärlager. Die Lage des Kastells glich jener von Windisch und Rottweil. Im Grundriss hingegen zeigten sich markante Unterschiede. Brigobannis bildete kein gemauertes Rechteck mit vorgelegten Gräben und vier turmbewehrten Toren, wie es bei solchen Kastellen üblich war. Stattdessen wies die Anlage ein Gewirr von Gräben auf, die eine Erdanlage von wechselnder Größe umschlossen, an manchen Stellen durch Erdrücken unterbrochen, in denen einstige Tore vermutet werden. Dieses Grabensystem, in welchem auch zahlreiche keltische Münzen gefunden wurden, hat einer der damaligen Ausgräber, der Tübinger Prähistoriker Professor Peter Goeßler, wie folgt erklärt: »Diese Funde geben dem Hüfinger Kastell eine sonst nie wiederkehrende Eigenart. Wie ist sie zu deuten? An sich könnte man an eine am Platze befindliche ältere keltische Anlage denken, die sicher den keltischen Namen Brigobanne, das heißt wohl Burgspitze, getragen hätte. Allein die Tatsache, dass die ältesten Gräben in der Technik den später sicher römischen gleich sind und dass die Römer niemals in eine allenfalls eroberte ältere Anlage hineingesessen sind, sondern immer ihre eigenen Gräben gezogen haben, legt eine an-

▶ An dieser freigelegten Mauer aus Lehmziegeln und Bruchstein im Römerbad Hüfingen ist die römische Bautechnik anschaulich zu besichtigen.

dere Erklärung nahe, dass nämlich die in den ältesten Anlagen gemachten rein keltischen Funde einer helvetischen Miliztruppe angehören, die hier in der Zeit des Kaisers Claudius unter römischem Befehl gelegen hat.«

Im Innern der Anlage fanden sich Barackenspuren und Hinweise auf lediglich einen steinernen Bau, der als Getreidespeicher identifiziert wurde. Aus diesem Befund erschloss sich dann ein im Wesentlichen bis heute nicht verändertes Gesamtbild: In seiner frühesten Bauphase, die auf die Zeit zwischen 40 und 45 n. Chr. datiert wird, hat es sich nur um behelfsmäßige Anlagen gehandelt. Erst einige Jahrzehnte später, zwischen 70 und 75 n. Chr., erfolgte dann der systematische Ausbau des Lagers beziehungsweise sein Umbau zu einem Dauerkastell. Bei diesem Ausbau werden zwei Bauphasen unterschieden, wobei mit der zweiten Phase ein vorgelagertes zweites Kastell oder ein Vorbau Richtung Süden entstanden sein könnte. Auch hier gehörte ein komplexes Grabensystem mit drei- bis vierfacher Staffelung zur Anlage. Insgesamt waren 3,4 bis 3,6 Hektar überbaut, so dass die Experten aus dieser Gesamtfläche auf eine Besatzung von maximal 500 Fußsoldaten und 500 Reitersoldaten schließen.

Die äußere Schutz- und Verteidigungsmauer des Kastells bestand aus einem Holz-Erde-Wall. Bei den Innenbauten handelte es sich um hölzerne Mannschaftsbaracken und vereinzelt um Fachwerkbauten. Der steinerne Getreidespeicher wurde lange als Tempel fehlinterpretiert. Ein großes Ausfalltor für berittene Missionen befand sich im Süden. 1977 förderten Straßenbauarbeiten im Süden des Kastells Spuren einer weiteren römischen Befestigung zutage, die immerhin eine Fläche von 100 × 60 Metern bedeckte und von zwei parallel verlaufenden Spitzgräben umgeben war. Im Innern des Areals konnte ein sorgfältig ausgeführter ehemaliger Holzbau nachgewiesen werden. Möglicherweise war dies sogar ein Vorgängerbau des Kastells und stammte

▲ Selbst vom einstigen Fliesenboden sind noch Bruchstücke erhalten.

aus der Zeit des ersten römischen Vorstoßes ins Donauquellgebiet im Jahre 15 v. Chr., oder es handelte sich schlicht um das Baulager von Truppen, die das Kastell errichteten.

Mit der Gewinnung von Rottweil verschob sich die römische Besatzungslinie nach Norden und machte ab 85 n. Chr. das Militärlager in Hüfingen überflüssig. Die Besatzung rückte nordwärts und überließ das Kastell der Natur. Das Bad und die benachbarte zivile Siedlung blieben weiterhin bewohnt und genutzt, höchstwahrscheinlich bis in die Zeit der Alemanneneinfälle.

Die römische Vergangenheit am Galgenberg ist bis heute wegen der gut erhaltenen Badruine lebendig geblieben. Über eine Steganlage kann die von einem Schutzbau umgebene Anlage bequem begangen werden. Auf einer Fläche von 570 Quadratmetern (19 × 30 Meter) stehen die Mauern einer wohldurchdachten und großzügig konzipierten Badelandschaft. Dazu gehören Ruheräume, Umkleideräume, diverse größere und kleinere Becken, Öfen, Kanalsysteme und ein Schwitzbad. Gut erhalten ist ein kreisrundes Steinbecken, aus einem monolithischen heimischen Stein gehauen.

Das Heidenschloss Höchenschwand

▶ An dieser Stelle unterhalb des „Heidenschlossweges", auf einem vorspringenden, flachen Plateau, das künstlich befestigt und mit mehreren Terrassen versehen ist, vermutet der Verfasser den einstigen Standort des Heidenschlosses.

Wenn das Gewann mit dem Namen »Heidengraben« zum keltischen Tarodunum im Dreisamtal führt und die Bezeichnung »Heidentor« zur keltischen Wallanlage in Berau, was ist dann von den alten Gewann- und Flurnamen »Heidenschloß« und »Heidenschloßfelsen« bei Höchenschwand zu erwarten? Logisch wäre eine analoge Bedeutung. Demnach muss es einst am Osthang des Höchenschwander Bergs, wo er steil zum Schwarzatal hinunter abfällt, eine heidnische Burg oder Festung gegeben haben. Diese These hat schon der Burgenforscher Heinz Voellner vertreten; sie wird auch von Karl Beck in seiner Chronik von Höchenschwand vorgetragen.

Eine heidnische, keltische Schutzanlage auf dem Höchenschwander Berg entspräche der Annahme, beim Schwarza-, Mettma- und weiteren, zum Rhein hin führenden Flusstälern des Südschwarzwaldes habe es sich um Rückzugsgebiete keltischer Stämme gehandelt, die zu Zeiten der römischen und später alemannischen Eroberung in den geschützten Höhenlagen Schutz gesucht haben. Möglicherweise, so die Annahme weiter, die sich dabei auf viele bronzezeitliche Grabhügelfunde im Süd- und Hochschwarzwald bezieht, habe die bedrängte keltische Urbevölkerung sich dabei in Siedlungsräume zurückgezogen, die ihr schon lange bekannt waren und die ihre Stammesvorfahren seit Generationen genutzt haben. Rund um Höchenschwand legen viele Flurnamen und damit verbundene Ortsüberlieferungen ebenfalls eine heidnische Vergangenheit dieser Region nahe. So gibt es ein »Teufelsloch«, eine Ortsbezeichnung, die andernorts vielfach als vorchristlicher einstiger Kultplatz identifiziert wurde. Ähnliches gilt für den Eselstein beziehungsweise Eselsfuß, eine Stelle zwischen Amrigschwand und Höchenschwand, oder für das Welschlehen in der Kutterauer Halde. Letzteres wird zwar gerne neuzeitlich interpretiert als ein »Lehen, das an Fremde übertragen wurde«, aber sowohl Welsch = fremd, als auch Lehen/Lai = Grabhügel sind urkeltische Begriffe.

Obwohl es in der beschriebenen Lage einen Wanderweg gibt, der Heidenschloßweg heißt, ist die Stelle, an der es gestanden haben soll, in der Forschung umstritten. Zur Verwirrung trägt neben der relativen Fundleere vor allem auch bei, dass es in nächster Nähe einst auch eine Burg gegeben hat, die Burg Tombrugg (siehe 2. Kapitel, Abschnitt »Rätsel und Spekulationen«). Über die Burg Tombrugg weiß man einiges, allerdings nichts über ihre Anfänge. So hat sich lange die Annahme gehalten, die unter den Bewohnern des Höchenschwander Bergs zum Teil bis heute vertreten wird, dass es sich bei Burg und Heidenschloss um ein und dieselbe Anlage handelt. Dieser Annahme widerspricht die Regionalforschung. Sie beruft sich dabei auf die ältesten verfügbaren Gemarkungskarten, die schon immer zwei Örtlichkeiten »Burg« und »Heidenschloß« unterschieden haben, die zwar nahe beieinander liegen, aber doch stets getrennt aufgeführt werden. Auf der Topographischen Karte 1:25.000 aus dem Jahr 1885 wird im Osten von Höchenschwand ein Waldgewann in der Nähe der eiszeitlichen Moräne »Eisloch« mit »Burg« bezeichnet; ein weiteres Waldstück, nur wenige hundert Meter entfernt beim »Uhustein«, heißt auf dieser Karte aber ebenfalls »Burg«. Das ist schon verwirrend genug, doch zwischen diesen beiden mit »Burg« bezeichneten Punkten steht auf der erwähnten Karte zweimal das Wort »Heidenschloß«. Die unterschiedliche Schrift für diese beiden Wörter deutet dabei darauf hin, dass mit der ersten Bezeichnung ein Gewannname gemeint

◀ Überall im Wald rund um den vermuteten Standort des Heidenschlosses findet man solche Mauern. Egal ob sie einst militärischen oder eher landwirtschaftlichen Zwecken dienten, sie beweisen auf jeden Fall, dass diese heute siedlungsleere, völlig bewaldete Flanke des Schwarzatals einst rege von Menschen genutzt wurde.

ist, mit der zweiten Bezeichnung aber ein ganz bestimmter Punkt (südöstlich vom Dreherhäusleweiher).

Eine andere alte Karte, der »Plan der Gemarkung Höchenschwand 1:10.000« aus dem Jahr 1866, zeigt nordöstlich vom Dreherhäusle (das damals noch als Hofgut existierte) ein Gewann »Auf der Burg« und darin ein Ruinensymbol. Ungefähr 1 Kilometer weiter östlich weist dieselbe Karte eine mit »Heidenschloß« bezeichnete Stelle aus, an der sogar aufeinandergetürmte Steine als Symbol eingezeichnet sind. Beide als Ruinen ausgewiesenen Punkte befinden sich in dem zu Höchenschwand gehörenden Gewann »Schwarzachhalden«.

Schon Karl Beck hat in seiner Höchenschwander Chronik ziemlich verzweifelt festgestellt, dass die Bezeichnung »Heidenschloß« auf allen zur Verfügung stehenden Karten jeweils an einem anderen Platz eingetragen ist. Alle Plätze haben gemeinsam, dass sie sich zwischen den markanten Geländeformationen Eisloch und Muckenloch befinden, also auf einem Areal überschaubarer Größe von maximal 1 Quadratkilometer. So bleibt dem Forscher nichts anderes übrig, als sich auf die Suche im Gelände zu machen. Östlich vom Dreherhäusleweiher erheben sich einige Bergkuppen aus dem Gelände. Den heutigen Waldbewuchs weggedacht, müssten sie eine exponierte und leicht zu verteidigende Stellung abgegeben haben, die ideale Lage für eine keltische Flieh- oder Wallburg, wie wir sie hinter dem überlieferten Begriff »Heidenschloß« vermuten. Bislang hat die Regionalforschung lediglich auf einer dieser Erhebungen einen etwa 400 Meter langen und bis zu 40 Zentimeter hohen Steinwall ausfindig gemacht, der aber in Ausführung und Dimensionierung eher als landwirtschaftliche Feldbegrenzung anzusehen ist.

Vielversprechender als diese Erhebungen, die außerdem zu weit entfernt von den in allen Karten als Heidenschloss eingetragenen Punkten liegen, ist ein flach auslaufender Bergsporn inmitten des Getümmels

▶ Oberhalb dieses Felsenmeeres, das von einer Gletschermoräne gebildet wird, vermutet Heinz Voellner den Standort des ehemaligen Heidenschlosses.

von eiszeitlichen Felsgeschieben, die hier den Trauf zum Schwarzatal hinab bilden. Die etwa 1 Hektar große Fläche gilt nach Heinz Voellner als der wahrscheinlichste Standplatz für eine vorzeitliche Fliehburg. Es handelt sich um eine verwilderte Matte, die wie eine Naturfestung nach Osten durch Felsabstürze begrenzt wird, zum Norden hin durch steile Abhänge, nach Westen durch ein einstiges Hochmoor, das heutige »Moosholz«, und nach Süden durch die sumpfigen Wiesen »Schwarzhaldematt« und »Hagmatt«. Heinz Voellner hat hier Abschnitte von Steinmauern gefunden und die These formuliert, diese Mauerabschnitte könnten durch Verhaue und Palisaden miteinander verbunden gewesen sein. So habe man mit wenigen Kriegern den Bergrücken gegen zahlenmäßig überlegene Angreifer leicht verteidigen können. Voellner vermutet hier den Standort des einstigen Heidenschlosses, und zwar unweit jener Stelle, an der heute der »Burgweg« auf den »Heidenschloßweg« trifft. Nach zwei Seiten fällt an dieser Stelle das Gelände extrem steil ab. Der Platz konnte deshalb nur von Westen her über einen flachen Bergkamm erreicht werden. Eine Felsvertiefung quer über den Sporn hat Heinz Voellner als Halsgraben interpretiert. Vor diesem Graben habe eine Art Vorburg bestanden, dahinter die eigentliche Festung. Reste von Trockenmauern auf dem Gelände könnten laut Voellner sogar noch von dieser Festung stammen.

Bei der Begehung dieses und weiterer Sporne im Verdachtsgebiet zwischen Eisloch und Muckenloch finden sich aber noch weitere Plätze, die Mauerreste aufweisen und die noch knapper an den steilen Felsabstürzen zum Schwarzatal hin liegen. Man könnte auch für den am weitesten vorgeschobenen Sporn plädieren, weil er die beste Sichtschneise ins Schwarzatal und bis hinüber auf das Berauer Horn bietet. So hat der Verfasser an einer Stelle unterhalb des Heidenschloßweges, an der auch noch eine Quelle vorhanden ist, eine künstlich eingeebnete Plattform mit etlichen Mauerresten gefunden. Der zur Schwarza hin abfließende Bach ist unterhalb dieser Plattform auf einer Länge von mehreren hundert Metern mit noch gut erhaltenen Trockenmauern abgesichert. Muss man sich vielleicht entlang der Schwarzhalde zu keltischen Zeiten eine viel intensivere Nutzung und Bebauung vorstellen?

Vom Heidenschloss gibt es in der Ortsüberlieferung auch eine alte Sage: Die Herren, die einst das Heidenschloss bewohnten (es könnten aber auch die Burgherren von Tombrugg gemeint sein), waren im Laufe der Generationen zu Wegelagerern und Raubrittern heruntergekommen. Einheimische und Fremde litten unter ihrer Gewalt- und Willkürherrschaft. Das räuberische Geschlecht starb aber aus, als der letzte Nachfahre eines Tages unter dem Schwert des Henkers starb. Seither soll der Tote aber als Geist durch das Schwarzatal wandeln. Bisweilen zeige er sich den Wanderern im Muckenloch, wo eine Brücke über die Schwarza führt. Manche wollen ihn auch schon auf einem Pferd reitend gesehen haben. Dabei trug er seinen Kopf unter dem Arm.

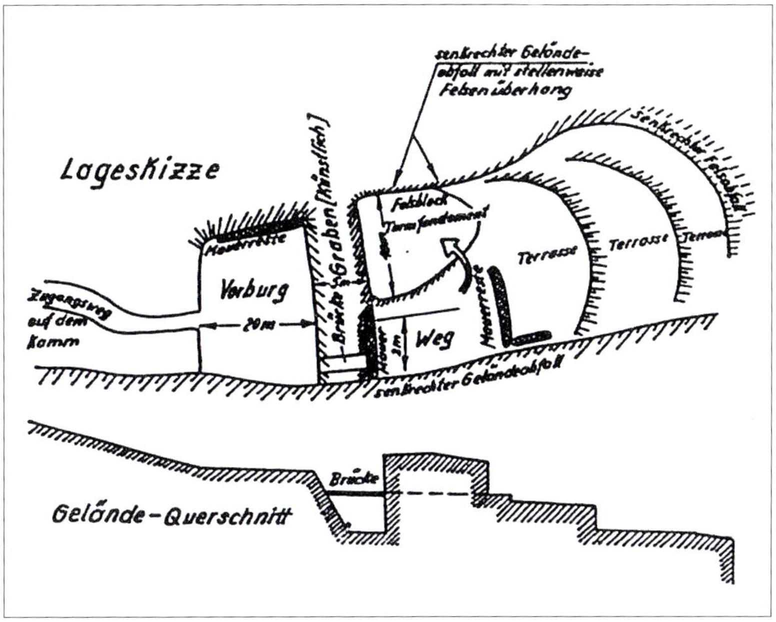

▲ So hat sich der Heimatforscher Heinz Voellner das Heidenschloss vorgestellt. Mit einer Vorburg, einem Halsgraben und dann auf abfallenden Terrassen die eigentliche Befestigung.

Römertürme

▶ Die berühmte Karte von Johannes Bussemacker von 1604 (Ausschnitt), auf der es für den Hochschwarzwald nur den Eintrag „Newstat" (für Neustadt) und „Torner" (für den Thurner) gibt, letzterer mit dem Symbol für einen gemauerten Turm.

Die Römer haben den Südschwarzwald systematisch durchquert. Mindestens zwei Routen sind bekannt, nämlich die Römerstraße vom Kastell in Hüfingen nach Riegel am Kaiserstuhl sowie die Aufmarsch- und Nachschublinie von Windisch über Schleitheim nach Hüfingen. Bei Starkregen im Jahr 1987 brach südlich von Reiselfingen am Eingang zur Wutachschlucht ein Wegstück ab und darunter trat römisches Pflaster zutage. Deshalb ist auch eine westliche Route vom unteren Wutachtal über Bonndorf, Dietfurt und Unadingen nach Hüfingen nicht unwahrscheinlich. Schon 1908 hat der Reiselfinger Dorflehrer Theodor Laubenberger die Theorie vertreten, die beiden mittelalterlichen Burgen »Stahleck« und »Tanneck« (für beide siehe 3. Kapitel) seien ursprünglich römische Türme entlang der (oben skizzierten) Route gewesen. Sie hätten die Aufgabe gehabt, die Wutachübergänge bei der Dietfurt und bei Stallegg zu bewachen. Die Wegverbindung durch die Schlucht heißt heute noch bei Bachheim »Heerweg« und bei Döggingen »Römerstraße«.

Wenn die heute nahezu vom Erdboden verschwundenen Ruinen Stallegg und Tanneck auf römischen Vorgängerbauten errichtet worden sein sollten, so ist davon naturgemäß nichts mehr vorhanden. Es fehlt aber auch an archäologischen Funden, Münzen oder Keramik, die eine solche Kontinuität beweisen könnten. Allerdings gilt auch hier: Das Fehlen solcher Beweise – nach denen auch noch nie gesucht wurde – beweist natürlich noch lange nicht das Fehlen an sich.

Wenn aber schon die Spekulation von Römertürmen an der nur dürftig nachgewiesenen Wutach-Römerfurt statthaft ist, um wieviel mehr müssen solche Spekulationen für das zweifelsfrei nachgewiesene römische Straßenstück von Hüfingen in den Breisgau zulässig sein? Diese Straße führte zwischen Dittishausen und dem heutigen Kirnbergsee über den Bränd zum Eisenbacher Höchst, von dort als »Römerstraße« oberhalb Waldau bis zum Hohlengraben und Thurner und weiter ins Dreisam- oder Glottertal. Der Straßenkörper ist am Kirnbergsee freigelegt worden. Er wies dort eine Breite von 5,20 Metern auf, war mit Muschelkalk-Schotter künstlich befestigt und von Steinquadern und Kalksteinplatten nach typisch römischer Bauweise eingefasst. Man hat auch östlich des Straßenkamms bei Dittishausen ein Straßenstück mit typisch römischen Merkmalen aufgefunden. Hier fehlt es auch nicht an weiteren archäologischen Beweisen, zum Beispiel Münzfunden aus der Zeit des Kaisers Domitian aus dem 1. nachchristlichen Jahrhundert.

Interessant ist in diesem Zusammenhang eine Ortsüberlieferung in Dittishausen, die der Verfasser vom früheren Ortsvorsteher Georg Rieple gehört hat. Demnach heißt eine Stelle im Bereich des heutigen Schützenhauses seit jeher in der Bevölkerung »Römerstation«. Es seien dort auch Mauerreste und Straßenpflaster gefunden worden. Ein Gewann zwischen Dittishausen und Unadingen, auf dem sich ein 200 Meter langer, undefinierbarer Steinwall befindet, heißt »Hochmauer«. Gleichlautende Flurnamen haben in anderen Gegenden Süddeutschlands schon häufiger die Archäologen auf die Spur römischer Ruinen gebracht.

Für den Raum Dittishausen/Kirnbergsee käme ein römischer Wachturm zu früh, wenn man eine Etappe von Hüfingen herkommend in Rechnung stellt. Plausibler wäre ein solcher Wachturm weiter im Westen, ungefähr da, wo die Römerstraße von den Höhen des Schwarzwaldes in den Breisgau hinunter absteigt. Der Thurner/Hohlen Graben gilt der Forschung schon lange als Standort einer einstmaligen Befestigung. Die älteste Karte der Gegend zeigt 1664 auf der Höhe, die heute Thurner heißt, das Bild eines gemauerten Turms mit der Ortsbezeichnung »Torner«. Die Regionalforschung des 19. Jahrhunderts hat die Stelle ebenfalls eindeutig als »alter Römerturm« bezeichnet. So etwa Joseph Bader 1866: »Die Familie der Turner stammte von einem Edelsitze bei dem alten Römerturme auf der Höhe dieses Namens [...].« Bader brachte diesen »alten Römerturm« in Verbindung mit der Römerstraße. »Nur einzelne Wege und Straßen durchzogen die wilde Gebirgsgegend, zuweilen von einem Thurm oder Castelle bewacht. Eine solche Befestigung mochte der Turner sein [...].«

Allerdings: Spuren eines Römerturms oder überhaupt nur eines Turms sind auf dem Thurner bislang noch nicht gefunden worden.

◀ In der Ortsüberlieferung ist die Erinnerung an die einstige Römerstraße beim Thurner noch lebendig. Ein Wanderweg beim Gasthaus Kreuz heißt dort bis heute „Römerweg".

Rätsel und Spekulationen

▲ Nur 4 Meter breit ist der Bergsporn, der links und rechts steil in die Wutachschlucht abfällt und auf dem sich, abgetrennt durch mehrere Wälle, die Befestigung Schellenfrauenbuck befunden hat.

▶ Schellenfrauenbuck Reiselfingen

Die große Zahl an gut erhaltenen bronzezeitlichen Grabhügeln im Walddistrikt »Hohegerten« bei Reiselfingen lässt die Frage nach einem keltischen Siedlungsplatz oder einem keltischen Herrensitz im Raum Reiselfingen virulent werden. Der Löffinger Heimatforscher Emil Ketterer hat dafür eine Örtlichkeit am Schellenfrauenbuck identifiziert, für die es sogar eine amtliche Quelle gibt. Im F.F. General-Repertorium über Burgställe und Schlösser im fürstenbergischen Amt Löffingen aus dem Jahre 1760 wird ein »Schloss bei Reiselfingen« wie folgt aufgeführt: »Dass ehemals in dem Bann Reiselfingen gegen Südost zwischen Wutach und dem Rosengraben auf einem hohen rauen Berge eine mit einem tiefen Wall umgebene Burg gestanden sei, erweisen die noch vorhandenen Ruina derselben. Der Platz, worauf solche stunde, wird heute der Schellenfrauen-Buck genannt.« Einen weiteren Hinweis liefern die badischen Fundberichte von 1926. Sie erwähnen »auf einem Vorsprung in das Wutachtal hinaus, der durch drei noch gut erhaltene Gräben abgeschnitten ist, eine alte Befestigung, vermutlich ein Ringwall.«

Ketterer weist nach, dass der Schellenfrauenbuck noch bis ins 16. Jahrhundert einen anderen Namen trug. Er hieß »Letze«, was (althochdeutsch) so viel bedeutet wie »Schutzwehr« oder »Tor«. Nach Ketterers Ansicht handelte es sich bei der Befestigung an dieser Stelle um eine keltische Wehrburg auf der steil zur Wutach abfallenden Bergnase.

Die Ortsbegehung ergibt folgendes Bild: Die Bergnase besitzt einen ebenen Zugang von Westen her, der sich an seiner schmalsten Stelle auf 20 Meter verengt. Exakt an dieser Engstelle ist der Zugang von einem Doppelwall unterbrochen. Ein weiterer Wallgraben folgt kurz dahinter. Ungefähr 70 Meter lang erstreckt sich dann die ebene Fläche hinter diesem dritten Wallgraben, ehe die einstige Hauptbefestigung folgt. Zwei tiefe Gräben und entsprechende Wälle haben sie umfasst. Sämtliche Wälle sind durch einen Forstweg durchbrochen, der bis hinter den letzten Wall führt. Der innere, letzte Wall ist heute noch bis zu 4 Meter hoch. Nach Emil Ketterers Vermutung handelt es sich hier sogar um einen Murus Gallicus, eine »gallische Mauer« nach ähnlicher Bauart wie der Wall von Tarodunum. Diese Mauer läuft in einem 85 Meter langen Graben aus, der den etwas flacheren Nordhang absichert. Die Anlage weist gleich zwei Quellen zur Wasserversorgung auf, die eine liegt vor den Vorwällen, die zweite etwa 80 Meter unterhalb der Befestigung. Ein Serpentinenweg führte dort hinunter.

Zu dieser Anlage gehört etwa 250 Meter nordöstlich davon und etwa 80 Meter tiefer gelegen noch ein weiterer Platz, der im Volksmund »Schloss« genannt wird. Er liegt oberhalb der Einmündung des Rosenbaches in die Wutach und ist äußerst be-

▲ Deutlich zu erkennen ist der Wall, der sich hier quer über den Bergrücken zieht, aber leider durch einen Forstweg durchschnitten wurde. Es handelt sich um den mittleren von insgesamt drei Wällen, die zum Schellenfrauenbuck gehören.

engt. Es handelt sich um eine 10 auf 15 Meter große Fläche, die zum Teil aus dem Muschelkalkfelsen herausgearbeitet wurde. Nach drei Seiten fällt sie steil ab, nach der vierten Seite ist sie durch drei bis zu 4 Meter tiefe Gräben und einen spitzen Wall abgesichert. An der zur Wutachschlucht hin gewandten Seite ist noch der Rest eines wall- oder mauerartigen Buckels zu erkennen. Dem Areal vorgelagert ist ein weiterer Wall, so dass die Anlage zu ihrer Zeit schier uneinnehmbar gewesen sein dürfte. Das Landesdenkmalamt hat den Platz in das 1. Jahrhundert v. Chr. datiert. Dieser Platz verfügt außerdem über einen künstlich angelegten Tiefbrunnen, so dass Emil Ketterer daraus schloss, dass es sich hier um die letzte Rückzugsfestung für die Hauptburg gehandelt haben könnte. Jedenfalls sieht er die Plätze »Letze« und »Schloss« als eine Einheit.

▶ Ringwall Kappel

Im großen Sammelband »Die Kunstdenkmäler des Grossherzogtums Baden, Bd. VI«, erschienen 1904 in Tübingen, steht als kurze und unkommentierte Notiz unter dem Ort Kappel: »Prähistorisches: Ein Ringwall«. Das ist der einzige Hinweis, auf den wir uns berufen können, wenn wir auch Kappel als möglichen Standort für eine prähistorische Festungsanlage ins Auge fassen. Der Ort selbst ist urkundlich im Jahr 1280 erstmals erwähnt. Ein Rätsel befindet sich im Erlenbachweg, wo unter dem Haus Bergfried ein tiefes Tonnengewölbe mit meterdicken Mauern liegt, vom Denkmalamt für schützenswert erklärt,

▲ Im Volksmund heißt dieser symmetrische, rund 60 Meter lange Hügel „Römergrab". Das Foto stammt von 1938, als die Aufforstung gerade begann. Heute ist der ganze Hügel unter Wald fast unsichtbar

aber nicht datiert. Zum Gewölbe gehört auch ein wasserführender Schacht, der aus unbekannter Quelle gespeist wird, außerdem Reste eines turmartigen Aufbaus. Die Bewohner glauben, es handele sich um die Reste der ersten vorurkundlichen christlichen Kapelle, die dem Ort den Namen »capella« gegeben habe. Der Verfasser hat in seiner Untersuchung »Der Hotzenweg« Überlegungen ausgebreitet, wonach diese erste Kapelle auf dem Platz eines noch älteren, heidnischen, keltischen Kultplatzes errichtet wurde. Für eine keltische Vergangenheit des Ortes sprechen einige Indizien, an anderer Stelle im Buch »Der Hotzenweg« ausführlich diskutiert. Die Flur- und Gewannnamen Lehen, Lehenwald, Rood und In der Rood am südlichen Talhang Richtung Haslachtal können als keltische Hinterlassenschaft interpretiert werden. In Südwestdeutschland liegen bronzezeitliche Grabhügelfelder oder Einzelgräber ganz häufig in Gewannen mit gleichen, sich wiederholenden Namen. Ihre Häufung kann nicht zufällig sein. Allein das Wort »Lehen« oder die Endung -le(h) erscheinen in vielerlei Form bei 35 anerkannten Nekropolen. Jedenfalls dürfen Flur- und Gewannnamen wie »Lehenwald« oder »Lehenkopf« nicht mit einer Lehensvergabe verwechselt werden. Vorchristliche Begräbnisstätten werden öfter durch Hleo, Plural Hlewir = Grabhügel, bezeichnet und überdauerten in Namen wie Lehberg, Lehbühl usw. Ein vorgeschichtliches Gräberfeld bei Nassenbeuren (bei Augsburg) hieß »uf den lewern«. Im südlichen Schwarzwald ist daraus mancherorts auch die Ableitung »Leien« geworden. Der Name »Rood« für einen Bach und für die Talaue, die von der Haslach bis hinauf zur Antoniuskapelle führt, kann bis zur indogermanischen Wortwurzel »roidth« führen. Paläolinguisten sehen Namen mit den Wortbestandteilen »Rot« und »Röth« als vorgeschichtliche Richtungswegweiser, denn sie entstammen diesem alten Wortkern »roidth«, der für »Weg, Trasse, Linie, begehbar gemacht« steht.

Es spricht demnach einiges dafür, im Lehenwald am Südabfall zwischen Antoniuskapelle und Haslachtal nach diesem 1904 erwähnten prähistorischen »Ringwall« zu suchen. Rund um die Antoniuskapelle weist das Gelände etliche merkwürdige Terrassierungen auf. Im Hinblick auf den vorgeschichtlich hier vorbeiführenden »Hotzenweg« und eine an diesem Weg liegende Befestigung erscheint die Umgebung der Rauhalde aber als der wahrscheinlichste Platz. Hans-Joachim Winterhalder, der die Heimatstube Kappel betreut, weiß von einem künstlich aufgetürmten Hügel im Lehenwald zu berichten, der in der Ortsüberlieferung lange als »Römergrab« bekannt war. Dort haben schon 1938 Archäologen vom Landesdenkmalamt kurz vor einer Grabung gestanden. Das Vorhaben hätten sie jedoch unter anderem aus Kostengründen, vor allem aber weil der Grundstücksbesitzer, ein Landwirt, keine Genehmigung erteilte, seinerzeit wieder aufgegeben. Der imposante Hügel sei daraufhin vom Landwirt aufgeforstet worden. Bilder davon sind noch in der Heimatstube zu besichtigen; sie zeigen einen symmetrischen und künstlich aufgeschichteten Hügel von beträchtlichem Ausmaß. Den Standort des offenbar früher allgemein bekannten Ringwalls muss man höchstwahrscheinlich im Zusammenhang mit diesem Hügel diskutieren.

▶ Welschenorderach – Jostal

Das Jostal bei Neustadt trägt in den ältesten Urkunden des Klosters Sankt Peter (12. Jahrhundert) noch den Namen »Welschenordera« beziehungsweise »Walschen ordenen«. Nach dem Sprachforscher Wolfgang Kleiber ist diese ursprüngliche Bezeichnung ein untrüglicher Hinweis auf eine keltische Urbevölkerung in diesem Tal, die sich dort möglicherweise bis in die Zeit der mittelalterlichen Besiedlung erhalten hat. Sämtliche Walen-, Walchen- und Welchennamen im Schwarzwald gehören laut Kleiber zum »nichtdeutschen Namenskolorit«. Das heißt, solche Flurnamen wie Welschenweiher, Welschental, Welschenwald etc. enthalten das althochdeutsche wal(a)ch = welsch, das als Bezeichnung für galloromische Stämme gilt, also Bevölkerungsreste, die aus der Zeit der keltisch-römischen Vermischung stammen müssen.

Zur Unterscheidung vom benachbarten Langenordnach-Tal ist die Bezeichnung »Welschenordera« damit sprachgeschichtlich das von Fremden (den Welschen) bewohnte Tal. Diese Fremden können entweder schon immer in diesem Tal gesessen sein – wofür die unzähligen Grabhügelfunde auf den umliegenden Erhebungen Feuerberg, Schottenbühl, Fehrn und Rauh sprechen – oder sie haben sich (zum Beispiel aus dem Dreisamtal) hierher zurückgezogen, als die Römer und nach ihnen die Alemannen die Herrschaft über das Land

▼ Bis zu 4 Meter hoch und noch gut erhalten ist der Wall, der zur einstigen keltischen Fliehburg am Eingang zum Jostal gehört.

übernahmen. Die Alemannen, als sie die Gegend in Beschlag nahmen, nannten die zahlreichen Anderssprachigen, die sie an neu besiedelten Orten antrafen, Walch, Walh, Welsch, Walegg, Walen, Walenchäle. Auch der Walensee in der Schweiz wird zum Beispiel in dieser Logik als ursprünglich keltisch besiedelt angesehen. Demzufolge bedeutet der Name »Welsche« ursprünglich den Hinweis, dass die Alemannen eine welsche, also keltische oder gallo-keltische Bevölkerung an den so benannten Orten angetroffen haben.

Wenn also in diesem Sinne das Jostal keltisch besiedelt war, so dürfte dies in Form von Einzelgehöften organisiert gewesen sein, denn von einem größeren Siedlungsplatz müsste die Überlieferung ansonsten etwas wissen. Aber immer dann, wenn keltische Gruppen in zerstreuten Einzelgehöften lebten, verfügten sie in der Nähe häufig über eine zentrale Fliehburg, in die sie sich mit ihrem Vieh bei Gefahr zurückziehen und verschanzen konnten. Im Jostal glaubt der Verfasser, diesen Platz gefunden zu haben. Es handelt sich um eine Kuppe auf dem eiszeitlichen Moränenwall, der das Jostal gegen Neustadt und gegen das Langenordnachtal hin abriegelt. Auf dieser heute bewaldeten, exponierten Kuppe, die zum Josbach hin steil abfällt, finden sich Wall- und Grabenstrukturen, die eindeutig von Menschenhand geschaffen wurden. Ein heute noch 1 bis 2 Meter hoher Wall umfasst nahezu die gesamte Kuppe gegenüber dem Tannackerhof, die eine Art Plateau bildet, etwa 200 Meter lang und 100 Meter breit. Nach Südosten Richtung Schottenhof und nach Osten zum Josbach hin bietet das steil abfallende Gelände einen natürlichen Schutzwall, der jedoch künstlich verstärkt wurde. Der Eingang in die Anlage hat sich auf der nordwestlichen Seite befunden. Hier ist der Wall bis zu 4 Meter hoch und durch eine torartige Einbuchtung unterbrochen. Durch dieses Tor erreichte man eine Zwangspassage, die auf einer Länge von 20 Metern links und rechts von hohen Erdwällen gesäumt ist und zum Plateau hin ansteigt. Dies alles ist noch sehr gut im Gelände zu erkennen, wenngleich land- und forstwirtschaftliche Nutzungen manches eingeebnet und zerstört haben. Der Platz ist weder der Denkmalpflege bekannt noch in der Ortsüberlieferung erwähnt. Eine archäologische Untersuchung wäre deshalb wünschenswert.

▶ Heidenschloss Zweribach

In der Nähe des Zweribachfalls im Wildgutachtal zwischen Obersimonswald und St. Märgen gibt es auf Neukircher Gemarkung den Schlossbühl (982), eine Anhöhe, die einen weiten Blick ins Tal des Zweribachs erlaubt. Dort haben die Flurbezeichnungen »Heidenschloss« beziehungsweise »oberes/vorderes Heidenschloss« und »Heidenbühl« schon die Fantasie von Eduard Schuster angeregt. Er nimmt an, dass sich dort eine sehr frühe, vielleicht keltisch begründete Wehr- oder Fluchtburg befunden haben muss, »ohne dass man zuverlässige Nachrichten über die Entstehung dieses Namens hat.« Heribert Saldik setzt die Stelle gleich mit einem 1200 im Rotolus Sanpetrinus genannten »Burgstall« und spekuliert in seiner »Geschichte des oberen Bregtals«, es könne sich um eine hochmittelalterliche Sicherungsburg gehandelt haben, eventuell erbaut von den Herren von Schwarzenberg oder ihren Gefolgsleuten. Es könnte sich der gesuchte Punkt somit auf der Felsennase zwischen der Wilden Gutach und dem Heubach, ca. 200 Meter südwestlich der Hexenlochmühle befinden, der von der Gemarkungsgrenze Gütenbach-Neukirch geteilt wird. Der südliche Teil des Platzes scheint durch einen Graben abgetrennt zu sein, und im Verband liegende Steine könnten auf ein abgegangenes Bauwerk hindeuten, so berichtet Saldik.

Bei Einheimischen ist noch die Sage von einem schwarzen Hündchen am Schlossbühl bekannt, welches einen Schatz bewacht und nur einmal im Jahr, nämlich am 6. März, zu sehen sei.

Ein weiterer Flurname »Heidenschloss« findet sich auch bei den Quellen der Breg oberhalb von Furtwangen. In der Nähe der Höhe Brend (1150 Meter), westlich von Katzensteig, hat man beim dortigen Hof laut Eduard Schuster »Spuren eines Schlosses oder einer Befestigung« aufgefunden. Auch mit diesem »Heidenschloss« hat sich Heribert Saldik ausführlich beschäftigt und lokalisiert es in einer benachbarten Flur, die den Namen »Heidenbühl« trägt. Dort hat man auch römische Münzfunde gemacht.

DIE BURGEN AUS DER ZEIT DER FRÄNKISCHEN HERRSCHAFTSBILDUNG

Einführung

Die nicht mehr wegzudiskutierende Häufigkeit von Überresten keltischer Grabhügelfelder sowie Fliehburgen und Wallanlagen im Hochschwarzwald führt zwangsläufig zu der Frage nach dem Ende der keltischen Durchdringung unserer Region beziehungsweise nach einer möglichen Kontinuität über die Zeit der römischen Besatzung hinaus. Die Wissenschaft diskutiert diese Frage zwar noch kontrovers, doch kristallisiert sich zunehmend ein Bild aus dieser Diskussion. Demnach muss man heute davon ausgehen, dass die keltische Urbevölkerung dieser Region sich während der römischen Jahrhunderte zwischen 100 und 300 n. Chr. zum Einen assimilierte – ein Szenario, das zum Beispiel für das Dreisamtal angenommen wird –, zum Anderen sich in unwegsame Gebirgstäler und auf die Schwarzwaldhöhen zurückzog, so wie es archäologische Funde und Namensrelikte für das Jostal, das Bregtal oder die Höhen von Berau und Höchenschwand nahelegen. Mit dem Auftauchen der Alemannen haben diese Refugien zwischen 300 und 500 n. Chr. nichts von ihrer Bedeutung verloren. Parallel darf auch ein fortschreitender Prozess der Assimilierung und Durchmischung der autochthonen Urbevölkerung mit den zugewanderten alemannischen Stämmen unterstellt werden. Dabei spielt es kaum eine Rolle, ob gewaltsame Unterwerfung oder friedliche Koexistenz den Prozess beförderten. Im Ergebnis läuft es auf dasselbe hinaus: Nach dem Sieg der Merowinger-Franken über die Alemannen begann ab 500 n. Chr. eine neue Durchdringung der inzwischen nur noch spärlich besiedelten und vermutlich kaum noch durch Machtzentren repräsentierten Region. Durch die Annahme des Christentums wurden ab dem 6. Jahrhundert zunehmend auch Missionare (Fridolin, Landolin, Trudpert, Gallus) in den Südwesten gelockt. Ausgehend von den Klostergründungen am Hochrhein und in der Ortenau (Säckingen, Reichenau, St. Gallen, Schuttern, Ettenheimmünster, Gengenbach) begann die Missionierung der alemannischen Heiden.

Die Mär von einem zu diesem Zeitpunkt unbesiedelten, menschenleeren Schwarzwald ist längst widerlegt. Wie hätte auch eine Missionierung der Heiden erfolgen sollen, wie sie zum Beispiel Fürstabt Gerbert in seiner Geschichte des Schwarzwaldes ausführlich beschreibt, wenn es nicht eine relevante Zahl von Heiden in diesen Wäldern gegeben hätte?

Das missionarische Vordringen in den Südschwarzwald wird oft als alleinige Leistung der Benediktinermönche aus Schaffhausen, Rheinau, St. Gallen, St. Trudpert und später auch St. Blasien verklärt. Diese Klöster waren gewiss die politischen Treiber, doch mit den Mönchen entsandten sie auch weltliches Gefolge als Kolonisten ins Schwarzwaldgebirge. Hierbei handelte es sich in der Regel um »Edle«, um die Angehörigen von Adelsfamilien aus dem Dunstkreis des jeweiligen Klosters. Solche Söhne und Brüder, ohne Land und ohne Herrschaft, dennoch meist adligen Geblüts, bekamen Schenkungen oder Lehen in den entlegenen Waldgebieten. Dort legten sie mit ihrem Gefolge aus Hörigen und Leibeigenen Streusiedlungen an, schufen ihre eigene lokale Herrschaft und flankierten die christliche Missionierung. Es handelte sich um Kolonisten, bäuerliche Siedler, die vom Hochrhein, von der Baar und aus dem Breisgau über die Schwarzwaldtäler auf die Höhen vordrangen. Auch hier gab es sicherlich weitere Assimilierungs- und Vermischungsprozesse mit der vormals heidnischen Urbevölkerung, wobei viele Relikte des damaligen Volks- und Aberglaubens sich bis heute im ländlichen Brauchtum und in den christlichen Fest- und Feiertagen erhalten haben.

Aus diesen Anfängen entwickelten sich frühe lokale Herrschaften, oft begrenzt auf ein Tal, auf einen Höhenzug oder auf eine strategisch bedeutsame Wegroute im Hochschwarzwald und an seinen Rändern. Wo es nötig war und wo diese Herrschaften es sich leisten konnten, entstanden Wohnsitze des lokalen Kleinadels, die häufig den Charakter von Wehrburgen annahmen. Nicht selten errichteten die neuen Herren solche Burgen auf den Resten heidnischer Vorgängerbauten oder an einstigen heidnischen Kultplätzen.

Diese Entwicklung nahm ihren Ausgang in der Zeit der fränkischen Herrschaftsbildung im 8. und 9. nachchristlichen Jahrhundert und setzte sich auch in der Phase der Stammesherzogtümer fort, die sich aus dem zerfallenden Westfrankenreich ab 900 n. Chr. herausbildeten. Im Südwesten endete diese Phase mit dem Aufstieg der Zähringerherzöge im 11. Jahrhundert. Zwischen dem 8. und 11. Jahrhundert vollzog sich also in unserem kleinräumigen Untersuchungsgebiet eine Entwicklung, die nur vage rekonstruiert werden kann. Schriftliche Quellen sind nahezu keine vorhanden. Wie auch? Die lokalen Herrschaften hinterließen keine Urkunden. Es handelte sich in der säkularen Welt jener Jahrhunderte um eine schriftlose Zeit, selbst Menschen adliger Herkunft dürften kaum des Schreibens kundig gewesen sein. So blieben auch die frühesten Burgbauten unbezeugt, unerwähnt, unbelegt. Dass es sie aber schon im 9. und 10. Jahrhundert n. Chr. im Hochschwarzwald gegeben haben muss, bezeugt das archäologische Fundmaterial. Des Weiteren haben diese frühesten mittelalterlichen Burgen – meist waren es nur befestigte Wohntürme oder ummauerte Gehöfte – ihre Spuren nicht nur im Gelände hinterlassen, sondern in aller Regel auch in den Gewann- und Flurnamen der Umgebung. Wie wir anhand der nachfolgenden Einzeldarstellungen noch sehen werden, sind Flurbezeichnungen wie »Schlossmatten«, »Schlossäcker«, »Burgberg«, »Burgwald«, »Hochburg« und viele ähnliche, verwandte Namensgebungen meist ein untrüglicher Hinweis auf einst an dieser Stelle befindliche Burgen oder Herrensitze. Dabei reden wir häufig über »Turmburgen«, eine Frühform der Burganlagen, die im Wesentlichen aus einem dominanten, bewohnbaren Turm bestanden. Diese recht bescheidene Burgform als Adelssitz hat nur in wenigen Ausnahmefällen die Zeiten überdauert. Das ist ein Befund, der nicht nur für unser Untersuchungsgebiet gilt, sondern ganz allgemein für den Burgenbau in Südwestdeutschland, in der Nordwestschweiz und im benachbarten Elsass.

Nicht wenige dieser frühen lokalen Adelsherrschaften und ihre Burgen waren in der Zähringerzeit (siehe übernächstes Kapitel) bereits wieder untergegangen oder aufgegeben. Alfons Zettler sagt dazu im Burgenbuch von Hermann Ehmer: »dass nicht wenige der frühen Adelsherrschaften und Burgen im Breisgau bereits in der Zähringerzeit wieder untergegangen oder aufgegeben worden sind. [...] Verantwortlich für diese Entwicklung dürfte unter anderem sein, dass die Entfaltungsmöglichkeiten des Breisgauer Adels durch die Verherrschaftlichung des Landes seitens der zum Dukat aufsteigenden, überregional orientierten Zähringer in erheblichem Maße beschnitten wurden.« Wir finden solche Beispiele von frühem Aufstieg und Untergang nicht nur im Breisgau, sondern auch in unserem Untersuchungsgebiet. Manchmal stand der Untergang in unmittelbarem Zusammenhang mit dem Aufstieg der Zähringerherzöge. Für beide Varianten, früh untergegangene oder durch die Zähringer ihrer Bedeutung beraubte Burgen, können wir im Folgenden eine ganze Reihe von konkreten Fällen nachweisen.

Wiesneck im Dreisamtal

Die erste schriftliche Erwähnung der Burg Wiesneck im Dreisamtal stammt aus den St. Gallener Annalen. Sie berichten über einen Kriegszug des Markgrafen Bertold II. von Zähringen in den Breisgau aus dem Jahre 1079: »Marggraf Berchtoldus von Zeringen, ain offner vind [= Feind, Anm. d. Verf.] küng Hainrichs [...] gewan die edlen schloss Zimbre [= Zimmern, Anm. d. Verf.] und Wisnegk und zwang alle die von dem Brisgöw umb den Schartzwald sitzende under sin herschafft«. Dieser Kriegszug wird allgemein als der entscheidende militärische Schritt angesehen, mit dem die Zähringerherzöge ihre Herrschaft im Südwesten sicherten. Markgraf Bertold hat in jener Zeit »den ganzen Breisgau durch Raub und Brandschatzung verwüstet und die dort gelegenen umfangreichen Güter des Klosters St. Gallen [...] zu seinem Nutzen an sich gezogen.« (Zettler/Zotz).

Für die Frage nach Alter und Geschichte der Burg Wiesneck ist es jedoch vor allem wichtig, dass sie bereits vorhanden war, als der Zähringer im Dreisamtal aufmarschierte. Bertold II. hat die Burg zerstört. Das geht auch aus den Grenzbeschreibungen des Klosters St. Peter und anderen Urkunden aus dem frühen 12. Jahrhundert hervor, denn dort wird Wiesneck bereits als »castrum dirutum«, zerstörte Burg, bezeichnet.

Als die Burg 1079 erstmals in den Urkunden des Klosters St. Gallen auftauchte, war sie im Besitz der fränkischen Grafen von Haigerloch und Hohenberg. Als Burgherr ist Adelbert von Haigerloch genannt. Die Grafen von Haigerloch und Hohenberg waren die erblichen Nachfolger der Grafenfamilie von Wiesneck, die 1162 im Mannesstamm erlosch. Gleichzeitig waren sie die mächtigsten Rivalen, die den Zähringern im Breisgau und speziell im Dreisamtal, am Eingang zum Schwarzwald, im Wege standen.

Auch nach der Zerstörung der Burg durch Markgraf Bertold II. blieben die Haigerlocher/Hohenberger noch bis 1293 Besitzer der Ruine und übten weiterhin die Herrschaft über das von ihnen gegründete Kloster St. Märgen und ihre Güter im Dreisamtal aus. Erst 1293 verkauften die Nachfahren »die burg und die herschaft zu Wisnegge« an die Familie des Freiburger Ritters Burkard Turner, der sie wiederum 1318 an die Familie Snewlin weiterverkaufte. Ob bereits Burkard Turner die Ruine wieder instand setzte oder die Snewlins nach ihm, geht aus den Quellen nicht hervor. Jedoch firmierte der neue Burgherr Johannes Snewlin ab 1322 als »her Snewlin von Wisnegge«, was darauf hindeutet, dass er die Burg bewohnte und zumindest soweit wieder aufgebaut hatte, dass sie ihm als Herrensitz dienen konnte. Dass die Burg im frühen 14. Jahrhundert tatsächlich bewohnt war, beweist ein Vorgang von 1348. Damals setzten die Snewlins wegen Unbotmäßigkeiten gegen ihre Herrschaft den Abt von St. Märgen und drei Mönche für mehrere Monate im Burgturm der Wiesneck gefangen. Das war nur möglich, wenn die Burg auch über eine dauerhafte Besatzung verfügte. Die Familie Snewlin, ein durch den Silberbergbau am Schauinsland emporgekommenes Geschlecht, blieb bis 1478 im Besitz der Burg. Dann verkaufte sie es an den Landesherrn Erzherzog Siegmund von Österreich, um es von diesem unmittelbar wieder als Lehen zurückzuerhalten.

Die neuerliche Zerstörung von Wiesneck erfolgte 1525 im Bauernkrieg. Plündernde Bauernhaufen stürmten die Burg, eroberten sie und steckten sie in Brand. Allerdings blieb sie weiterhin bewohnbar und wurde von den Rechtsnachfolgern der Snewlin, den Grafen von Sickingen, um 1600 sogar noch einmal grundlegend ausgebaut. Diese letzte Modernisierung hatte aber nur wenige Jahrzehnte Bestand. Schwedische Truppen eroberten die Burg 1644 im Dreißigjährigen Krieg und zerstör-

◀ Diesen Ausblick ins Dreisamtal hat man vom Standort der Burg Wiesneck aus.

ten sie so gründlich, dass kein Wiederaufbau mehr möglich war. Seither ist die Ruine mehr und mehr zerfallen. Heute ist nicht mehr viel übrig geblieben. Von der einst bedeutendsten Burg des Dreisamtals sieht man noch eine einzelne verwitterte Mauer über die Baumwipfel ragen. Zwischen den Felsen am Bergsporn Kappeneck sind noch einige Fragmente und Mauerreste sichtbar. Auf dem Burghügel kann man in den Ruinen mit geübtem Auge die einstige Vorburg, den Palas mit Nebengebäude und vielleicht einen Bergfried identifizieren. Besonders ins Auge sticht der Wallgraben, der die Burg auf der flacheren Bergseite umgibt. Burgenkundler weisen seine Entstehung abgeleitet von Größe, Bauart und Funktion in das 11. oder 12. Jahrhundert. Allerdings kann eine gewisse Ähnlichkeit mit den großartigen Wall- und Grabenbauten der Keltenburgen nicht von der Hand gewiesen werden. Dies führt zurück zu der Frage nach dem wahren Alter der Burg.

Viele Indizien sprechen für eine fränkische, vielleicht sogar alemannische oder gar keltische Vergangenheit des Burgplatzes. Die aktuelle Forschungslage geht davon aus, dass die Wiesneck vor dem Eindringen der Zähringer schon eine bedeutende Ausgangsbasis für die Erschließung des Schwarzwaldes war, mindestens im 11. Jahrhundert, höchstwahrscheinlich sogar schon im 10. Jahrhundert. In diesen Jahrhunderten habe die Burg die Funktion gehabt, den zahlreichen St. Gallener Besitzungen im Dreisamtal Schutz zu bieten und die Wege über den Schwarzwald Richtung St. Gallen zu sichern.

Die ausführliche Untersuchung von Bernhard Mangei über die Herrschaftsbildung im Dreisamtal gibt eine Vorstellung davon, wie es ungefähr gewesen sein könnte: Eine frühe, aus dem Dreisamtal nach Südosten über den Schwarzwald führende Verbindung hat schon seit frühgeschichtlicher Zeit existiert, womöglich schon im Zusammenhang mit dem keltischen Tarodunum. Dieser Weg in Kammlage auf der Südflanke des Höllentals (siehe Abschnitt »Roteck und Schwarzeck«), der

▶ In die Vorburg gelangte man einst durch dieses Tor. Links daneben in der Mauer ist noch das Mannloch zu erkennen, der schmale Durchgang, durch den sich einzelne Personen hindurchzwängen konnten.

dann in den Südschwarzwald und auf die Baar weiterführte, war auch die Verbindung zwischen dem Kloster St. Gallen und seinen Zartener Gütern. Wenn man diese Verbindung nicht in keltische oder römische Zeit zurückzudatieren wagt, so ist doch festzustellen, dass sie mindestens seit karolingischer Zeit bestand, also schon im 8. Jahrhundert. Mangei sieht Anhaltspunkte für eine Kontinuität von der Frühgeschichte über die Karolinger bis zur Salierzeit (10. und 11. Jh.) und darüber hinaus. Es ist heute unbestritten, dass es vorzähringerische Erschließungsvorgänge im Dreisamtal gegeben hat. Die Burg Wiesneck an ihrem exponierten Platz hätte somit eine wichtige Funktion als Beherrscherin der Wegverbindungen gehabt, die in den Schwarzwald hinaufführten. Eine Urkunde von 816 beweist, dass einem Adligen namens Cozpert sowohl Güter in Ewattingen, Achdorf und Ühlingen gehörten als auch in Zarten und im Dreisamtal und dass er diese Güter dem Kloster St. Gallen vermachte. Das spricht sehr stark für die Annahme, dass es auch Wegverbindungen zwischen diesen Gütern gegeben haben muss, die wiederum des Schutzes bedurften. Die Burg Wiesneck hätte dazu an der richtigen Stelle gestanden. Ihre Erbauer wären kleinadlige Pioniere gewesen, Siedler und Herren, die vor Ort die Funktion der Schutzherren übernommen haben.

Immer wieder taucht auch die Frage nach einem heidnischen Vorgängerbau auf. Es gibt zahlreiche Beispiele von mittelalter-

▲ Heute sieht man von der Ebene des Dreisamtals nur noch einen steinernen Zahn über die Baumwipfel emporragen. Die einstige Burg hat das gesamte Tal beherrscht.

▶ Dieser Mauerrest ist das noch am besten erhaltene Bauteil an der Ruine Wiesneck. Es handelt sich vermutlich um ein Stück der einstigen Außenmauer.

lichen Burgen, zu deren Bauzeit noch Überreste älterer Anlagen vorhanden waren. Die Anlage der Wiesneck auf einem prominenten Bergsporn, insbesondere aber ihr zum Bergrücken hin vorgelagerter Wall, lässt eine solche Vorgeschichte nicht unwahrscheinlich erscheinen.

Die Experten rätseln bei diesen Gelegenheiten über die Bedeutung des Namens Wiesneck. Es müsse die Lage der Burg an der östlichen Spitze des keltischen Oppidums Tarodunum berücksichtigt werden, in unmittelbarer Nähe des Heidengrabens. Deshalb könne es sein, dass die Wiesneck ihren Namen – ähnlich wie Zarten oder der Ort Burg – der frühgeschichtlichen keltischen Stadt im Dreisamtal verdankt.

Übrig geblieben sind von der Wiesneck nur noch die oben geschilderten Mauerreste und eine Sage, in der ein Burgfräulein manchmal des nachts erscheint und auf dem Burggelände eine Stelle zeigt, wo ein Silberschatz verborgen liegt. Wer aber auf eigene Faust nach dem Schatz gräbt, der wird von einem Höllenhund zerfetzt oder in den Wahnsinn getrieben. Wer sich dem Burgfräulein in böser Absicht nähert, der verfängt sich im Dornengebüsch und kann sich daraus ohne fremde Hilfe nicht mehr befreien.

Kasteleck

In unmittelbarer Nähe der ehemaligen Klosterkirche der Wilhelmiten in Oberried liegt auf freier Wiese ein kreisförmiger und erkennbar künstlich angelegter Erdhügel. Er ist 3 bis 4 Meter hoch und hat einen Durchmesser von 15 bis 20 Metern. Ein Graben und ein Wall umfassen ihn, sind allerdings nur noch auf der zur Wiese hin gewandten Seite sichtbar. Die Burgenforschung geht davon aus, dass es sich hier um die Überreste einer sogenannten Motte handelt. Das ist laut Otto Pipers Burgenkunde ein Burgentyp, bei dem auf einem künstlich angehäuften Hügel ein Turmbauwerk stand, die Hauptburg, umgeben von einer durch Palisaden und Gräben abgegrenzten Vorburg. Der zentrale Turm muss dabei nicht zwingend gemauert gewesen sein, es kann sich auch um einen hölzernen Turm gehandelt haben, vor allem in der Anfangszeit, als diese Burgenarchitektur in Mode kam. Wann war das? Die frühesten bekannten Motten in Europa entstanden im 9. und 10. Jahrhundert. Sie werden allgemein normannisch-fränkischen Einflüssen zugeschrieben. Ihre größte Verbreitung fanden diese Burgen des niederen lokalen Dienstadels im 11. und 12. Jahrhundert. Diese zeitliche Zuordnung müssen wir uns merken, wenn wir weiter unten in die Diskussion um das Alter dieses Burgplatzes eintreten.

In Oberried erkennt man auf der an der vorbeiführenden Straße angrenzenden Seite den Übergang von natürlichem Gelände in den Hügel kaum noch. Diese Straße heißt Talstraße und führt direkt ins Zastlertal hinein. Sie zweigt von der Landstraße L 126 ab (auch Hintertalstraße), die ins Brugga- oder St. Wilhelmer Tal weiterführt. Auf der anderen Seite der beschriebenen Wiese, etwa 500 Meter entfernt und durch die hier aufsteigende Höhe Kasteleck abgetrennt, beginnt das Weilersbacher Tal. Alle drei Täler, die hier ihren Ausgang nehmen, Weilersbacher Tal, Zastlertal und Brugga- oder St. Wilhelmer Tal, führen an die Feldbergflanken und in den Schwarzwald hinauf. Durch alle drei Täler haben schon in ganz frühen Zeiten Wege hinauf

▲ An dieser sanft gewölbten Kuppe am Eingang zum Zastlertal ist der einstige Standort der Burg Kasteleck zu erkennen. Vermutlich handelte es sich um eine sogenannte Motte, also einen Wohnturm, eventuell mit hölzernen Palisaden umgeben.

in den Hochschwarzwald geführt, lange bevor das Höllental begehbar gemacht und zur Straße ausgebaut wurde. Wir kommen darauf weiter unten im Abschnitt »Roteck und Schwarzeck« noch zu sprechen.

Auf jeden Fall ist der beschriebene Platz mit dem kreisförmigen Erdhügel, der von künstlichen wall- und grabenähnlichen Formen umgeben ist, die logische Stelle, an der ein Wehrbau zum Schutz und zur Überwachung der drei Erschließungstäler hätte stehen müssen. An dieser Stelle hätte eine solche Burg aber nur dann Sinn ergeben, wenn die angesprochenen Wege hinauf in den Hochschwarzwald nicht nur existiert, sondern auch eine strategische Bedeutung gehabt hätten. Ansonsten gab es in den genannten Tälern vor 1300 nichts zu schützen. Es sei kurz an die im vorigen Abschnitt vorgestellte Burg Wiesneck erinnert. Sie sicherte die Aufstiege in den Hochschwarzwald auf der Nordseite des Dreisamtals. Eine ähnliche strategische Funktion – und damit ein ähnliches Alter – wollen wir der Burg bei Oberried zusprechen. Das ist wieder einmal Spekulation, denn durch Urkunden kann im Hinblick auf diese Burgstelle so gut wie gar nichts bewiesen werden.

Die zwischen den beiden Tälern von Weilersbach und Zastler liegende Bergnase Kasteleck ist erstmals Ende des 14. Jahrhunderts urkundlich erwähnt. Allerdings in einem interessanten Zusammenhang, denn die entsprechende Urkunde spricht von »Jacobs hus uf der ebni« (unterhalb von Kasteleck), und die Forschung ist sich weitgehend einig, dass mit dem genannten Jacob nur Ja-

▲ Vom Burgplatz Kasteleck aus hat man diesen Blick ins Zastlertal (rechts) und ins Weilersbacher Tal. Dazwischen liegt der sanft ansteigende Bergrücken Kasteleck, über den der frühzeitliche Weg in den Hochschwarzwald hinaufführte.

kob von Falkenstein gemeint sein kann, ein Abkömmling der im Höllental sitzenden Falkensteiner. Diese Familie und ihre Vorgänger im 11. und 12. Jahrhundert, die Herren zu Weiler (und Weilersbach), müssen schon in der vorzähringischen Zeit als lokale Adlige eine Rolle gespielt haben. Möglicherweise sind ihr neben den Burgen Falkenstein und Bubenstein im Höllental noch weitere, deutlich frühere Burgbauten in den Seitentälern des Dreisamtals zuzuschreiben. Oder sie traten in die Nachfolge früherer Lokalherren ein, die aus dem Dunstkreis des Klosters St. Gallen oder des Basler Bischofs in Ämter und Besitz im Dreisam- und Oberriedertal gekommen waren. Allerdings kann »Jacobs Hus uf der Ebni« nicht die Turmburg an der Talstraße gewesen sein, denn diese war, wie wir weiter unten sehen werden, im 14. Jahrhundert bereits zerstört.

Auf jeden Fall aber ist der Erdhügel mit seiner auffälligen Struktur eine Tatsache, die nur als Burgstelle interpretiert werden kann. Eine Burg an jener Stelle, welche die drei Täler wie oben beschrieben trennt, hat schon Mitte des 19. Jahrhunderts der Freiburger Historiker und Stadtarchivar Adolf Poinsignon angenommen, obwohl ihm nur die magere Erwähnung eines »Turms der alten Burg zu St. Wilhelm« vorlag. Er schrieb in seiner Untersuchung über »Ödungen im Breisgau«: »Wem diese Burg gehört und wo sie gestanden haben mag, ist zu ermitteln nicht möglich gewesen«.

In der Burgenbeschreibung von Zettler/Zotz wird noch ein Zinsrodel aus dem Jahr 1300 ins Spiel gebracht, in dem von einer

»burk« die Rede ist, die ebenfalls nicht genau lokalisiert werden kann. Eine andere Quelle ist ein Dingrodel der Mönche von St. Wilhelm, die 1296 den Verkauf eines Waldes protokollierten, der bei ihrem Gut in Oberried an einen Burgstall grenzte. Die Bezeichnung »Burgstall« meint aber eindeutig eine Ruine beziehungsweise einen Platz, an dem einst eine Burg stand, jetzt aber nichts mehr davon übrig geblieben ist. Und das im Jahre 1296.

Das führt die Autoren bei Zettler/Zotz zu der Annahme, die Burg sei in der ersten Hälfte des 13. Jahrhunderts erbaut und in der zweiten Hälfte bereits wieder zerstört worden. Von wem? Diese naheliegende Frage wird ignoriert.

Ein anderes Szenario ist viel wahrscheinlicher und deckt sich mit den oben angeführten zeitlichen Zuordnungen des Burgentypus Motte: Wenn schon die frühesten Urkunden des 13. und 14. Jahrhunderts nur einen Burgstall kennen und ansonsten von dieser Burg nichts mehr wissen, auch der Rotulus Sanpetrinus, dessen Eintragungen bis ins frühe 12. Jahrhundert zurückreichen, keine Burg an dieser Stelle kennt, bleibt nur der Schluss übrig, dass diese einstige Burg zu Beginn des 13. Jahrhunderts bereits eine bedeutungslose Ruine war. Damit kann sie auch nicht, wie bei Zettler/Zotz angedeutet, mit den Bergbauaktivitäten der Zähringergrafen ab 1300 in Verbindung gebracht werden. Eher plausibel wäre ein Zusammenhang mit dem Bergrecht des Basler Bischofs, das bereits im 11. Jahrhundert für den Südschwarzwald bestand. Auf den Basler Bischof deuten auch die Bezeichnungen Kasteleck und Zastler hin, die in der Literatur auf »schahteliur/zastelur« (= Kastellan) zurückgeführt werden. So verweist laut Bernhard Mangei der Name Kasteleck auf eine Burg des Kastellans/Burgvogts. Die Silbe »-eck« als Synonym für Burg ist uns bereits bei der Wiesneck begegnet und wir werden sie noch häufiger antreffen. Hier halten wir fest, dass mit Kasteleck jedenfalls ein Name für die auf der Wiese unter dem Kasteleck identifizierte Turmburg gefunden wäre.

Für den Einfluss und die namensgebende Bedeutung des Basler Bischofs im Zastlertal spricht auch der wenige hundert Meter taleinwärts gelegene »Bischofsberg«. Das dort mehrfach in frühen Quellen erwähnte »Bischofshus« könnte ein Herrenhaus am Büschelekopf beim Burckhardshof gewesen sein (siehe nächsten Abschnitt »Zastelerstein und Bischofshus«).

Das Zastlertal hieß nicht immer so. Der älteste Name für dieses Tal lautet Münschwendi oder Mißwende. Das belegen mehrere Urkunden aus dem frühen 14. Jahrhundert. Mangei deutet den Namen als »beschwerliche Rodung« (Miß-Schwende). Der am Eingang des Tales als »Zasteler-Eck« beziehungsweise »Kasteleck« identifizierte Burgplatz könnte dem Tal dann in den nachfolgenden Jahrhunderten den heutigen Namen gegeben haben. Zumal am hinteren Ende des Tals eine weitere Burg stand, die ähnlich hieß, nämlich »Zasteler Stein«, wie Bernhard Mangei nachgewiesen hat. Eine Burg Zasteler Eck am Eingang des Tals und eine Burg Zasteler Stein am Ende des Tals machen es jedenfalls plausibel, dass aus dem einstigen Miß(sch)wende im Laufe der Jahrhunderte die Bezeichnung Zastlertal wurde.

Zastelerstein und Bischofshus

Die Burgruine Zast(e)lerstein befindet sich beim Adamshof im hinteren Drittel des Zastlertals, ehe es steil zum Feldberg ansteigt. Man kann den einstigen Burgplatz kaum verfehlen, er liegt auf einer Kuppe oberhalb der Einmündung des Ödenbachs in den Zastlerbach. Unten am Bach steht eine Sägemühle, die schon 1603 urkundlich belegt ist. Die Burgkuppe ragt als baumbestandener Sporn aus einer Viehweide empor. Zum Tal hin fällt der Sporn in nahezu senkrechtem Fels steil ab. Zu dessen Füßen befindet sich ein 2 Meter breiter ehemaliger Weg. Über längere Passagen kann man entlang dieses Weges aufwändige Befestigungen der Böschung erkennen. Es hat sich hierbei höchstwahrscheinlich um den historischen Talweg gehandelt, über dem unmittelbar die Burg thronte. Die Burgkuppe ragt etliche Meter aus dem Gelände empor und misst im Durchmesser ungefähr 25 bis 30 Meter. Deutlich sind ein tiefer gelegener Teil als einstige Vorburg auszumachen und ein höher gelegenes, zentrales Mauerviereck, das als Rest eines einstigen Bergfrieds interpretiert werden kann. Reste von Bruchsteinmauern, Vorbauten, Hangbefestigungen und Einsenkungen auf der Hügelkuppe, die auf eingestürzte Hohlräume schließen lassen, vervollständigen das Bild. An einer Stelle im Mauerrest sind noch die aus Sandstein gearbeiteten Fassungen und die Schwelle einer einstigen Tür erhalten geblieben.

Die Größe des Areals spricht gegen die Annahme, es handle sich um eine aufgelassene Hofstelle oder um die Reste eines gewöhnlichen Wohngebäudes. Vor allem aber der Flurname »Burgacker« liefert den Beweis, dass hier einst eine Burg gestanden haben muss. Unweit der Burgstelle, etwa 150 Meter südwestlich bei einem auf glei-

▶ Diese Viehweide mit der bewaldeten Felsnase heißt Burgacker. Die einstige Burg saß auf der Felsnase, der mittelalterliche Talweg lief unterhalb des Felsens an der Burg vorbei.

cher Höhenlinie liegenden Holzplatz stößt man auf eine ganze Reihe weiterer Mauerreste und Terrassierungen. Die Topografie legt nahe, dass zwischen den Plätzen einst ein Zusammenhang bestand; vor allem könnte der bergseitige Hauptzugang zur Burg Zastlerstein an dem genannten Holzplatz vorbeigeführt haben.

Welchen Sinn und Nutzen sollte aber eine Burg am hintersten Ende des Zastlertals gehabt haben? Diese Frage müssen wir beantworten, wenn wir die Burg Zastlerstein zeitlich und funktional einordnen wollen. Außer dem Flurnamen Burgacker können wir nur die Bezeichnung »Zasteler stein« als Indiz anführen. Diese Bezeichnung stammt aus einem Weistum von Mißwende aus dem Jahr 1394 und bezieht sich auf eine Gerichtsgrenze beim Adamshof, mit der die unterschiedliche Rechtssprechung zwischen dem vorderen Zastlertal (Mißwende) und dem hinteren Zastlertal unterschieden wurde. Die Appellative Stein und Eck gelten neben Fels als häufigster Bestandteil von Burgnamen, bisweilen stehen sie sogar sinngleich für Burg, können aber auch als Bezeichnung für auffällige Geländeformen gedeutet werden. Im Falle von Zastlerstein finden wir im fraglichen Bereich beim Adamshof aber kein auffälliges Naturdenkmal, das einen solchen Namen rechtfertigen würde. Scheibenfelsen und Rappenfelsen, die eine solche Auffälligkeit besitzen, tragen ihre eigenen Namen.

Ebenso wie für Kasteleck/Zastlereck gilt auch für Zastlerstein (oder Kastelstein?) die sprachgeschichtliche Herkunft von »schahteliur/zastelur« (= Kastellan), also wiederum eine »Burg des Kastellans« oder »Burg des Burgvogtes«. Der romanischen Herleitung von Zastler aus »tschasteluor« – »tschahtelür« – »zastelur« – »zastler«, so wie sie von Bernhard Mangei bislang unwidersprochen dargelegt wurde, muss auch eine romanische Herkunft der Namensgeber entsprechen. Diese finden wir weder bei den Zähringern noch ihren Nachfolgern, sondern zeitlich früher, im Umfeld des Basler Bischofs. Er verfügte, wie oben dargelegt, ab 1028 bis ins 12. Jahrhundert über das Bergrecht im Südschwarzwald, ehe er es an die Herzöge von Zähringen übertrug. Die Basler Bischöfe waren gleichzeitig auch Herr über ansehnliche Ländereien im französischen Burgund und rekrutierten viele ihrer Dienstmannen aus dem französischen Sprachraum beziehungsweise waren häufig selbst französischstämmig, wie etwa Bischof Burkhard, der von 1072 bis 1107 Basler Bischof war und aus dem burgundischen Adel stammte. Zur zeitlichen Einordnung der Burg Zastelerstein tragen weiterhin Scherbenfunde bei, die im Schuttfächer der Burgstelle gemacht wurden. Die Fundstücke werden ins 12. Jahrhundert datiert.

Wenn wir die beiden Burgen Kasteleck (die Motte am Taleingang) und Zastlerstein (die Burg am Talende) beide im Kontext des Basler Bischofs und seiner Bergbaurechte im Südschwarzwald ansiedeln, so liegt der Schluss nahe, dass es sich in beiden Fällen nicht um eine Wohnburg handelte, sondern jeweils um eine Schutzburg, zu der man sich einen Burgvogt und eine kleine Besatzung vorstellen muss. Die Burg Kasteleck am Taleingang hatte die Wege zu schützen, die in die Erschließungstäler Richtung Schwarzwald führten, ins Weilersbacher Tal, ins Zastlertal und ins St. Wilhelmer Tal. Die Burg Zastlerstein am hinteren Ende des Zastlertals hatte die Bergleute und Prospekteure zu schützen, die im Auftrag des Basler Bischofs unterwegs waren, um die umgebenden Berge nach Erzen zu durchsuchen. Das Behüten der Bergleute sei eine damals übliche Verpflichtung für Lehnsherren gewesen, heißt es bei Zettler/Zotz im Zusammenhang mit den Zastler Burgstellen.

Einer der angrenzenden Berge ist der »Tote Mann«, dessen Name schon verrät, dass hier die Erzsuche nicht von Erfolg gekrönt war. Auch der Ödenbach und der Flurname Ödenstein legen ebenso wie der mineralogische Befund nahe, dass durch Bergbauaktivitäten im Zastlertal keine besonderen Erträge zu erzielen waren. Möglicherweise ist dies der Grund dafür, warum sich die Basler Bischöfe nach 1200 nicht mehr für diese Gegend interessierten und sie den Zähringerherzögen beziehungsweise deren falkensteinischen Gefolgsleuten überließen.

Es bleibt aber noch zu untersuchen, wo denn das herrschaftliche Haus des Bischofs und seiner Edelleute stand, wenn die Motte am Taleingang und die abgelegene Festung beim Adamshof lediglich Wach- und Schutzfunktion besaßen. Auch hierauf gibt es eine Antwort. Es war bereits im vorigen Abschnitt »Kasteleck« die Rede vom Bischofsberg und vom Bischofshus. Von einem »Byschoffsberg« ist in mehreren Quellen vor 1600 die Rede, danach taucht der Name nur noch in der mündlichen Überlieferung auf. Als diesen Bischofsberg hat die Forschung eine Anhöhe mit dem Namen »Büschelesköpfle« identifiziert, die auf der gleichen Terrasse wie der benachbarte Burghardtshof etwa 50 Höhenmeter über der Talsohle des Zastlertals liegt. Der Name Büschelesköpfle ist von »Burschtel« abgeleitet, einer Verkürzung der ursprünglichen Bezeichnung »Burgstelle«. Von »des bischofs hus« ist bereits im Weistum von Mißwende die Rede, es muss also vor 1394 schon ein solches Haus gegeben haben. Zu

▼ Auf der Felsnase sind, verteilt über mehrere Terrassen, noch etliche Mauerreste vorhanden.

▲ Auffälligstes Detail in den Ruinen ist dieser behauene Türstein.

▼ Der Hohlweg „Risen Gassen", der zum Bischofshus hinauf führte, ist noch heute im steilen Bergwald deutlich zu erkennen.

des »bischofs hus« führte ein tief eingeschnittener Hohlweg, der sogenannte »Helwig rise«. Das Weistum erwähnt ausdrücklich das Recht für alle in Mißwende geborenen Bewohner, die »Helwig risen gasse fur des bischofs huse uff« frei zugänglich benutzen zu dürfen. Jetzt fügen wir diese Indizien zusammen. Auf dem Bischofsberg liegt eine Burgstelle (Burschtel) und es führt durch einen Hohlweg eine Gasse »uff«, also hinauf zu des Bischofs Haus. Burgstelle und Bischofs Haus sind demnach identisch und müssen, weil dieses Haus mehrfach bis ins 16. Jahrhundert in Urkunden Erwähnung findet, eine außergewöhnliche Bedeutung besessen haben. Vermutlich hat der Basler Bischof dieses Haus nie oder höchst selten selbst bewohnt. Ein Aufenthalt im Zastlertal kann jedenfalls nicht nachgewiesen werden. Es ist aber anzunehmen, dass hier seine Dienstleute saßen, denen er die Herrschaft über seine – wiederum nachweisbaren – Güter im Dreisamtal und im Oberrieder Becken anvertraut hat. Diese Edelleute stammten vorwiegend aus der Linie der Herren von Üsenberg, in deren Umfeld wiederum bis ins 14. Jahrhundert eine Familie mit dem seltenen Familiennamen »fron Heilwig« in Erscheinung tritt. Bernhard Mangei vermutet, dass die »Helwig risen gasse« nach dieser Familie benannt wurde und diese Familie möglicherweise sogar im 12. und 13. Jahrhundert des »Bischofs Hus« bewohnte.

Begibt man sich vor Ort an den Büscheleskopf, so findet man noch heute die »risen gasse« als einen markanten Hohlweg, der mit einer als Rampe aufgetürmten Kehre auf einer Viehweide am Zastlerbach beginnt und dann steil den bewaldeten Büscheleskopf erklimmt. Der Weg endet auf einem sanft abfallenden, ovalen Plateau, das zur Talseite hin von einer halbkreisförmigen, scharfen Hangkante abgeschlossen wird. An einigen wenigen Stellen dieser Hangkante sind gemauerte Befestigungen erhalten. Mittelalterliche Keramik aus dem 13. und 14. Jahrhundert, die unterhalb der Hangkante aufgefunden wurde, bezeugt ein einstiges befestigtes Gebäude an dieser Stelle. Allerdings fehlt es komplett an Gebäuderesten, welche die Annahme eines Bischofshauses weiter erhärten könnten.

Roteck und Schwarzeck

Auf dem Kamm des Bergrückens, der das Höllental vom Weilersbacher- und Zastlertal trennt, ragen zwei besonders markante Kuppen empor, die man von allen Seiten schon von Weitem erkennen kann, von den Breitnauer Höhen aus ebenso wie von der Zastler Hütte und vom Feldberg her. Das eine ist das Roteck (1156 m ü.N.N.), das andere der Hinterwaldkopf (1198 m ü.N.N.). Zwischen diesen beiden markanten Höckern gibt es ins Höllental hinein eine weitere exponierte Kuppe, sie heißt Schwarzeck (974 m ü.N.N.). Von Roteck und Schwarzeck geht die Sage, auf beiden Kuppen hätten einst Burgen gestanden. Ehe wir diese Sagen auf einen möglichen historischen Kern abklopfen, hier zunächst einmal die Sage der Burg Roteck: Einst soll auf dieser Burg ein grausamer Burgherr gelebt haben, ein Menschenschinder und Sadist. Er soll immer wieder Dorfbewohner aus dem Weilersbacher Tal hinauf auf seine uneinnehmbare Burg hoch oben auf der Kuppe des Rotecks eingeladen haben, um sie dort prunkvoll zu bewirten und in Sicherheit zu wiegen. Wenn sie stark dem Alkohol zugesprochen hatten und nicht mehr wehrfähig waren, dann hat er sie aber auf eine kleine Außenkanzel seiner Burg gelockt, die mit einem Rosengarten bepflanzt war. Diese Außenkanzel war über einem steilen Felsen errichtet, der jäh und senkrecht abstürzte. Der Burgherr machte sich ein Vergnügen daraus, seine Gäste auf dieser Außenkanzel auszusperren. Dort hatten sie dann nur die Wahl, entweder zu verhungern oder sich über den Felsen in einen darunterliegenden kleinen See in die Tiefe zu stürzen. Niemals jedoch sei es einem der Gäste gelungen, lebend davonzukommen. Eines Tages jedoch,

▶ Der Blick vom Feldberg/Seebuck über das Zastlertal zeigt die exponierte Lage des Rotecks (bewaldete Kuppe in der Bildmitte) zwischen Höllental und Zastlertal.

so berichtet die Sage weiter, habe ein junger Bursche, der auf die gleiche heuchlerische Art verköstigt und dann ausgesperrt worden war, sich ein Herz gefasst. Noch ehe er vom Hunger entkräftet und entmutigt war, sei er wagemutig über die Felsen geklettert und dann das letzte Stück in den See gesprungen, wo ihn ein wohlgesonnener Wassergeist geborgen und unversehrt ans Ufer gebracht habe. Der Bursche sammelte daraufhin eine Reiterschar um sich und nahm furchtbare Rache am Burgherrn. Zusammen erstürmten sie die Burg und zerstörten sie bis zur Unkenntlichkeit. Schloss und Rosengarten, so heißt es in der Sage weiter, versanken daraufhin im See und wurden von der Erde verschlungen.

Vom Roteck aus hat man Sichtkontakt bis zum etwa 150 Meter tiefer gelegenen Schwarzeck, das gegen das Höllental hin über den Schulterdobel hinaus und über die im Tal liegende Siedlung Falkensteig aufragt. Hier oben stand vom 17. bis ins 19. Jahrhundert eine Wallfahrtskapelle, deren Verfall etwa um 1840 begann. 2001 wurden die übrig gebliebenen Mauern wieder freigelegt und gesichert. Bei dieser Gelegenheit wurden auch geschmiedete Nägel, Blechlöffel und andere Gegenstände aus dem 16. und 17. Jahrhundert geborgen. Hier berichtet die Sage von einem kleinen Kind, das sich oberhalb des Schulterdobels verlaufen habe und drei Tage und drei Nächte unter einem Felsen ausharrte. Jeden Morgen habe ihm eine weiß gekleidete Frau Essen und Trinken gebracht, so lange, bis das Kind von Bauern gerettet wurde. Obwohl diese Sage keineswegs von einer Burg berichtet, wird auch die Höhe Schwarzeck immer wieder mit einer Burgstelle in Verbindung gebracht. So heißt es bei Hans Schneider und Fritz Röhrl in »Zauberisches Dreisamtal« dazu: »In der Bergrippe zwischen Höllental und Zastlertal liegen die Höhen Roteck und Schwarzeck nicht weit voneinander, beides sagenumwobene Burgstellen.«

Während sich ans Schwarzeck und die dortigen Wegkreuzung »Bildtanne« kaum noch eine Menschenseele verirrt, ist das

Roteck zumindest für Wanderer und Mountainbiker, die von Hinterzarten über Hinterwaldkopf und Höfener Hütte ins Höllental oder ins Weilersbacher Tal absteigen beziehungsweise in umgekehrter Richtung aufsteigen, bis heute eine zentrale Wegmarke geblieben. Sie ragt über jenen Sattel bei der Höfener Hütte auf, der gleichzeitig die Stelle markiert, wo man auf dem Weg von der Weilersbacher Seite auf die Höllentäler Seite des Bergrückens gelangt.

Freilich verirrt sich kaum ein Wanderer auf den Gipfel des Rotecks. Man passiert ihn sowohl an seiner östlichen (Weilersbacher) Flanke als auch auf der Höllentäler Seite etwa auf halber Höhe. Eine Burg auf dem Berggipfel hätte eine überragende Aussicht über das gesamte Zartener Becken gehabt, ebenso über Höllental, Weilersbacher Tal und Zastlertal. Eine solche Burg hätte aber nur Sinn gehabt, wenn die zentrale Wegverbindung vom Dreisamtal hinauf auf die Höhen des Schwarzwaldes hier vorbeigeführt hätte. Und so war es auch. Doch diese Zeit liegt weit zurück, nämlich in der Zeit, bevor das Höllental die Funktion als wichtigste Verkehrsachse übernahm.

Pfarrer Ferdinand Gießler schrieb 1911 eine Chronik von Oberried und erwähnt gleich zu Beginn ganz beiläufig, was offenbar zum Wissensfundus der Einheimischen gehörte: »Über den Rücken des Kastelecks ging vor Zeiten eine Straße aus dem Breisgau nach dem Schwabenlande.« Das bereits weiter oben zitierte Weistum der Gemeinde Zastler/Müßwendi aus dem 14. Jahrhundert erwähnt mehrere Straßen, für die seit Generationen Rechte und Zuständigkeiten gelten, nämlich »die strasse über Koebis berg uf, die sol gan über den Veltberg«, weiterhin »die strasse über die Ringgen in, die sollent offen sin unt in sant Blasins walt«, sowie: »in der kastel stras untzant an die Sebech in der stras«. Der Satz in diesem Weistum: »Item was ouch geschicht in der kastel stras untzant an die Sebech in der stras, da sol nieman ab richten, denn der herre ze Wilerspach ist«, gibt Auskunft, dass die Herren von Weilersbach allein die

◀ Wie künstlich planiert wirkt das schmale Plateau auf dem Gipfel des Rotecks, das etliche Merkmale eines Burgplatzes aufweist.

Hoheit über die »kastel stras« besaßen, also über die Straße über den Kasteleckrücken, bis »an die Sebech«. Es gibt nur eine Lokalität oben im Hochschwarzwald, bei der die Bezeichnung »die Seebech« Sinn hat. Es sind die »Seebäche«, die den Feldsee und den Titisee miteinander verbinden. In der damaligen Wildnis waren es möglicherweise mehrere Bachläufe, heute fließt immer noch der Seebach durch das Seebachtal.

Der Verfasser hat in seinem 2009 erschienenen Buch »Der Hochschwarzwald von der Eiszeit bis heute« umfassend dargelegt, dass Hinterzarten schon im 11. Jahrhundert vom Weilersbacher Tal aus über die Höhenrücken erschlossen wurde, und zwar entlang des bereits existierenden »Weilersbacher Weges«, der identisch ist mit der »kastel Straß untzant die Sebach«. In der Zeit zwischen 1028, als dem Basler Bischof das Bergregal für den Südschwarzwald verliehen wurde, und etwa 1100, als er mit den Rechten über das Kloster St. Blasien den Höhepunkt seiner Macht im südlichen Schwarzwald innehatte, war die »kastel straß bis an die seebech« die Verbindung zwischen diesen beiden Herrschaftszentren. Zum Schutz dieser Verbindung bedurfte es einer Burg, am besten an einer Stelle, an der sie die Kontrolle über die Straße ausüben konnte, gleichzeitig aber geschützt und möglichst unangreifbar war. Diese Stelle ist das Roteck.

Dass die Erinnerung an eine einstige Burg Roteck nur noch in der oben zitierten Sage lebendig ist, ist weniger ein Beweis gegen ihre reale Existenz als mehr ein Hinweis darauf, wie alt die Burg gewesen sein muss und dass wir sie weit in die Zeit vor den urkundlichen Belegen legen müssen. Den Burgplatz Roteck müssen wir auch noch unter einem weiteren Aspekt betrachten. Es ist in den Weistümern von Weilersbach und Mißwende von zwei Straßen die Rede: Von der »kastel straß an die seebech« und von der »strasse über Koebis berg uf, die sol gan über den Veltberg in, und die strasse über die Ringgen in, die sollent offen sin unt in sant Blasins walt«. Eine Straße, die von Weilersbach ins Seebachtal führte, und eine Straße, die über die Berg-

▶ Unterhalb des Roteckgipfels liegen auf einer Strecke von mehreren hundert Metern auffällige Steinquader, so als seien sie hier einst zu einem mauerartigen Wall aufgeschichtet gewesen.

▲ Der Blick vom Rotecksattel ins Dreisamtal offenbart die strategische Bedeutung dieses Platzes, insbesondere im Hinblick auf den ehemaligen Weilersbacher Weg, jenen mittelalterlichen Aufstieg in den Hochschwarzwald, der heute noch als Wanderweg zur Höfener Hütte (rechts im Bild) in Gebrauch ist.

und Passhöhe Rinken nach Blasiwald führte. Beide Straßen nehmen den gleichen Anfang. Irgendwo müssen sie sich gegabelt haben. Ein logischer Platz dafür wäre das Roteck. Dort gabeln sich noch heute Wander- und Waldwirtschaftswege, die einen Richtung Rinken, die anderen Richtung Hinterzarten und Titisee.

Noch ein letzter Hinweis auf das Vorhandensein und die einstige Bedeutung dieser Wegtrasse: Im Frühjahr 1797 erteilte der österreichische Erzherzog seinem Generalquartiermeister Heinrich von Schmitt den Auftrag, die vorderösterreichischen Lande kartografisch zu erfassen und eine Karte von Südwestdeutschland anzufertigen. Die sogenannte »Schmitt'sche Karte«, die daraufhin entstand, umfasste auch den Hochschwarzwald. Was sie für uns so interessant macht, sind die akribisch eingezeichneten Wegverbindungen, schließlich war es eine Militärkarte. Wir finden in dieser Karte einen als »Ochsenweg« charakterisierten und demnach durchgehend befahrbaren Weg auf exakt jener Trasse, die wir als »die kastel straß an die seebech« identifiziert haben. Es handelt sich um ein weiteres Mosaiksteinchen, das uns die Existenz einer uralten, für Fuhrwerke geeigneten Verbindung vom Weilersbacher Tal nach Hinterzarten und ins Seebachtal beweist.

Der mögliche Burgplatz auf dem Gipfel des Rotecks erschließt sich dem geübten Betrachter schnell. Es findet sich sogar noch eine künstlich nivellierte Fläche, die als Eingang- oder Torsituation zu deuten ist. Erstaunlicherweise ist diese Fläche grasbewachsen und völlig baumfrei, während der restliche Gipfel komplett bewaldet ist. Vereinzelt liegen Geröll- und Gesteinsreste in Reih und Glied und deuten menschliche Einwirkung an. Das ist zugegebenermaßen

▶ Diese Löffel und Nägel sind in den Ruinen der Kapelle Schwarzeck bei Ausgrabungen gefunden worden.

sehr spekulativ, aber unterhalb des Gipfels, insbesondere zum Sattel hin, der das Roteck vom Hinterwaldkopf trennt, finden sich ganze Geröllfelder scheinbar behauener Steinquader, teilweise auch mauerähnliche Wälle und Aufschüttungen. Als landwirtschaftliche Lesehaufen sind sie kaum zu erklären, denn außer Weideviehhaltung (Almwirtschaft mit Hirten) hat es auf dieser Höhe keine landwirtschaftliche Nutzung gegeben. Lesesteinhaufen ergeben aber nur da Sinn, wo Äcker und Felder freigeräumt werden mussten.

Der Abstieg vom Roteck ins Weilersbacher Tal erfolgt heute auf einem schmalen Wandersteig, der nach etwa 1 Kilometer von einer steil aus dem Berghang herausragenden Felspartie gesäumt wird. Dieser Felsen heißt seit alters her »Schlossfelsen«. Er liegt deutlich näher am Roteck als an den im vorherigen Abschnitt angeführten Burgen Zastlerstein am Ausgang oder Kasteleck am Eingang zum Zastlertal, mit denen er bisweilen in Verbindung gebracht wird. Deshalb ist es wahrscheinlicher, dass der Name »Schlossfelsen« eine Erinnerung an ein Schloss oder eine Burg Roteck wachhält.

Wenn eine einstige Burg Roteck die Aufgabe hatte, den Aufstieg vom Weilersbacher Tal und vom Dreisamtal in den Hochschwarzwald zu schützen, so hätte es eine zwar schwierige, aber doch machbare Möglichkeit gegeben, sie zu umgehen, obwohl das Höllental noch unpassierbar war (siehe 4. Kapitel, Abschnitt »Falkenstein«). Bei Falkensteig, noch vor der Engstelle beim Hirschsprung, gab und gibt es den Aufstieg über den Schulterdobel, über den man unmittelbar an den Hinterwaldkopfsattel gelangt, also in den Rücken von Roteck. Dieser Aufstieg über den Schulterdobel führt aber unmittelbar am Schwarzeck vorbei. Hier wäre also eine zur Burg Roteck gehörende Befestigung oder Wachanlage durchaus sinnvoll gewesen, wenn man sie im Kontext des frühmittelalterlichen Wegenetzes über den Höhenrücken sieht. Beide Höhen, Roteck und Schwarzeck, haben direkten Sichtkontakt und liegen Luftlinie gerade mal 1 Kilometer auseinander. Man hätte sich also zum Beispiel über Signalfeuer verständigen können. So könnte also auch die Sage von einem Burgplatz Schwarzeck ihren wahren Kern beherbergen und die spätere Wallfahrtskapelle an dieser Stelle wäre ein letzter Nachhall davon.

Honvirst

Der Burgenkundler Eduard Schuster schrieb 1908 in seinem Standardwerk »Die Burgen und Schlößer Badens«: »Da und dort wird erwähnt, daß auf dem Hochfirst, 2 km westlich von Neustadt, eine Burg gestanden habe.« Schuster bezieht sich damit auf das 1814 erschienene »Lexikon von dem Großherzogtum Baden«, in dem es hieß: »Hohenfürst oder Hoenvirst, ein Berg auf dem Schwarzwald bey Saig, östlich am Titisee, auf welchem ehmals ein Ritterschloß stund, von dem sich die Edlen von Hohenfürst nannten. […] Die Herren von Hohenfürst müssen ehemals die Orte Saig, Falkau, Alt- und Neurothwasser, Glashütten und Bärenthal im Amt Neustadt […] oder wenigstens diese Landgegend besessen haben, weil diese fünf Orte jetzt noch [1814, Anm. d. Verf.] gewöhnlich das Hohenfürstamt genannt werden.«

Eduard Schuster beklagt trotz dieses Eintrags: »In Neustadt selbst ist aber nicht das Geringste, weder durch Sage noch Überlieferung darüber bekannt.« Das stimmt so nicht (oder nicht mehr). Von einer Burg bei Neustadt gibt es bis heute zwar keinen archäologischen Nachweis, dafür aber umso mehr namenkundliche und urkundliche Spuren. Die Stadt Neustadt wird als fürstenbergische Gründung angesehen, datiert um 1275. Wo eine Stadt »Neustadt« getauft wird, liegt es nahe, nach der »alten Stadt« zu fragen. Die gab es, und zu ihr gehörte auch die gesuchte Burg. Vor der Gründung von Neustadt durch Heinrich von Fürstenberg und geraume Zeit auch noch parallel existierte östlich im Tal der Gutach nämlich bereits eine Siedlung, die den Namen Honvirst trug. Sie ist spätestens im 16. Jahrhundert abgegangen; man müsste sie im Bereich zwischen der heutigen Kläranlage der Stadt und der markanten Gutachtalbrücke suchen. Ein ferner Nachklang ihrer einstigen Existenz ist der Name des Neustädter Hausbergs: Hochfirst.

Honvirst war eine Siedlung, die vor der fürstenbergischen Herrschaft existierte. Sie ging in ihren Anfängen zurück auf die Sied-

▶ Blick auf das Mühlenköpfle (links) und den Burgkopf vom Hochfirst aus. Die alte Siedlung Honvirst lag zu Füßen dieser zwei Erhebungen, der Aufstieg zur Burg führte durch den Taleinschnitt zwischen beiden Bergnasen.

lungsvorstöße, die das Kloster St. Gallen von den alten Großmarkungen Bräunlingen und Löffingen aus in den Hochschwarzwald vorantrieb. Zeitlich lagen diese Vorgänge im 11. Jahrhundert. Bis heute rätselt aber die Wissenschaft, wer die Träger dieses Siedlungsvorstoßes gewesen sein könnten, was das also für Menschen waren, die schon vor 1100 eine Siedlung Honvirst gründeten und zu ihrem Schutz eine Burg errichteten. Es waren die »Herren von Honvirst«, eine Familie, die aus dem nächsten Umfeld des Klosters St. Gallen stammte. In jener Zeit war es üblich, dass die Klöster den Adelsfamilien, die ihnen Schutz, Schenkungen und ihre Söhne und Töchter vermachten, im Gegenzug Angehörige dieser Adelsfamilien mit Erschließungs- und Besiedelungsaufträgen in ihre fernsten Besitzungen schickten. Das Stammkloster St. Gallen hat nach Heinrich Büttners Untersuchung in seinen entlegensten Kolonisationsgebieten »Streusiedlungen« angelegt, oft in der Verantwortung von Edlen aus dem sanktgallischen Kerngebiet. Das war nötig, um solche entlegenen Besitzungen nicht nur zu besiedeln, sondern auch, um aus ihnen Profit zu schlagen und sie gegen die Herrschaftsansprüche anderer Machtzentren zu verteidigen. Zusätzlich bestand für das Kloster St. Gallen die Notwendigkeit, im Hochschwarzwald den frühen mittelalterlichen Fernhandelsverkehr zu schützen, der aus den Altsiedlergebieten der Baar, wie im vorigen Abschnitt »Roteck und Schwarzeck« dargestellt, über die Höhen ins Dreisamtal führte, wo das Kloster wiederum über wertvolle Besitzungen verfügte. So war Honvirst der äußerste Vorposten des Klosters auf dem hohen Wald, gleichzeitig Trittstein zu den Besitzungen im Breisgau.

Im Kanton St. Gallen, in unmittelbarer Nähe zum Kloster, gibt es einen kleinen Weiler, der im Jahr 818 erstmals erwähnt wurde. Sein damaliger Name: Hounfirst. Ein Edler namens Anno übertrug 818 seinen Besitz zu Hounfirst dem Kloster St. Gallen. Dieser Ortsname kommt im Urkundenbuch von St. Gallen mehrfach vor, auch als Hohinvirst oder Honvirst geschrieben. Es liegt deshalb nahe, Edle aus diesem Dorf, Träger dieses Namens, als die Siedler anzusehen, die im Auftrage des Klosters St. Gallen im 11. Jahrhundert weiter in den Hochschwarzwald vorgedrungen sind und die Siedlung Honvirst gründeten.

Eine Quelle aus dem Jahre 1316 (Fürstenbergisches Urkundenbuch) berichtet: »Frau Elisabeth von Blumenegg übereignet den Johannitern ein Haus zu Lenzkirch und das gerichte über min Lute und min Gut ze Honvirst, daz gut, da Wernli von Honvirst uffet sizzet.« Die Präposition »ze« steht immer vor einem Ortsnamen. Honvirst muss also um 1316 ein noch existierender Ort gewesen sein, in dem ein Wernli von Honvirst wohnte (»uffet sizzet«). Wieso wohnte er nicht auf seiner Burg? Es gibt nur eine Erklärung: Schon um 1316 existierte die Burg nicht mehr.

Vincenz Zahn zitiert in seiner Hinterzartener Chronik eine Urkunde aus dem 14. Jahrhundert, wonach »um die Mitte des 14. Jahrhunderts Hans von Falkenstein von Hans von Hohenfürst, einem ehemaligen Rittersitze ob dem Orte Seig, das Bruderhalder Tal« kaufte. Auch aus jener Passage von 1350 »einem ehemaligen Rittersitze« lässt sich herauslesen, dass die Burg zu diesem Zeitpunkt schon nicht mehr existierte. Die Formulierung »ob dem Orte Seig« (gemeint ist Saig) und der Verkauf von Besitz im »Bruderhalder Tal« zeigen an, dass den Honvirstern wohl der ganze Berg Hochfirst bis nach Saig und an den Titisee und dort wohl auch das untere Seebachtal, nämlich das Bruderhalder Tal (oder Teile davon) gehört haben. So schlägt es sich auch in der oben zitierten Bezeichnung »Hohenfürstamt« nieder, die noch 1814 in Gebrauch war.

Dann gibt es noch eine Urkunde aus dem Jahre 1353 zwischen den Fürstenbergern und Diethelm von Blumberg, welche mitunterschrieben ist von zwei Zeugen, »Burkart und Heinrich, Honvirster«. Das sind also keine Mitglieder der Familie von Honvirst, sondern zwei »Honvirster«, Bewohner des Ortes Honvirst.

Östlich von Neustadt erhebt sich ein bewaldeter Bergkopf, etwa 30 Hektar umfassend, der heute noch »Burgkopf« heißt. Hier – und nicht auf dem gegenüberliegenden Hochfirst – ist die Burg Honvirst zu suchen. Das Dorf Honvirst hätte genau zu Füßen dieses Burgkopfes gelegen, etwa zwischen der heutigen Kläranlage und dem Areal unter der großen B 31-Gutachtalbrücke. Bei Zettler/Zotz heißt es über die Aussagekraft von Flur- und Landschaftsnamen: »In nicht wenigen Fällen führten Flurnamen zur Lokalisierung untergegangener Burgen und alter Burgplätze [...] Indirekte Hinweise können ferner Flurnamen [...] geben, die auf (burg)-herrschaftlich genutzte beziehungsweise mit einer Burg

◀ Noch heute ist der breite Weg auf dem Rücken des Mühlenföhrles klar auszumachen, der bis zum höchsten Punkt führte, wo die einstige Burg stand.

▶ Das Wappen der Familie von Honvirst.

rechtlich verbundene Liegenschaften deuten.« Von solchen Hinweisen wimmelt es im Falle Honvirst.

Der Name »Burgkopf« in Gewann- und Waldkarten von Neustadt taucht erstmals 1890 auf. Vorher hieß dieser zweinasige Bergkegel »Hochburg«, ein Name, der noch mehr elektrisieren muss als »Burgkopf«. Der Neustädter Chronist Walter Goebel hat etwas Interessantes herausgefunden: 1849 hat die Gemeindewaldkarte für das Gewann »Hochburg« ungefähr 112 Morgen Waldfläche ausgewiesen. 1852 war diese Zahl durchgestrichen und darüber stand geschrieben: 285 Morgen. Das heißt, die Waldfläche auf dem Bergkegel ist in diesen drei Jahren mehr als verdoppelt worden. Davor war an dieser Stelle Allmend-Feld. Ältere Karten bis zurück nach 1817 weisen die entsprechenden Flächen auf dem Burgkopf und dem benachbarten Mühleförle aus. Allerdings zeigt eine Ortsbegehung, dass die zweite Nase des Berges, nämlich das Mühleförle, am äußersten Ende seines ins Gutachtal ragenden Bergsporns mehr als der »Burgkopf« alle Merkmale eines Burgplatzes aufweist. Die Stelle liegt so exponiert, dass von ihr aus sowohl das Gutachtal ostwärts bis Kappel-Gutachbrücke, weiterhin ganz Rudenberg, als auch durch die Mulde zwischen Fullberg und Dennenberg hindurch sogar noch Neustadt westwärts bis zum Jostäler Eck überblickt werden können. Beide Kuppen, Burgkopf und Mühleförle, liegen keine 500 Meter auseinander und wachsen an ihrem Rücken zusammen, an einer Stelle, die heute noch »Waldstadt« heißt. Es kann also von einer zur Burg Honvirst gehörenden »Waldstadt« oben auf dem Berg ausgegangen werden, im Unterschied zu der Siedlung Honvirst unten im Tal. »Mühleförle« als Bergname deutet außerdem auf eine Mühle an diesem Bergsporn hin. Goebel hat stets vermutet, dass dies nur am Lochenbach gewesen sein kann, der von Rudenberg kommend den Taleinschnitt westlich vom Mühlenföhrle bildet. Dieser Annahme ist zu widersprechen. Der viel wahrscheinlichere Platz für eine Mühle, die dem Mühleföhrle den Namen gegeben haben könnte, ist an einem kleinen, namenlosen Bächlein, welches weiter östlich die Rücken Mühleföhrle und Burgkopf voneinander trennt und etwa in Höhe der Kläranlage in die Gutach mündet. Dieses Bächlein bildet mit seiner Aue auch die natürliche Trasse für den kürzesten Weg von der Siedlung Honvirst hinauf auf die Waldstadt und die Burg. Der Verfasser ist die gesamte Bachaue abgegangen. Sie steigt stetig an, aber niemals steil, und sie endet in einem kleinen Quelldobel, von dem es nur noch wenige hundert Meter über einen letzten Stich direkt zur Waldstadt geht. Die gesamte Trasse existiert noch und wird teilweise noch als Waldweg genutzt. Etwa auf halber Höhe findet sich eine sehr auffällige Geländeform. Die Bachaue wird hier durch einen dammartigen Querriegel aufgestaut, dahinter liegt bergseits der längst verlandete, aber immer noch gut erkennbare einstige Mühlenweiher. Hier ist der Platz, wo die Mühle gestanden haben muss. Burg und Burgmühle, das wissen wir von vielen anderen Plätzen, lagen immer so nahe wie möglich beisammen. Hier liegen wir in der Luftlinie höchstens noch 500 Meter auseinander. Auch dies spricht für einen Burgplatz auf dem Mühlenföhrle und nicht auf dem deutlich weiter entfernten Burgkopf.

Alte Neustädter Gemarkungskarten kennen seit 1786 das Gewann »Schlossäcker« westlich von Neustadt. Es reicht von der Gutach bis etwa zur heutigen Trasse der B 31-Umgehungsstraße, ist also weit weg von unserem Ort Honvirst oder der dort vermuteten Burg. Vor 1786 aber sind die »Schlossäcker« nirgendwo. Stattdessen gibt es im städtischen Steuerbuch, das Walter Goebel ausgewertet hat, den Begriff »Äcker bym Schloss«. Schon 1587 in einem der ältesten Ratsprotokolle taucht eine Matte auf, die »ufem Schloss« genannt wurde. Ein Verkaufsprotokoll von 1622 kennt einen Acker »im Schloss« und 1683 »acht Mannsmaht Äcker bey dem Schloss«, darunter zwei »vor dem Schloss«. Im gleichen Steuerbuch fand Goebel auch einen Eintrag von 1775, der da lautete: »Antony Zipfel im Thalbach zahlt 3 Kreuzer für von Uralten her aufgelegtes Burgrecht«. Und noch ein Beleg, diesmal von 1788, in dem die Rede ist von einem »Fleckenfeld [...] im Thal unter der Burg«.

Das Protokoll eines gemeinderätlichen Ortstermins von 1759 spricht von einem Aufstieg auf den Berg, »hinauf bis auf schleßle genannt«. Hier ist also ganz eindeutig das »schleßle« oder »Schlössle« lokalisiert. Die älteste Fundstelle in den städtischen Akten hat Walter Goebel auf 1506 datiert, wo es in einem Zinsrodel heißt: Elsy Müller setzt als Unterpfand für Zinsen an die Kaplaneipfründe »die ecker vorm Schloss«. All die Äcker und Felder »vor dem Schloss«, »bey dem Schloss«, »im Schloss« haben sich auf dem Burgkopf und dem Mühlenföhrle befunden und erinnerten daran, das einst hier eine Burg oder ein Schloss gestanden hatte. Warum aber gibt es nach 1786 diese Bezeichnungen nicht mehr, stattdessen aber die »Schlossäcker« westlich von Neustadt? Walter Goebel hat hierfür eine einleuchtende Erklärung. Nach 1786 begann die oben aufgezeigte Aufforstung des Burgkopfes. Damit verschwanden die Äcker, aber ihre Besitzer wurden durch Tausch entschädigt, sie erhielten neue Felder und Wiesen auf der anderen Seite der Stadt, und diese neuen Felder nahmen den alten Namen mit, sie hießen nun »Schlossäcker«. Diese Theorie ist durch eine analoge Tauschaktion auch urkundlich belegt. Auf dem Burgberg gab es vor 1786 auch einen großen Obstgarten, sogar die Zahl der Bäume ist überliefert, 8000 waren es. Auch dieser Obstgarten musste wegen der Aufforstung verschwinden, auch für ihn gab es Ersatz. Eingefleischte Neustädter kennen die Tauschfläche: Sie liegt hinter den Neustädter Tennisplätzen zwischen der Gutach und dem heutigen Gewann »Schlossäcker«, und sie trägt bis heute den Namen »Obstgarten«, obwohl dort noch nie Obst gewachsen ist.

▲ Am vermuteten Standort der Burg Honvirst, am höchsten Punkt auf dem Rücken des Mühlenföhrles, findet man heute noch einen Schuttfächer mit Bruchsteinen, wie sie zu einem mittelalterlichen Befestigungsbau passen könnten.

Es scheint demnach festzustehen, dass einst auf dem Bergrücken eine schlossähnliche Burg stand, die um 1316 schon nicht mehr bewohnt war, von der nach 1700 auch

▶ Dieser Grenzstein steht unmittelbar auf der Burgstelle. Die Stelle ist schon 1759 als „auf schleßle" in einer Grenzbegehung des Neustädter Gemeinderats protokolliert. Hier treffen die Gemarkungen von Neustadt, Rudenberg und Friedenweiler aufeinander.

keine Reste mehr vorhanden waren, deren Felder, Äcker und Obstgärten ab 1786 aufgeforstet wurden und die danach nahezu in Vergessenheit geriet.

In Rudenberg steht jenseits der Kuppe des Mühlenföhrles ein kleines Anwesen, das im Volksmund heute noch »Schlössle« genannt wird. Der Name sitzt schon seit alters her auf dem Haus, es gibt keine andere Erklärung, als dass er aus der Zeit des noch existierenden Schlosses stammt. Dieses Rudenberger Anwesen »Schlössle« steht zusammen mit einigen wenigen weiteren Häusern in einem Zinken, der von alters her »Waldstadt« genannt wird. Aus der Rudenberger Ortsgeschichte heraus lässt sich eine solche Bezeichnung kaum erklären. Sie hat aber Sinn, wenn man sie in Bezug zu der unweit vermuteten Burg Honvirst setzt. Es wären dann die unmittelbar zur Burg gehörenden Gesindehäuser, Handwerkerhäuser und Bauernhäuser gewesen. Dann wäre es, wie oben dargelegt, die zur Burg gehörige Waldstadt gewesen, während unten im Tal Honvirst, die »Talstadt« gelegen hätte. Es gibt für den deutschsprachigen Raum einige wenige Belege für einen Familiennamen »Müllefehrlin«, »Mülleferle« (und andere Schreibweisen) zwischen dem 15. und 18. Jahrhundert. Nach der Systematik der Namensentstehung im Mittelalter müssten dies Menschen gewesen sein, die von einem Ort dieses Namens »Mühleföhrle« her stammten. Einen solchen Ort gibt es ausweislich der Suche über Google Maps nur ein einziges Mal in Deutschland. Nämlich bei Neustadt. Denkbar wäre also ein Szenario, wonach die im Bereich der Burg und der Waldstadt wohnenden Menschen nach Abgang der Burg Honvirst die Gegend verlassen haben und sich an ihrem neuen Wohnsitz nach dem Herkommen vom Mühlenföhrle benannten.

Die Zähringerherzöge und ihre Nachfahren, die Fürstenberger, haben zwischen Breisgau und Hochschwarzwald den Einfluss und Herrschaftsanspruch des Klosters St. Gallen mit militärischer Gewalt zurückgedrängt. In den Jahren 1077 bis 1122 war Ulrich von Eppenstein, ein Verwandter Kaiser Heinrichs IV., Abt von St. Gallen. Dieses war im Investiturstreit kaiserlich gesinnt und stand damit in Rivalität zu den päpstlich gesinnten Zähringern. Im damaligen Kräftemessen verlor St. Gallen fast alle seine Besitzungen im Schwarzwald und viele Positionen im Breisgau an die Zähringer. Der Ort Honvirst war also schon ab Mitte des 12. Jahrhunderts schutzlos und auf die Duldung durch die Zähringer angewiesen. So lange der Ort seine Funktion als Etappe des Schwarzwald-Fernhandelsweges erfüllte, gab es keinen Grund, an seinem Status zu rütteln. Als aber Mitte des 13. Jahrhunderts die Verhältnisse komplizierter wurden und insbesondere innerhalb der Zähringerfamilie die Trennung der Herrschaftsbereiche von Konrad (Graf von Freiburg) und Heinrich (von Fürstenberg) erfolgte, musste Heinrich, der als Graf die Besitzungen auf dem Schwarzwald und auf der Baar erhielt, seine Position im Hochschwarzwald mit einer eigenen Stadt absichern. Das war der Impuls, der zur Gründung der »neuen Stadt« Neustadt und zur Entmachtung der Edlen von Honvirst führte.

Demnach hätten die Honvirster das Feld für die Zähringer räumen müssen. Höchstwahrscheinlich haben sie es freiwillig getan und sind in die Dienste des Fürstenbergers getreten. Möglich ist aber auch, dass vielleicht sogar Heinrich von Fürstenberg, der Abkömmling der Zähringer und Gründer der »neuen Stadt«, im Umfeld der Stadtgründung von Neustadt die Burg Honvirst zerstörte, um zu zeigen, wer von nun an im Hochschwarzwald das Sagen hatte. Anschließend haben vielleicht noch zwei oder drei Generationen der Honvirsts im gleichnamigen Ort gelebt, zum Beispiel Wernli von Honvirst 1316 auf einem Gut, das aber schon nicht mehr ihm gehörte. Der letzte Honvirst, der im Hochschwarzwald Güter verkaufte, war Hans von Honvirst 1350. Dann verliert sich die Spur dieses Geschlechts, sofern man nur im Hochschwarzwald nach ihm sucht. Die Honvirst haben ihren Wohnsitz zunächst nach Freiburg verlegt, denn dort ist im Jahr 1424 ein Haus »Zum Hohenfürst« belegt, zwischen den Häusern »Zum Greifen« und »Zum roten Rade« unweit der »Richtlaube«, also nicht weit vom heutigen Rathausplatz. Die Linie der Honvirst muss zu dieser Zeit aber bereits weiter auseinandergefallen sein, denn ein Zweig der Familie siedelte um nach Neuenburg, wo 1452 ein Jakob von Hohenfirst Bürgermeister wird, 1403 ein Paul von Hohenfürst Pfarrer. Das Ortssippenbuch Neuenburg spricht für diese Zeit über die Hohenfürst von einer »hiesigen Patrizierfamilie«, das klingt nach einer bereits längeren Ansässigkeit. Später verstreuten sich diese Honvirster weiter bis ins Elsass, wo Adam von Hohenfürst 1520 ein markgräfliches badisches Lehen erhält und Ortsherr von Fontanell wird. Dass wir es immer noch mit »unseren« Honvirst zu tun haben, entnehmen wir einem Vorgang von 1525. In jenem Jahr übergibt Adam von Hohenfürst den Herren von Blumegg »seinen 3. Theil an Rechten zu Zarten«, wie es bei Julius Knobloch von Kindler in seinem »Oberbadischen Geschlechterbuch« (Band 2) auf

◀ Überraschend bequem führt im Taleinschnitt zwischen Burgkopf und Mühlenföhrle dieser Weg auf die Höhe. Hier finden wir den einstigen Aufstieg von der Siedlung Honvirst im Gutachtal zur Waldstadt und zur Burg Honvirst.

▲ Auf vielen alten Karten von Neustadt sind die Bezeichnungen „Burgkopf" und „Hochburg" bzw. „Hohnburg" anzutreffen. Hier eine Fürstlich Fürstenbergische Walddistriktkarte von ca. 1790.

Seite 88 heißt. Dort ist sogar das 1370 erstmals belegte Wappen der Familie Hohenvirst (Balken mit Rosenblüten, darüber ein Helm und Jagdhorn mit Rosenzweigen und Blättern) dargestellt.

Ein Familienzweig siedelte schon früh in Freiburg, wo 1225 und 1237 Burchardus de Hohenvirst bezeugt ist, ein Heinrich von Hohenvirst-Blenckli 1378 sogar als Mitglied des Stadtrats von Freiburg. Ein Kaspar von Hohenfirst, abstammend von einem »Adelsgeschlecht im unteren Breisgau«, lebte 1569 bis 1613, ohne dass ein genauer Ort nachzuweisen ist. Um 1560 heiratete ein Jacob von Falkenstein, Obervogt in Weilertal, eine Maria Magdalena zu Rhein. Diese wiederum war Tochter des Adolph Sebastian zu Rhein und einer Maria Judith von Hochfirst. Bis Anfang des 17. Jahrhunderts bleibt der Name also in der Region erhalten, und die Nachkommen der Familie scheinen einen gewissen Status gewahrt zu haben.

Zuletzt sei noch auf einen Fundus an Ortssagen verwiesen, den die Neustädter Autorin Birgit Hermann als Hinweis auf eine einstige Burg bei Rudenberg/Neustadt gesammelt hat. Es geistere an der Kirchsteige beim Burgberg, dort laufe ein Mann mit langem Bart den Menschen nach und erschrecke sie. Manchmal könne man dort einer kostbaren alten Glaskutsche begegnen, gezogen von vier Pferden, mit einem wunderschönen Fräulein darin. Nachts leuchte ein Licht an der Stelle, an der einst die Burg gestanden habe. Im frühen 19. Jahrhundert sollen drei Neustädter an einem Weihnachtsabend auf den Burgkopf gezogen sein, um einen legendären Schatz zu heben, der dort vergraben sei. Sie bargen eine Kiste, darin fanden sie viereckige Geldstücke aus Gold.

Diese letzte »Sage« findet Birgit Hermann deshalb bemerkenswert, weil in ihr von viereckigen Goldmünzen die Rede ist. Solche Münzen gab es im 19. Jahrhundert nirgendwo im Hochschwarzwald, die Schatzsucher können sie also nicht gekannt haben. Wieso sollten sie solche Münzen erfinden und ausdrücklich beschreiben? Für eine reine Lügengeschichte hätten doch »Goldmünzen« ausgereicht, ohne ihnen diese für die Zeitgenossen unglaubwürdige Form zu geben. Wenn sie aber angaben, solche Münzen gefunden zu haben, dann könne dies ein Hinweis darauf sein, dass sie wirklich solche Münzen gefunden haben, die dann aus dem Mittelalter hätten stammen müssen. Im späten Mittelalter kamen sogenannte Brakteaten in Umlauf. Das waren dünne, nur einseitig geprägte Münzen. Im Stadtmuseum von Breisach sind davon einzelne Exemplare zu besichtigen. Sie waren vom 12. bis ins 15. Jahrhundert in Gebrauch. Die Spur ist deshalb heiß, weil diese Münzen vorwiegend in der Schweiz, zum Beispiel in St. Gallen, in Basel und in süddeutschen Städten wie Freiburg und Breisach, geprägt wurden. »Vor diesem Hintergrund scheint die Sage mit dem ungewöhnlichen Münzfund nicht mehr ganz so abwegig«, gibt Birgit Hermann zu bedenken.

Alt-Tannegg

Bereits in alemannischer Zeit waren die früh besiedelten Muschelkalkhochflächen westlich der Wutach bedeutsame Gebiete des Alpgaus, der etwa den gesamten Südschwarzwald von Waldshut bis hinauf an den Feldberg umfasste. Nach der Unterwerfung Alemanniens durch die Franken fiel die Herrschaft über den Alpgau an vom König eingesetzte fränkische Grafen (oder an Klöster), die für Besiedlung und Durchdringung auch der entlegensten Gebiete sorgten, indem sie dort Lehen und örtlich begrenzte Herrschaften vergaben. Die Grafengeschlechter der Nellenburger, Lupfener, Tiefensteiner, Krenkinger oder Zähringer sind hier zu nennen, ebenso die Klöster Schaffhausen, Rheinau und St. Gallen. Insbesondere die Wutachübergänge, die zu den benachbarten Gauen Breisgau und Baar führten, oder die West-Ost-Verbindung, die von Freiburg über Lenzkirch, Bonndorf und Stühlingen nach Schaffhausen lief, erforderten aber Kontrolle vor Ort. Vor Ort jedoch waren es im 10. und 11. Jahrhundert die Angehörigen eines freien, bäuerlichen Ortsadels, die diese strategisch bedeutsamen Plätze beherrschten. Häufig bewohnten sie einen Herrenhof inmitten ihres Dorfes, oft aber zogen sie auf Burgen oder auf herrschaftliche, repräsentative Herrensitze um. Einen solchen Fall dürfen wir bei der Adelsfamilie von Tannegg annehmen. Dieser Ortsadel ist der Zeit der fränkischen Herrschaftsbildung zuzuordnen. Seine Wurzeln dürften bereits im 8. und 9. Jahrhundert zu suchen sein, doch fehlt es aus dieser Zeit an Schriftquellen. Spätestens beginnend mit dem 10. Jahrhundert wird in den Dörfern entlang der Wutachschlucht ein solcher Ortsadel aber auch in Quellen und Urkunden erkennbar, sowohl auf der Seite des Alpgaus von Blumegg über Ewattingen bis Bonndorf als auch auf der östlichen Seite im Klettgau und auf der Baar, zwischen Blumberg, Mundelfingen, Döggingen und Löffingen.

Unterhalb des einstigen Bad Boll in der Wutachschlucht liegt im heute noch so bezeichneten Gewann »Burgwald« die Ruine von Tannegg (Tanneck), zur besseren Unterscheidung von einer jüngeren und näher bei Boll gelegenen Burg »Neu-Tannegg« auch Alt-Tannegg genannt. Die Überreste sind kümmerlich, schon 1879 hieß es in einer Burgenbeschreibung, es gebe nur noch »wenige sich erhebende Mauerreste und überwachsene Mauerzüge«. Heute lässt sich immerhin noch die Burgstelle identifizieren, auf einem Höcker gelegen, etwa 50 Meter lang und höchstens 10 Meter breit. Sie ist durch einen Graben in zwei ungleiche Abschnitte geteilt, wobei der kleinere Teil einige Meter tiefer liegt. Überraschend klar zeichnet sich die einstige Burganlage ab. Nach Westen Richtung Boll muss der größere Hauptpalas gestanden haben. Seine Umrisse sind noch klar erkennbar. Am steilen Abfall zum Weg Boll-Münchingen hat es wohl einige Vorwerke oder Befestigungen gegeben. Ein zweites Gebäude, eventuell ein Turm, durch dicke Mauern, einen Graben und wahrscheinlich auch durch einen Innenhof vom ersten Gebäude getrennt, muss sich dann im Osten Richtung Münchingen angeschlossen haben. Auch von diesem Gebäude zeichnen sich die Umrisse noch deutlich im Waldboden ab. Ein spektakulärer Blick hinunter in die Wutachschlucht und hinüber auf die Reiselfinger Seite muss von hier aus möglich gewesen sein. Wann die Burg erbaut und wann genau sie zerstört wurde, ist nicht bekannt. Nach Eduard Schuster sind die Steine der Ruine zum Aufbau des Hofes Tannegg verwendet worden, der über der Talmulde gegenüber der Burg errichtet wurde. Heinz Voellner hat zur Ruine 1975 folgenden Befund geliefert: »Die Hauptburg bestand aus einem vermutlich sehr hohen und großen Wohngebäude; die Au-

▶ Überraschend eindeutig sind auf dem Berghöcker die Grundrisse der Hauptburg von Alt-Tannegg noch auszumachen. Der Platz ist etwa 10 Meter breit und 50 Meter lang.

◀ Die Burg saß auf einem steilen Kopf. An seinen Flanken (hier auf der nach Boll gewandten Seite) sind noch deutlich Reste von Vorwerken oder Hangbefestigungen auszumachen.

ßenseiten seines Erdgeschosses sind, wenn auch völlig mit Moos, Gesträuch und Bäumen überwachsen, dennoch deutlich erkennbar und teilweise begehbar. Einen Bergfried hat die Burg nicht gehabt, allenfalls einen kleinen runden Mauerturm.« Die Lage des Burgplatzes spricht für die Annahme, dass diese Burg nicht versteckt im Wald lag, sondern umgeben war von offenem, landwirtschaftlich genutztem Gelände, den Wiesen, Feldern und Äckern des Hofes Tannegg.

Die namensgebende Familie derer von Tannegg ist erst im 11. Jahrhundert mit Berthold von Tannegg und Konrad von Tannegg urkundlich fassbar. Eine Urkunde von 1095 berichtet von einem Hildegold (Hiltibold) von Tannegg, »Nobilis«, also Edler, zu Boll und vermutlich Burgherr auf Schloss Alt-Tannegg. Der Herrschaftsbereich der Adelsfamilie von Tannegg dürfte nicht weit über Boll und Münchingen hinausgereicht haben. Dort saßen dann auf dem Gückelsberg und auf dem Hörnle schon die nächsten Ortsherren. Mindestens zehn weitere Angehörige der Familie von Tannegg zählt Albert Kürzel in seiner Chronik der Reichsherrschaft Bonndorf auf. Der letzte, Berthold von Tannegg, geht auf eine Urkunde von 1152 zurück. Heinz Voellner nimmt an, dass die Familie von Tannegg in das Umfeld der Grafen von Nellenburg gehörte, vielleicht sogar von diesen gezielt aus Schwaben angeworben wurde, um den bedeutsamen Platz oberhalb der Wutachschlucht bei Boll zu besetzen. Jedenfalls belegt die Beifügung »Nobilis« in allen alten Urkunden, dass es sich nicht um ein Dienstmannengeschlecht handelte, sondern um freien Adel aus eigener Hoheit. Dies wiederum spricht für Wurzeln in frühfränkischer Zeit.

Schon ab Mitte des 12. Jahrhunderts gibt es für diese Gegend keine schriftlichen Belege mehr für diese Familie, stattdessen scheint sie in den Neckarraum umgesiedelt (oder zurückgekehrt) zu sein. Die nachfolgenden, neuen »Herren von Tannegg« benannten sich nach dem bestehenden Schloss, entstammten aber einem niederen Geschlecht, nach Kürzel waren es möglicherweise ehemalige Dienstmannen der alten Familie von Tannegg. Diese neuen Herren von Tannegg tauchten dann im 14. und 15. Jahrhundert als Dienstmannen im Gefolge von Egon von Freiburg auf. Eduard Schuster vermutet, dass die Grafen von Fürstenberg die Erben der ursprünglichen Dynasten von Tannegg waren und dann nach deren Verschwinden eigene Getreue mit der Burg Tannegg belehnten. Woher auch immer sie kamen, sie verkauften Ende des 13. Jahrhunderts die Burg Alt-Tannegg an die Herren von Blumberg und zogen um auf die Burg Boll, welche ebenfalls in den Besitz der Edlen von Blumberg fiel (siehe nächstes Kapitel). Wann genau diese Edlen von der zerfallenden Burg Alt-Tannegg auf die Burg Neu-Tannegg umzogen, muss offen bleiben. Der Umzug fand vermutlich schon Mitte des 13. Jahrhunderts statt. 1366 wurde die wohl schon nicht mehr bewohnbare Burg Alt-Tannegg schließlich von den Blumbergern an Egeloff von Wolffurt verkauft, von diesem später an die Grafen von Lupfen. Seit Anfang des 16. Jahrhunderts gehörten der Burgstall und der Hof Tanneck einer Familie von Heggelbach, die aber 1617 mit Johann Jakob von Heggelbach erlosch. In dieser Zeit kam der Besitz mit der Herrschaft Bonndorf an St. Blasien. Der Sage nach stammte ein Silberglöckchen, das bis zum Brand von 1827 auf dem Bonndorfer Rathaus hing, von einem Fräulein von Tannegg. Sie soll es gestiftet haben, weil sie während der Rückkehr von Schloss Roggenbach, vom Schneegestöber überrascht, mit ihrer Begleitung den Weg verloren und durch das Läuten des Paulinerklosters in Bonndorf den rechten Weg wiedergefunden hatte.

▶ Auf der etwas tiefer gelegenen Kuppe Richtung Münchingen stand – durch einen Halsgraben von der Hauptkuppe getrennt – vermutlich ein zweites Gebäude, vielleicht sogar ein Bergfried. Auch hier sind die Konturen des Grundrisses noch klar zu erkennen.

Hörnle bei Ewattingen

Etwa 120 Meter über der Wutach, direkt gegenüber der Gauchachmündung, ragt bei Ewattingen ein Bergsporn in die Wutachschlucht hinein, der den Namen Hörnle trägt. Von Ewattingen erreicht man diesen Sporn in einer halben Stunde Fußweg. Von der Talsohle bei der Wutachmühle steigt man zu Fuß etwa eine Stunde auf. Diese steil aufragende Bergnase trug einst eine Burg. Wie fast alle frühen Burgen auf dieser Seite der Wutachschlucht lag diese Burg so, dass sie einerseits mit der bewohnten Ebene oberhalb der Schlucht in Verbindung stand, auf welcher die Burgherren ihre bäuerlichen Untertanen sitzen hatten, zum anderen aber war sie so scharf an den Rand des Steilabfalls zur Wutachschlucht hin gebaut, dass sie als Wehrbau leicht zu verteidigen war.

Der Burgplatz auf dem Hörnle ist bemerkenswert. Er besteht aus einem vordersten Sporn, auf dem eine eingeebnete Fläche von etwa 15 mal 25 Metern noch vom einstigen Zweck kündet. Dieser vorderste Sporn ist durch einen fast 20 Meter tiefen und möglicherweise von Menschenhand geschaffenen Graben vom restlichen Bergrücken getrennt. Auch dieser Bergrücken, ein ovaler Buckel, ist nochmals durch einen Graben unterbrochen, doch ist dieser zweite, näher zur Ebene hin liegende Graben nur noch etwa 8 bis 10 Meter tief. Durch ihn führt heute der Wanderweg hindurch. Möglicherweise waren beide Höcker Bestandteil der Burg und jeweils nur über Brücken zu erreichen. Der größere, zweite Graben ist allerdings so breit, dass eine solche Brücke mindestens 20 bis 30 Meter hätte überspannen müssen. Man sieht dieser von Bäumen und Sträuchern überwachsenen Geländeformation jedenfalls heute noch den ursprünglichen Zweck an: Nach

▲ Die Bergnase Hörnle ragt auf der Ewattinger Seite weit über die Wutachschlucht hinaus, wie anschaulich von der gegenüberliegenden Seite der Schlucht, von Bachheim aus, zu sehen ist.

der einen Seite hin, nämlich gegen die Hochebene und gegen Ewattingen, musste sie gegen Angriffe gewappnet sein, während sie nach Norden zu, wo die felsige Kante steil in die Wutachschlucht abfällt, nahezu sorgenfrei bleiben konnte, denn von dort gab es der Steilheit des Geländes wegen nichts zu befürchten. Aufgrund der Gesamtanlage ist die Frage aufzuwerfen, ob wir es hier vielleicht mit einem noch älteren Burgplatz zu tun haben. Die ganze Anlage erinnert an keltische Wallburgen, so wie wir sie zum Beispiel am Schellenfrauenbuck bei Reiselfingen im 1. Kapitel beschrieben haben. Man erkennt im Gelände auch noch wallähnliche Erhöhungen.

Im Bereich der ehemaligen Ewattinger Kiesgrube wurden zehn Grabhügel aus der Hallstattzeit (6. und 7. Jh. v. Chr.) entdeckt. Man hat dort Bronzegefäße und Eisenschmuck geborgen. 1969 hat dann am Burghügel eine planvolle Grabung und archäologische Erkundung stattgefunden, bei der auch frühgeschichtliche Urnengräber und Tonscherben gefunden wurden. Der »Schwarzwälder Bote« berichtete damals darüber: »Auf dem Grat des Hörnlerückens gibt es eine enge Stelle. Sie wurde in der ganzen Breite von den Burgmauern erfasst. Wenige Meter davor schützt ein 40 Meter breiter Graben, der gut 18 Meter tief sein mochte, vor überraschenden Angriffen. Auf der Westseite liegen Grundmauern frei. Eine gestampfte Lehmschicht mit wenigen Zentimetern Kiesschotterbelag weist auf die Reste eines Weges im Innenhof. Größere Mengen Bauschutt, verkohlte Reste von Gebälk und anderes Überbleibsel wurde vom Bagger weggerafft. Unter der Burganlage werden nun Reste eines Urnenfeldes freigelegt, die noch weiter in die vorgeschichtliche Zeit zurückreichen. [...] Jedenfalls gehen die Grabanlagen auf die Zeit um 2000 vor Christus zurück.«

Von der einstigen Anlage sind heute nur noch einige wenige Schuttfelder und überwachsene, zerfallene Mauerfragmente zu erkennen. Wo ein Baum aus seinem Wurzelbett gerissen wurde, entdeckt man auch noch Reste von Gemäuer im Erdreich. Autoren wie Schuster oder Voellner sehen als Erbauer der Burg Dienstmannen des Klosters St. Gallen in fränkischer Zeit. Ewattingen ist im 8. Jahrhundert erstmals urkundlich erwähnt, doch werden die Burgherren erst viel später sichtbar. Im 13. Jahrhundert ist das Rittergeschlecht derer von Ewattingen (Egbottingen) namhaft, welches sich auch »im Bach« nannte. 1272 ist ein Berthold von Egbottingen beurkundet, der um 1300 seinen Wohnsitz an der Wutachschlucht verließ und nach Schaffhausen zog. Das lässt darauf schließen, dass zu diesem Zeitpunkt die ursprüngliche Funktion der Burg, nämlich Kontrolle über den Ort und den Flussübergang, den hier der uralte Heerweg vom Alpgau in die Baar nahm, schon obsolet geworden war. Jedenfalls ist Berthold von Egbottingen nicht nur der einzige, sondern auch der letzte namentlich bekannte Burgherr aus dem Geschlecht »von Bach«.

Da aber unweit der Burg das »Bachtal« (gemeint ist der Gänsbach) hinab zur Wutachmühle führt, wo bereits 821 als St. Gallener Besitz dort die »Bachtalmühle« stand, vor 1835 die Vorgängerin der Wutachmühle, ist die Annahme nicht unbegründet, dass die Edelfamilie »von Bach«, aus diesen fränkischen Zeiten stammend, die Burg erbaut und über Generationen bewohnt hat.

Nach dem Wegzug des letzten Burgherrn aus diesem Geschlecht hat sich Gesindel der Burg bemächtigt. Die Burgbewohner überzogen die Umgebung mit

◀ Die Burg stand auf einem durch zwei tiefe Halsgräben vom Bergrücken getrennten Sporn. Auf seiner vordersten Spitze sind noch Wälle und Konturen von verschüttetem Mauerwerk sichtbar.

▶ Das geübte Auge entdeckt noch Mauerreste im Erdreich und unter Wurzelwerk, das vom Sturm freigelegt wurde.

Raubzügen und Plündereien. Als die Umtriebe allzu dreist wurden, zogen 1370 im Auftrag der Schaffhausener Kaufleute, die durch diese Wegelagerei besonders geschädigt waren, bewaffnete Kriegsknechte vor die Burg, belagerten, eroberten und zerstörten sie. 34 Edle und 70 Bürger aus Schaffhausen, angeführt von den Brüdern Rüdiger und Eberhard von Thurn, sollen an diesem Kriegszug beteiligt gewesen sein.

Von da an erscheint die Burg in den Urkunden als Burgstall. So etwa beim Verkauf der Herrschaft Blumegg im Jahr 1432. Ganz sicher wurde die Ruine, wie es in solchen Fällen üblich war, auch als Steinbruch beim Häuserbau in Ewattingen und Umgebung genutzt, ebenso für den Neubau eines Schlosses im Ortskern von Ewattingen. Dieser Neubau ist vermutlich im Bauernkrieg zerstört worden, denn danach erbaute Abt Kaspar I. (1541–1571) von St. Blasien ein neues Schloss, das lange als Amtshaus des Klosters St. Blasien diente. Es wurde 1806 nach der Aufhebung des Klosters vom badischen Staat an den Adlerwirt versteigert. Beim großen Dorfbrand 1875 blieb dieses Schloss verschont, aber 1882 ließen die damaligen Besitzer den markanten Rundturm abbrechen. Das restliche Gebäude steht noch und dient heute als Wohnhaus.

Rätsel und Spekulationen

▶ Güggelsberg

Nicht weit vom oben beschriebenen Hörnle, Luftlinie etwa 1,5 Kilometer entfernt, befindet sich nördlich von Münchingen am Hochrand der Wutachschlucht eine weitere Burgstelle, der Güggelsberg (auch Guggelsberg, Gickelsberg). Wer von Münchingen kommend zur Wutach hin absteigt, findet diesen heute bewaldeten Burgkopf als Bergkegel, der etwa 60 Meter über einem Seitentälchen der Wutachschlucht, dem sogenannten Wutachgraben, aufragt. Nach Eduard Schuster ist dieser Burgplatz als noch älter anzusehen als das benachbarte Hörnle: »Es drängt sich die Vermutung auf, dass auf dieser Stelle in dem abgelegenen Talgrund eine sogenannte Volks- oder Fliehburg stand oder eine Ringwallanlage.«

Der Augenschein vor Ort zeigt eine abgeflachte, etwa 25 Quadratmeter messende Kuppe, durch die sich ein etwa 1 Meter tiefer Suchgraben zieht, der vor über 40 Jahren schon Heinz Voellner aufgefallen war. Wer auch immer diesen auch heute noch gut sichtbaren Graben einst ausgehoben hat, er dürfte kein Mauerwerk gefunden haben. Auf der ganzen Kuppe gibt es keinerlei Reste von Steinmauern, so dass die Vermutung naheliegt, dass eine Burg an dieser Stelle wohl aus Holz und Erdaufschüttungen bestanden haben muss. Das wäre wiederum ein Beleg für das hohe Alter.

Die beschriebene Bergkuppe scheint künstlich erhöht und nivelliert. Eine sich um die gesamte Kuppe ziehende, etwa 4 Meter hohe, steile Böschung scheint dazu den Aushub geliefert zu haben. Unterhalb dieser Böschung umrundet eine ebene Trasse von etwa 5 Metern Breite die gesamte Kuppe. Dieser Umgang gehörte vermutlich zur Burg und war höchstwahrscheinlich von einem Verhau aus Palisaden oder Trockenmauern umgeben. Heinz Voellner vermutet, dass auf der Kuppe selbst höchstens ein hölzerner Wehrturm stand.

Mit den mittelalterlichen Herrschaftsverhältnissen kann die Burg nur schwer in Einklang gebracht werden. Das Dorf Münchingen bestand vor 1100 nur aus einem Hof, einen Ortsadel gab es nicht. Zudem liegt der Güggelsberg noch auf Ewattinger Gemarkung. Ewattingen gehörte, wie die ganze Gegend zwischen Wutach und Merenbach, seit 816 dem Kloster St. Gallen. Sollte es sich um eine von St. Gallen erbaute Turmburg handeln, wie Heinz Voellner es zur Diskussion stellt, müsste an dieser abseits gelegenen Stelle ein bedeutsamer Weg vorbeigeführt haben. Vorstellbar ist ein Abstieg durch das Immenloch in die

▶ Der Berghöcker, auf dem einst die Burg Güggelsberg stand, weist noch immer typische Strukturen einer einstigen Wehranlage auf. Mindestens 40 Jahre alt ist der Suchgraben, der sich bis heute deutlich sichtbar über den Rücken zieht.

Wutachschlucht und dort im Bereich der Wutachversickerung ein Übergang auf die Bachheimer Seite. Aber eine solche Wegverbindung, wenn sie je relevant war, muss um die Jahrtausendwende schon zur Bedeutungslosigkeit herabgesunken sein. Von den einstigen Bewohnern einer Burg Güggelsberg kündet möglicherweise die Nennung der »Edlen von Güggelsberg« in der Chronik des Bonndorfer Pfarrers Albert Kürzel von 1861. Er wusste auch noch zu berichten, dass es sich beim Guggelsberg um einen grasbewachsenen Hügel handelt, »der einiges Grundgemäuer in sich birgt«. Nach Kürzel handelte es sich bei den Edlen von Güggelsberg um ein aus Rhätien stammendes Geschlecht. Auch Fürstabt Gerbert erwähnt in seiner 1783 erschienenen »Geschichte des Schwarzwaldes« noch eine Familie »Guggelsberg, nobilis«.

Nach dem Verschwinden dieser Familie habe aber noch eine aus dem Dorf Münchingen hervorgegangene Dienstmannenfamilie im 13. Jahrhundert die Burg bewohnt, die sich dann nach dem Ort die »Edlen von Münchingen« nannte. Kürzel zählt unter Beifügung der Jahreszahlen ihrer urkundlichen Erwähnung einige Angehörige dieses Lokaladels auf, beginnend mit Berthold von Münchingen (1251) über Peter von Münchingen (1270 und 1271) bis zu Diethelm von Münchingen (1291). Ob diese Edlen von Münchingen tatsächlich die Burg Güggelsberg bewohnt haben oder vielleicht eine komfortablere Behausung im Ort Münchingen, kann auch Albert Kürzel nicht beantworten. Mit Beginn des 14. Jahrhunderts scheint die Familie Münchingen verlassen und sich in Waldshut niedergelassen zu haben. Dort ist sie noch bis ins 17. Jahrhundert nachweisbar.

▶ Lausheim

Am äußersten südöstlichen Rand unseres Untersuchungsgebietes, an der Straße von Ewattingen nach Lausheim, die weiterführte bis nach Stühlingen, stand ebenfalls einst eine Burg. Man findet ihren vermuteten einstigen Standort anhand der Flurnamen »Vor der Burg« und »Hinter der Burg« (so heißt auch eine kleine Wohnstraße) nördlich der Kirche auf einem steil abfallenden Hügel. Aufgrund der Lage müsste die Straße eigentlich »hinter der Kirche« heißen. Wir werden sehen, dass Kirche und Burg eventuell sogar gleichzusetzen sind. Zwar hat auf der dahinter liegenden Hügelkuppe Heinz Voellner 1975 noch eine »ehemalige Abschlußmauer«, sowie »unzweifelhafte Reste einer zerstörten Ringmauer« ausgemacht, aber vielleicht hat er dennoch an der falschen Stelle gesucht.

Auch diese Burg von Lausheim muss in der Zeit gesucht werden, bevor der Ort nach 1300 an die Herren von Blumegg fiel. Schriftliche Quellen darüber sucht man vergebens. Der Turm der Lausheimer Nikolauskirche am Fuße des erwähnten Hügels war einst erkennbar Bestandteil einer Kirchenburg. Dieser Wachturm, quadratisch, in den Außenmaßen etwa 8 auf 8 Meter, der seinen Eingang im zweiten Stock hatte, wird von Voellner auf ein Alter von bis zu 1000 Jahren geschätzt, müsste demnach also aus dem 10. Jahrhundert stammen. Voellner hält ihn für den Vorgänger der Burg, die er auf dem Hügel vermutete und ins 11. und 12. Jahrhundert datiert. Heute ist der Turm an den im Jahr 1616 errichteten Kirchenbau angelehnt und in diesen so integriert, dass vom Chor ein Zugang besteht, möglicherweise der einstige Haupteingang. Der jetzige, auch schon über 400 Jahre alte Kirchenbau hat nach archäologischem Befund mindestens drei Vorgängerbauten besessen, möglicherweise der früheste davon eine Burg. Oberhalb der erwähnten, sehr alten Tür sieht man ein Wandfresko und darüber noch Balkenlöcher, wo einst ein Anbau an den Turm sich angeschlossen haben muss. In unmittelbarer Nachbarschaft der Burg an der Straße »Hinter der Burg« stehen einige sehr alte Gebäude, die Baumerkmale aufweisen, anhand derer man eine Bedeutung annehmen muss, die mit der Zugehörigkeit zu

◀ Der untere Teil des Kirchturms von Lausheim, mit meterdicken Mauern und schmalen, schießschartenartigen Fensterschlitzen, gilt der Lokalforschung als Überrest einer einstigen Burg.

einer einstigen Burg gut erklärt werden könnten.

Obwohl Lausheim schon im 9. Jahrhundert ein wichtiges Zentrum im sanktgallischen Besitz war – im Jahre 821 war sogar der Abt persönlich für ein Rechtsgeschäft dort anwesend –, gibt es kein Geschlecht und keine Herren, die als Erbauer oder Burgherren identifiziert werden könnten. Schuster kennt diesen Burgplatz überhaupt nicht, ebenso weiß auch Kürzel nichts von einer Burg. Deshalb ist die Überlegung, ob nicht »Vor der Burg« und »Hinter der Burg« sich auf den Vorgängerbau der Kirche und ihren Turm bezogen, absolut statthaft, während die auf dem Hügel von Heinz Voellner aufgefundene Ringmauer noch viel älteren Charakter haben dürfte und der vorchristlichen Besiedlung dieser Gegend zugewiesen werden müsste.

▶ Fohrenbühl (Bonndorf)

Das Vorhandensein einer einstigen Burg am Bonndorfer Ortsausgang am Fohrenbühl wird im Internetportal »Burgeninventar« des Landkreises Waldshut nicht infrage gestellt. Doch weder über die Erbauer noch über Anfang und Ende dieser Burg ist etwas

▲ Diese kleine Häuseransammlung oberhalb von Grafenhausen heißt Siegnau und soll mit einer Burg einst Sitz der Herren von Siegnau gewesen sein.

bekannt, schon gar nicht gibt es Mauerreste oder sonstige Hinterlassenschaften. Lediglich eine etwas zweifelhafte Erwähnung aus dem Jahr 1223 und die prädestinierte Lage des langgezogenen Hügels mit seiner Aussicht auf die Gegend rund um Bonndorf nähren die Vermutung, dass hier tatsächlich einmal eine Burg gestanden haben könnte. Heinz Voellner glaubt, dass sie dem Schutz einer Straßenverbindung diente, die vom Wutachübergang Boll zu den Hochrheinübergängen Rheinheim und Schaffhausen führte. Ein Ortsadel »Edle von Bonndorf« ist erst aus dem 13. Jahrhundert urkundlich dingfest zu machen und da bereits in Diensten der Zähringer stehend. Dieser Adel könnte aber deutlich ältere Wurzeln haben und dann als Erbauer dieser Burg infrage kommen. Dies legen neuere Forschungen nahe, die der Leiter des Stiftsarchivs St. Gallen, Peter Erhart, vorgelegt hat. Demnach ist aus einem Ort »pondorf« schon im Jahr 800 eine Schenkung an das Stift St. Gallen bezeugt, die sich zweifelsfrei auf Bonndorf im Schwarzwald bezieht.

▶ Signau

Signau besteht nur aus einem halben Dutzend Häusern. Zwei große Höfe bilden den Kern dieses zu Grafenhausen gehörigen Weilers. Hier sollen einst die »Edlen von Signau« ihren Sitz gehabt haben. Im Jahr 1052 schenkte Graf Eberhard III. von Nellenburg dem Kloster Allerheiligen unbewohnte Ländereien um den Schluchsee und das Gebiet um das heutige Grafenhausen. Um 1079 ließen sich die ersten Menschen dort in einer Siedlung »Gravenhusin« nieder, also in der Siedlung des Grafen. Hubert Reisch, Heimatchronist aus Häusern, sieht die Anfänge dieser Siedlung mindestens drei Jahrhunderte früher: »Der Ort selbst und das ›Haus des Grafen‹ mag seinen Anfang im 8. oder gar 7. Jahrhundert suchen«, schrieb Reisch.

Spätestens im 14. Jahrhundert bekam diese inzwischen mit Stadtrechten ausgestattete Ortschaft Grafenhausen ein burgähnliches Schloss, vermutlich erbaut von den Edlen von Roth, den von den Nellenburgern eingesetzten Ortsadligen. Das dreistöckige Gebäude mit dicken Mauern und imposanten Bogenfenstern stand bis 1895, ehe ein Brand es zerstörte und am gleichen Platz ein Holzhändler sein Anwesen errichtete. Wenn es also im Weiler Signau eine weitere Burg bei Grafenhausen gegeben haben soll, dann müsste sie existiert haben, bevor die Grafen von Nellenburg hier ihre Herrschaft antraten. Der Weiler Signau liegt auf einer Höhe, etwa eine Viertelstunde Fußweg westlich der Gemeinde Grafenhausen, zu der er heute als Ortsteil gehört. Auf der Höhe über dem Tal der jungen Mettma sollen noch um 1900 Burgtrümmer sichtbar gewesen sein, der Grundriss eines viereckigen Turms und das Fundament eines Wohngebäudes. Der Platz hätte eine gewisse Logik als Sitz einer Burg. Von hier hätte sie nicht nur über die bäuerliche Ansiedlung wachen können, es wäre auch der höchste Punkt auf dem Rücken, der das Schlücht- und das Mettmatal voneinander scheidet. Ein Nikolaus von Signau ist 1165 der früheste, urkundlich belegte Vertreter eines Adelsgeschlechts »von Signau«. Zwei Jahrhunderte später finden wir Angehörige dieser Familie in Diensten (und den Betten) der Zähringer (Anna von Signau ist die Mutter des Grafen Egon) und noch später im Umfeld der Familie der Fürsten zu Fürstenberg. Im Lexikon des Großherzogtums Baden von 1813 wird dargelegt, dass in Signau das »Stammschloss der Edlen von Signau« stand, die aus einem Adelsgeschlecht gleichen Namens im Kanton Bern entstammten. Jedenfalls betont alle Literatur, die man zu diesem Adelsgeschlecht findet, dass es sich um »edelfreie Alemannen« gehandelt habe, »die auf ganz alten, damals auch schon anderswo längst vergangenen Rechten fußten, und die von sich sagten, sie trügen all ihr Hab und Gut allein von Gott und seiner Sonne zu Lehen und von keinem Menschen, möge er noch so hoch gestellt sein.« (Zitiert nach Hermann Schneider-Strittmater, Schwarzwälder Bote vom 8. Juli 1961). Die Burg Signau ist demnach älter gewesen als das Grafenhausen der Nellenburger und der Herren von Roth und höchstwahrscheinlich mit deren Auftauchen dann verlassen oder gar zerstört worden.

▶ Tombruck

Gegenüber den Rappenfelsengruppen am rechten Ufer der Schwarza, keine 2 Kilometer von Höchenschwand entfernt, findet sich in allen gängigen Karten auch heute noch der Gewannname »Burg«. Es handelt sich um den Platz, an dem eine abgegangene mittelalterliche Burg vermutet wird. Nach Süden ist die Burgstelle vom Tombach (Taubach) begrenzt. Sie liegt etwa 150 Meter über dem Talgrund der Schwarza

▲ Dieser Weg heißt Burgweg. Auf der ebenen Fläche rechts vom Weg soll der Burgplatz gewesen sein.

auf einem Felskopf, der nicht weit vom großen eiszeitlichen Moränenblockmeer oberhalb des »Eislochs« entfernt ist. Der heute kaum noch benutzte sogenannte Eislochpfad dürfte der kürzeste Weg vom Tal hinauf zur Burg gewesen sein. Vom Tal aus ist die Burgstelle kaum ausfindig zu machen. Im 19. Jahrhundert waren nach Eduard Schuster noch Mauer- und Gewölbereste vorhanden, heute ist aber alles mit Wald überwachsen. Ausmessungen von Heinz Voellner haben einen Turm von 12 Metern im Quadrat ergeben. Man findet zusätzlich auf dem Weg vom Sägebächle hinauf zum Burgplatz zahlreiche auffällige Mauerzüge, Steinaufhäufungen, Gräben und Erdwälle im Wald, ein Hinweis auf »mehrere Hofgüter mit großen Weideflächen«, von denen bei Heinz Voellner die Rede ist. Sicher ist, dass diesen Abhängen zur Schwarza hin einstmals größere Bedeutung als in der Gegenwart zukamen. Die Burg soll eine an dieser Stelle über den Bach führende Brücke bewacht haben.

Wahrscheinlich ist diese Turmburg schon sehr früh vom bis hierher vorgedrungenen Kloster St. Gallen zum Schutz seiner entlegenen Güter erbaut und dann zum Lehen an eine Dienstmannenfamilie des Klosters gegeben worden. Edle von Tombruck tauchen zwischen dem 12. und dem 14. Jahrhundert in Urkunden auf. So zum Beispiel »Herimannus de Tombrugo miles«, also der Soldat Herimannus von Tombrugg im Jahre 1168. Die Beifügung »miles« zeigt: Es handelte sich um eine Dienstmannenfamilie, vermutlich des Klosters St. Gallen, die möglicherweise den ursprünglichen Turm zu einer kleinen Burg ausbaute. Nach den Edlen von Tombrugg folgten als Burgherren die Herren von Dettingen. Überliefert ist der Name des »Junkhers Hans Ulrich von Tettingen ze Tombruck«. Er wird zusammen mit der Burg 1424 in einer Urkunde erwähnt, in der es um die Fischrechte in der Schwarza geht.

Als Erbauer kommen aber auch die Grafen von Nellenburg in Betracht, die Güter im Schlücht- und Schwarzatal zu schützen hatten. Das würde in die Zeit vor 1000 n. Chr. deuten, denn ab dem 11. Jahrhundert beherrschten die Bruderhöfe des Klosters St. Blasien bereits den Höchenschwander Berg. Dann wären die Edlen von Tombruck und die Herren von Tettingen lediglich spätere Nutzer und Bewohner gewesen.

Wann die Burg Tombrugg verlassen und dem Zerfall preisgegeben wurde, ist nicht überliefert. Letztmals ist die Burg 1480 bezeugt, 1569 wird auch die aus mehreren Höfen bestehende Vogtei Tombrugg noch erwähnt. Wir lesen ein letztes Mal vom Vorhandensein von Burgruinen »rudera castri Tombrugg« 1783 bei Fürstabt Martin Gerbert, der in seiner Geschichte des Schwarzwaldes »Tombruggo castrum et nobiles«, also Burg und Edelleute, erwähnt (und dem 12. Jahrhundert zuordnet).

▶ Rappenfelsen (Reiselfingen)

Reiselfingen ist eine alemannische Ausbausiedlung (der Ort des Risolv), auf deren Gemarkung aber schon eine dichte keltische Besiedlung nachgewiesen werden konnte (siehe 1. Kapitel, Abschnitt »Rätsel und Spekulation«, Schellenfrauenbuck). In der schriftlosen Zeit zwischen Alemannen und fränkischer Besitznahme könnte auch jene Burg erbaut und genutzt worden sein, die nach Angaben der Reiselfinger Chronik von Theodor Laubenberger auf einer Bannkarte aus dem 18. Jahrhundert im F.F. Archiv in Donaueschingen für Reiselfingen notiert ist. Diese Karte zeigt im Tal östlich von Dietfurt auf einem Rutschkegel noch das Symbol für eine Burg. Vor Ort sucht man vergebens nach irgendwelchen Hinweisen. Vermutlich stand diese Burg auf dem Rappenfelsen über dem Abgang zur Dietfurt in der Wutachschlucht und war ähnlich wie Tannegg auf der anderen Seite der Dietfurt zum Schutze dieser bedeutsamen Furt erbaut worden. Laubenberger schreibt dazu: »Aber sowohl von dieser, als auch von einer anderen Burg, deren geringe Reste auf einem Bergkegel auf der Eichstauder Halde man findet, weiß die Chronik nichts zu melden. Keine Urkunde und kein Dichter besingt uns die Namen und Taten der Edlen, die in diesen festen Mauern hausten und deren Einfluss auf die Geschicke unseres Dörfchens gewiss nicht gering war.«

▶ Enkenstein

Drei Urkunden aus der Geschichte von Rötenbach aus den Jahren 1578, 1658 und 1784 erwähnen in verschiedenen Schreibweisen ein Gewann Enkenstein beziehungsweise Enggenstein (an dem engen Stein). Nach dem Wörterbuch der Gebrüder Grimm bedeutet »Enken« so viel wie die noch sichtbaren Ruinen einer Burg. In der Deutschen Namenskunde von Adolf Bach steht enc(k) für »bebautes Land«. Eine Analogie findet man bei Schopfheim, dort ist der Ortsteil Enkenstein auch als »Bürgle« bekannt, als Platz einer abgegangenen einstigen Burg. Ein Gewann dieses Namens gibt es heute freilich in Rötenbach nicht mehr. Lediglich ein Waldplatz oberhalb des Kappel-Gutach-Viadukts hart an der Rötenbacher Gemarkungsgrenze am Kappeler Weg heißt noch so. Ein Wanderweg »Enkensteinerweg« führt dort von der »Schanz« durch den »Gatterwald« an jene Stelle, wo es noch bis 1921 den Enkensteiner Hof gab. Von ihm findet man sogar noch Grundmauern und kann sehr gut den einstigen Hofplatz identifizieren. Der Ort könnte auch gut als Burgplatz passen, denn er liegt wie so viele Burgplätze an der Kante zur Wutachschlucht und bietet einen guten Ausblick ins Gutachtal Richtung Neustadt,

▲ Während von einer einstigen Burg Enkenstein nichts zu finden ist, sind die Fundamente des einstigen Enkensteiner Hofes zwar überwachsen, aber noch noch gut im Gelände zu erkennen. Hier das südwestliche Gebäudeeck.

ebenso in Richtung Kappel. Hier steigt heute (noch) der Weg ab, der hinunter in die Wutachschlucht und auf der Kappeler Seite wieder hinauf auf die Höhe führt. Um einer Burg Enkenstein Sinn zu geben, müssten der Verkehrsweg von Neustadt/ Honvirst her kommend beziehungsweise eine Furt über die Wutach Richtung Kappel die eigentlichen Schutzobjekte einer solchen Burg gewesen sein. Das ist zwar höchst spekulativ wie alles, was uns in die vorschriftliche Zeit führt, aber auch nicht völlig von der Hand zu weisen.

▶ Brandenburg-Galgenbühl

Die mindestens 16 Burgen im Dreisamtal, von denen Hans Konrad Schneider und Fritz Röhrl in ihrem Buch »Zauberisches Dreisamtal« sprechen, haben ganz sicher nicht zeitgleich nebeneinander existiert. Einige sind klar den Falkensteinern und den Zähringern zuzuordnen, bei einigen ist das aber eher unwahrscheinlich. Sie müssen schon vor diesen urkundlich gut belegten Adelsfamilien existiert haben. Eine davon war die Brandenburg, die unweit des Dorfes Burg und des Weilers Brand auf dem sogenannten Galgenbühl gestanden haben soll. Dass schon um 1900 »davon keine Spur zu finden« war, wie Eduard Schuster beklagte, muss nichts heißen. Die Generation vor ihm kannte noch Mauerreste auf jenem Bergkegel, der Unteribenbachtal und Rechtenbachtal trennt. Schuster spekuliert aufgrund der Örtlichkeit – ein längliches Oval von 50 Metern Länge und 15 Metern Breite, das durch einen schmalen und 8 Meter tiefer liegenden Grat mit dem Bergrücken verbunden ist –, dass hier lediglich ein Ringwall mit Turm stand. Das wäre eine sehr frühmittelalterliche, vielleicht sogar keltische Architektur.

Oberflächenbegehungen in den letzten Jahren haben immerhin einige Keramikscherben aus dem 13. und 15. Jahrhundert zutage gefördert. Die nähere Untersuchung der Burgstelle und eines knapp 300 Meter entfernten Platzes auf einem Ausläufer des Galgenbühls ergab jeweils verschiedene Hinweise auf ehemalige Wehranlagen (zum Beispiel Gräben, Rampen, Einmuldungen etc.), so dass die Burgenforscher inzwischen gar von zwei Burgen auf diesem Höhenzug sprechen, von der Brandenburg und der Burg Galgenbühl. Wobei beide Namen nicht die authentischen Namen der einstigen Burgen waren, sondern später vergeben wurden, als die Burgen bereits nicht mehr existierten. Für einen Ortsadel, der diese Burganlagen gebaut haben könnte, gibt es keinerlei Quellenbelege, auch die Bauten selbst tauchen in keinen Urkunden auf. Vieles deutet darauf hin, dass sie aus vorfalkensteinischer Zeit stammen, als auf der Nordseite des Dreisamtals noch nicht das Höllental, sondern, als Erbe der Römerzeit, das Wagensteigtal die bevorzugte West-Ost-Route gewesen ist. Die Wehranlage(n) auf dem Galgenbühl müssen in sehr frühen Zeiten dem Schutz und der Kontrolle der von hier ins Wagensteigtal führenden frühmittelalterlichen Verkehrsverbindung gedient haben.

LOKALER ADEL IM MITTELALTER

Einführung

Bei unserem Untersuchungsgebiet »Hochschwarzwald« sprechen wir über die historische Nahtstelle zwischen drei karolingischen Gauen, also Grafenherrschaften, die am Gebirgsstock des Feldbergs zusammentrafen. Die Grenzen am Seebach, Titisee und Jostälereck lagen schon früh fest und tauchen in Schenkungsurkunden, Zinsrodeln und klösterlichen Güterverzeichnissen als altüberliefertes Wissen auf. Im Süden und Südosten des Schwarzwaldes reichte der Albgau oder Alpgau (Albegowe) vom Hochrhein bis in das Schluchseegebiet und das obere Haslachtal, entlang der oberen Wutachschlucht bis nach Bonndorf und Gündelwangen. Im Osten lag am jenseitigen Ufer der Wutach und bis in den Hochschwarzwald bei Rötenbach und Neustadt die Bertholdsbaar, und im Westen und Norden grenzte der Breisgau (Brisgove) an, zu dem noch das gesamte Dreisamtal, die Höhen über Breitnau und St. Märgen und die westlichen Flanken des Feldbergs gehörten.

Die Einteilung des von den Alemannen eroberten Landes in Gaue erlaubte es den fränkischen Königen, Grafen einzusetzen, die diese Gaue kontrollierten und verwalteten. Jene Gebiete, die diese Grafen nicht selbst kontrollierten und an denen auch der König kein Eigeninteresse hatte, vergaben die Grafen selbst oder der König zu Lehen an loyale Vasallen oder an Klöster, die sie häufig selbst gründeten und reich beschenkten. Bei den mit solchen Lehen und Herrschaften ausgestatteten Edlen handelte es sich oft um nahe Familienmitglieder oder aus den alten fränkischen und alemannischen Stämmen hervorgegangene Fürsten. Letztere waren mit hohem Selbstbewusstsein ausgestattet; vielfach leiteten sie ihre herrschaftliche Legitimation von uralten Adelsrechten ab.

Sowohl die Klöster als auch die Edelfamilien und Ritter, die mit Herrschaften ausgestattet waren, erbauten sich zum Schutz, zur Repräsentation oder zu beiden Zwecken Burgen und Herrensitze. Es handelte sich hierbei um lokalen Adel, der selbstständig handelte und über eigene Ortschaften und Leibeigene verfügte. Dennoch darf nicht außer Acht gelassen werden, dass diese Adelsfamilien sich gegenseitig durch Hochzeiten, Lehensvergaben, Kriegszüge und Orts- sowie Klostergründungen in vielfältige Abhängigkeiten untereinander brachten. So finden wir rund um die Zähringerherzöge und später die Grafen von Urach und Fürstenberg ein Konglomerat von teils namhaften und selbstbewussten Adelsfamilien, die vielfach untereinander verschwägert und verschwistert waren.

Die Namen der wichtigsten Ritterfamilien, die für diese Entwicklung stehen, haben heute noch ihren Klang: Blumegg, Roggenbach, Falkenstein, Schellenberg, Tannegg, Krenkingen, um nur einige aufzuzählen. Dennoch, oder gerade wegen dieser regionalen Diversifizierung, befanden sich die oben erwähnten Gaue (wobei die Bezeichnung Baar für ein herrschaftliches Gebiet ähnlich einem Gau steht) um die Wende vom 10. zum 11. Jahrhundert in ihrer ursprünglichen Form als jeweils geschlossene Herrschaft bereits in Auflösung. Vielfach sind sie, zusammengehalten durch die oben geschilderten Familienverflechtungen, in kleine und kleinste Regional- und Lokalherrschaften zerfallen. Im Albgau behielten die Grafen von Stühlingen, später ihre Nachfolger, die Herren von Lupfen, ihre dominierende Stellung, im Breisgau waren es zunächst die Zähringerherzöge, dann ihre Nachfolger, die Grafen von Freiburg, und auf der Baar hatten die Fürsten von Fürstenberg das Sagen. Im Umkreis der Freiburger Grafen und gespeist durch die Erlöse aus dem Bergbau am Schauinsland wurden auch städtische Patrizierfamilien groß, die sich dann, beschleunigt durch geschickte Heiratspolitik, zu städtischem Kleinadel aufschwangen, wie etwa die Freiburger Familien Schnewlin, Kolmann und Turner.

Oft förderten die »Großen« auch die Ansiedlung von außen kommender, bisweilen miteinander rivalisierender politischer Kräfte, mit deren Hilfe sie sich beim Vordringen in den »Wald« Burgstützpunkte errichteten. Diesen Bewegungen widmen wir uns im 5. Kapitel »Die Burgen der Zähringer und Fürstenberger«, während es hier zunächst um den oben erwähnten lokalen Kleinadel gehen soll. Die Zeiten dieser Lokalherrschaften und ihrer Burgen als Machtzentren gingen spätestens mit dem Bauernkrieg im frühen 16. Jahrhundert zu Ende. Schon zuvor zeichnete sich im 15. Jahrhundert eine starke Landflucht ab. Plötzlich wurden die Städte zu Zentren des Fortschritts. Die Burgen wurden zerstört oder verlassen, sie zerfielen, verschwanden unter wucherndem Bewuchs, wurden als Steinbrüche für den Aufbau von Höfen und Amtshäusern verbraucht und gerieten in Vergessenheit. Die einstigen Bewohner zogen in die Städte, nach Freiburg, Waldshut, Villingen, Basel, Schaffhausen oder Breisach, wo man die Adelsfamilien noch bis ins 18. und 19. Jahrhundert in den Standesamtsbüchern findet, bisweilen sogar bis heute.

Blumegg

Die Burg Blumegg und das namensgebende Herrschergeschlecht der Edlen von Blumegg nahmen maßgeblichen Einfluss auf die Herrschafts- und Besitzverhältnisse im gesamten oberen Wutachtal und in den Ämtern Bonndorf und Lenzkirch. Das Geschlecht der Blumegger (auch Blumek, Blumenegg, Blumeck und weitere Schreibweisen), das sich als eine Seitenlinie von den Herren von Blumberg abspaltete, wird schon im 10. Jahrhundert in Urkunden genannt. Das Geschlecht war im Klettgau, Albgau und Breisgau weit verbreitet und mit nahezu allen wichtigen Adelsfamilien dieser Gaue durch Heirat verwandtschaftlich verbunden. Seinen Stammsitz aber hatten die Blumegger bei dem auf der Ebene über der Wutachschlucht gelegenen gleichnamigen Dorf Blumegg. Vor dem 16. Jahrhundert hieß das Dorf »Ebny«. Es gilt als uralt, man hat dort sogar römische Funde gemacht. Die Burg selbst wurde erstmals 1292 erwähnt, müsste aber wie das Geschlecht »von Blumegg« als dessen Stammburg schon im 10. Jahrhundert existiert haben. Möglicherweise haben die Blumegger dort ganz gezielt gebaut, weil es nach ihrer Abspaltung von den Blumbergern und der damit einhergehenden Herrschaftsteilung notwendig geworden war. Die Burg stand auf einer kleinen, isolierten Felsnadel, die sich aus den Wutachflühen erhebt und auf deren verwitterten und stark dezimierten Resten wir heute noch die kümmerlichen Überreste der Burgruine finden. Laut Heinz Voellner gehörte zu der Burg auf dem Fels auch noch eine ältere Vorburg, die etwa 800 Meter nordöstlich in den Wutachflühen stand. Man findet von ihr beim Abstieg vom Ruinenplatz in die Wutachschlucht nicht nur Mauerreste, an sie erinnert auch noch der Flurname »Vorburg« in älteren Karten. Ein anderer Flurname dort lautet auch »Faßnegg«, was Heinz Voellner als »Wasenegg, Burg an der Wiese« deutet. Im Bereich dieser Vorburg, jedenfalls unten in der Wutachhalde, hat sich zu Zeiten der Burg wohl auch eine kleine, zur Burg gehörige Siedlung befunden. Man erkennt das an den terrassierten und von etlichen menschlichen Eingriffen veränderten Geländeformen unterhalb der Burg. Auch der Hohlweg, der von unten zur Felsnadel führt, muss in diesem Kontext angeführt werden.

Neben dem hauptsächlichen Zugang zur schier unangreifbaren Burg Blumegg, der über einen schmalen und über künstliche Rampen und Brücken geführten Pfad aus der Wutachschlucht heraus erfolgte, soll es auch einen abenteuerlichen Steg oder eine Brücke vom Felsklotz, auf dem die Burg stand, hinüber zur Ebene gegeben haben, wo wir heute das Dorf Blumegg finden. Das erscheint aus heutiger Sicht unmöglich. Der aus Muschelkalk bestehende Felsklotz ragt noch heute rund 30 bis 40 Meter aus der Schlucht empor. Von Oberkante zu Oberkante gemessen klafft zwischen ihm und der Ebene aber eine Kluft von rund 60 Metern Breite. So breit waren die Abstände allerdings nicht immer. Ursprünglich haben Burgfelsen und Ebene zusammengehangen, bis sich vor erdgeschichtlich gar nicht allzu langer Zeit (vielleicht vor 10.000 Jahren) der Burgfelsen von der Hochebene löste und in die Mergelschichten des Mittleren Muschelkalks abrutschte. Bergrutsche, Felsstürze, Unterspülungen, Einbrüche und Verwitterung haben dann die weitere Erosion des Felsklotzes bewirkt. Diese Kräfte wirken bis heute und werden eines Tages auch den restlichen Felsen zusammenbrechen lassen. Rund um den Felsklotz zeugen die aufgehäuften Steintrümmer auf jeden Fall von den gewaltigen Zerstörungen, die hier über die Jahrhunderte hinweg eingetreten sind.

◀ Die Burg stand auf einer kleinen, isolierten Felsnadel (links), die sich aus den Wutachflühen erhebt. Rechts ist der steile Trauf der Hochebene zu erkennen, auf dem sich das Dorf Blumegg befindet.

▲ Auf dem Plateau, das einst die Burg Blumegg trug, findet man heute noch Wälle, Konturen der Grundmauern und einige wenige Stein- und Mauerreste.

Vorerst aber erkennt man noch, was da einst gewesen ist. Das Plateau des Felsklotzes, auf dem die Hauptgebäude der Burg standen, existiert noch. Man kann es mit ein bisschen Geschick erklettern, von den einstigen regulären Burgaufgängen ist nichts mehr vorhanden. Oben findet man eine ovale, ebene Fläche, durchsetzt von einigen Gräben und Aufschüttungen. Das Plateau ist maximal 8 Meter breit und etwa 35 Meter lang. Auch Mauerreste sind noch vorhanden. Auf dieser schmalen und nach allen Seiten senkrecht abstürzenden Fläche muss die Burg Blumegg einst gestanden sein. Die Burg bestand aus einer Vorburg am südwestlichen Fuß des Felsklotzes, die man von unten über den erwähnten Pfad kommend über eine Zugbrücke betrat. Hier müssen sich Ställe und Wirtschaftsgebäude befunden haben, denn nur bis hierher konnte man Pferde mitnehmen. Noch heute findet man Mauerreste an dieser Stelle. Auch hier haben Abstürze und Einbrüche das ursprüngliche Bild zerstört. Heinz Voellner vermutet eine kleine Bastion an dieser Vorburg. Heute klettert man hier über zerklüftete Felsbrocken und teilweise aus dem Fels herausgehauene Spalten und Höhlungen.

▶ Letzter Mauerrest an der Steilwand.

Die Hauptburg erhob sich dann rund 10 bis 15 Meter höher. Wie man sie erreichte, kann man heute nur noch vermuten, denn die Passage ist durch Absturzmassen verschüttet. Außerdem hat sich hier der Felsklotz gespalten und einen Spalt gebildet, auf dessen Geröll man sich heute hochhangeln kann. Unter diesem Spalt und seinem Schutt vermutet Heinz Voellner die einstige Treppe zur Hauptburg hinauf. Man erkennt oben auf dem Sims, zu welchem die Treppe geführt haben muss, noch ein Mauerstück aus großen Kalkquadern.

Eine vage Beschreibung der Burgruine um 1850 lieferte der Dichter Joseph Victor von Scheffel in seiner Rittererzählung »Juniperus«. Dort ist die Rede von einem viereckigen Turm am Westende des Plateaus. Heute kann man an jener Stelle noch von Bäumen überwachsene Aufwölbungen erkennen, unter denen sich vermutlich die Mauerreste befinden. Auf der Ostseite des Plateaus soll sich der Palas befunden haben, das Herrschaftshaus. Noch zwei weitere kleinere Gebäude und ein Burghof sollen auf dem Plateau Platz gefunden haben.

Mindestens seit 1420 war die Burg Blumegg verlassen, denn da wird sie in

Urkunden bereits als Burgstall bezeichnet. Bis heute hält sich in einschlägigen Beschreibungen und Internetartikeln aber die Behauptung, die Burg sei erst im Dreißigjährigen Krieg 1645 vom französischen Feldherrn de la Valette verbrannt und endgültig zerstört worden. Dabei liegt eine Verwechslung vor, denn es war 1644 die Burg Blumberg auf der anderen Wutachseite, die nach längerer Belagerung von la Valette eingenommen und niedergebrannt wurde.

Von ihrem Stammsitz Blumegg aus haben die Edlen von Blumegg zwischen dem 13. und 15. Jahrhundert die Geschicke der Region maßgeblich mitbestimmt. Ritter Heinrich von Blumegg vereinigte Mitte des 13. Jahrhunderts die Herrschaften Blumegg, Blumberg und Lenzkirch und fasste Fuß auf Burg Urach in Lenzkirch (siehe 4. Kapitel). Diesen Heinrich und dessen Sohn Egon nannte Graf Egino V. von Urach »sine Oheime«. Egino V. war der Vater des ersten Fürstenbergers Heinrich I. Dies zeigt, wie früh die Geschlechter der Blumegger und Fürstenberger bereits miteinander verwoben waren. Es muss bereits zu Zeiten der Zähringerherzöge engste Verbindungen gegeben haben. Victor von Scheffel nannte die Blumegger »Dienstmannen der Zähringischen Herzöge«. Zum weiteren vorübergehenden Besitz der Blumegger gehörten auch die Burgen Tannegg (siehe 2. Kapitel) und Neu-Tannegg (siehe nächster Abschnitt), Teile von Tiengen, Lenzkirch, Göschweiler mit der Burg Stallegg (siehe Abschnitt »Stallegg«), Raitenbuch und Hüfingen, die Dörfer Aselfingen, Fützen, Grimmelshofen und Lausheim. Das Blumegger Gebiet reichte bis zum Feldsee und zum Titisee. Konrad von Blumegg wurde 1313 in der Kirche von Lenzkirch bestattet. Im Jahr 1491 verkauften die Herren von Blumegg ihre Lenzkircher Besitzungen gegen 6600 Goldgulden an das inzwischen mächtig erstarkte Haus Fürstenberg. Den Besitz an Tannegg und Neu-Tannegg, den die Herren von Blumegg erwarben, fügten sie in die Herrschaft Bonndorf ein. In Bonndorf hielt sich die Adelsfamilie ungefähr ein Jahrhundert lang, ehe sie etwa um 1366 von den Edlen von Wolffurt abgelöst wurde. Heinrich von Blumegg war verheiratet mit Adelheid (Udilhild) von Fürstenberg. Er verkaufte in jenem Jahr an Egloff von Wolffurt, um seinem Schwager, dem in finanzieller Not befindlichen Fürsten zu Fürstenberg, zu helfen. Der Vorgang zeigt erneut, dass die Blumegger, so sehr sie ein reiches und angesehenes Geschlecht waren, ihren Lehensherren, den Landgrafen der Baar, verpflichtet waren, so weit, dass sie sogar ihre Stammherrschaft opferten. Mit Gaudenz von Blumegg, der Schultheiß von Freiburg und Obervogt der Herrschaften Schwarzenberg und Kastellberg bei Waldkirch war, starb das Geschlecht der Blumegger im Mannesstamm aus. Er starb 1574 als österreichischer Oberamtmann auf Schloss Dachswangen bei Umkirch.

▲ Der Lenzkircher Maler Felix Faller hat im 19. Jahrhundert noch Reste der Burg vorgefunden, die ihn zu dieser Skizze inspirierten. Die Bleistiftzeichnung von 1864 wird im Augustinermuseum Freiburg (Graphische Sammlung) aufbewahrt.

Neu-Tannegg bei Boll

Nicht weit vom einstigen Kurort Bad Boll, unten in der Wutachschlucht, steht auf halber Höhe am Weg Richtung Boll auf einem steilen Felsvorsprung die Ruine der einstigen Burg Boll, besser bekannt als Neu-Tannegg. Sie ist auf drei Seiten von tiefen Schluchten umfasst und zum Bergrücken hin durch einen heute noch gut sichtbaren Halsgraben gesichert. Der Burgplatz entspricht also dem damals gängigen Muster aller Burgen oberhalb der Wutachschlucht. Sie befanden sich alle auf scharfen Felsvorsprüngen oberhalb der Schlucht, mit einer Seite zur Ebene über der Schlucht hin orientiert, wo in der Regel die zur Burg gehörenden Höfe und Ortschaften lagen. Der heutige Fußweg von Boll hinunter in die Wutachschlucht, der an der Ruine vorbeiführt, dürfte in seinem wesentlichen Verlauf auch der historische Zugang zur Burg gewesen sein. Vom oberhalb gelegenen Dorf Boll ist diese Ruine nur wenige Gehminuten entfernt. Mit etwas Fantasie entsteht ein Bild, wie sie einst sowohl das Dorf als auch die tief unter ihr liegende Wutachschlucht beherrscht haben dürfte.

Obwohl die Ruine äußerst baufällig und deshalb auch offiziell für Begehungen gesperrt ist, imponiert sie immer noch durch die hochaufragende Südfassade des einstigen herrschaftlichen Palas, die drei, vielleicht sogar vier Stockwerke hoch, über den Wipfeln eine schwarze Wand mitten im Wald bildet. Die toten Fensterlöcher starren an nebligen Tagen gespenstisch auf den Wanderer herab. In den oberen beiden Stockwerken sind diese Fenster als verschieden große Lichtöffnungen ausgeführt, im unteren Geschoss sind es lediglich Mauerschlitze, die zweifelsfrei zur Verteidigung dienten. Heinz Voellner spekuliert, dass das Eingangsgeschoss und das erste darüberliegende Geschoss lediglich Vorratsräume und Küche enthielten, das dritte Geschoss das Wohngeschoss gewesen sei und sich im vierten, etwas vorkragenden obersten Stockwerk, die Schlafgemächer befunden haben.

Ein Teil der ehemaligen Ringmauer ist ebenfalls noch erhalten. Das Ruinenareal ist weitläufig, aber nur halbherzig abgesperrt, so dass es immer noch eifrig von Wanderern besucht wird. Die Absperrungen sind allerdings gerechtfertigt, denn dass der Berg noch einmal rutscht oder die Mauerreste demnächst von allein zusammenbrechen, kann niemand ausschließen. Die ursprüngliche Burg war vielleicht 70 Meter lang und etwa 30 Meter breit. Von diesen Ausdehnungen ist heute nichts mehr zu sehen, denn der nördliche Teil der Burg ist um 1400 bei einem Bergsturz mitsamt dem Fels in die Tiefe gestürzt. Nach diesem dramatischen Schicksalsschlag, bei dem möglicherweise auch Burgbewohner, Menschen und Tiere, ums Leben kamen, wurde Neu-Tannegg aufgegeben und bis heute dem Verfall preisgegeben. Einige Bauelemente der Burg weisen auf eine Erbauung erst nach 1200 hin.

Es waren möglicherweise die Herren von Boll, die Edlen von Bolle, die in unbekannter Zeit dieses Schloss erbauten. Sicher ist das aber nicht. Das Dorf Boll bestand laut Albert Kürzel ursprünglich nur aus einem einzigen Hof, das »Haus zu Boll« genannt. Fürstabt Gerbert ordnet in seiner Geschichte des Schwarzwaldes die Familie von Boll(e) unter Berufung auf die »Genealogia diplomatica« des Klosterschreibers Marquard Herrgott dem 12. Jahrhundert zu. 1257 wird in Urkunden ein Frater Albert von Bolle erwähnt. Die nächste urkundliche Erwähnung der Edlen von Boll stammt aus dem Jahr 1296 und markiert unmittelbar den Niedergang dieser Familie. Es handelt sich um eine Schenkungsurkunde, bei der Ritter Peter von Boll zugunsten des Klosters St. Blasien auf all seine Güter in Bonndorf verzichtete. Da Ritter Peter in dem Brief über seinen Verzicht den Abt von St. Blasien seinen »Herrn« nannte, ist anzunehmen, dass er sich selbst als Mönch in das Kloster begab.

Kürzel glaubt, dass die Ritter von Boll Dienstmannen der Freiherren von Krenkingen waren, die im Klettgau und an der mittleren Wutach begütert waren. Allerdings räumt er ein, dass es keine verlässlichen Informationen gibt, wie lange diese Familie von Boll geblüht hat und wann sie erloschen ist. Es ist nicht einmal sicher, ob

◀ Wenn im Herbst die Wälder ohne Blätter sind, sieht man die Reste von Neu-Tannegg vom Wanderweg aus, der von Boll in die Wutachschlucht führt.

▶ Auch heute noch imponieren die mächtigen Mauern des einstigen Palas.

sie die Erbauer der Burg Boll waren, denn vieles spricht dafür, dass sie das oben erwähnte »Haus zu Boll« bewohnten und von dort aus ihre kleine Herrschaft verwalteten.

Wer waren dann die Erbauer? Vermutlich schon kurz vor oder nach 1250 bezogen die Freiherren von Tannegg die Anlage. Vielleicht gab es schon einen älteren Vorgängerbau, aber die heute sichtbaren Reste weisen auf eine Bautechnik nach 1200. Die Edlen von Tannegg nannten dieses neue Schloss nun »Neu-Tannegg«, zur Unterscheidung von »Alt-Tannegg«, ihrer wutachabwärts nur wenige hundert Meter entfernten Stammburg, die sie wiederum von einem Vorgängergeschlecht »von Tannegg« übernommen, jetzt aber wegen Baufälligkeit oder der ungünstigeren Lage verlassen hatten. (siehe 2. Kapitel).

▼ Diese gut erhaltenen Balkenlöcher zeigen an, in welcher Höhe sich einst das erste Obergeschoss des Palas befand.

Neu-Tannegg war für die damalige Zeit ein prunkvolles und geräumiges Gemäuer. Die Burg bestand aus einem großen Wohngebäude, dem dreigeschossigen Palas, umgeben von einem inneren Mauerkreis und einem äußeren Mauerwall, der gleichzeitig die Vorburg einschloss. In dieser Vorburg befanden sich vermutlich Stallungen und aus Holz erbaute Wirtschaftsgebäude. Der Zugang zur Burg erfolgte über eine Toranlage, die den Besucher durch einen schlauchartigen Zwinger in die Vorburg lenkte. Von diesem Torbau ist ebenfalls noch ein Mauerrest erhalten. Derartige Zwingerbauten sind laut Voellner erst nach den Kreuzzügen üblich geworden, was wiederum einen Hinweis auf die Erbauung von Neu-Tannegg nach 1200 liefern könnte. Auch das überkragende oberste Stockwerk am Palas ist eine architektonische Errungenschaft aus der Kreuzfahrerzeit. Einen weiterer Hinweis auf das späte 12. oder frühe 13. Jahrhundert als Erbauungszeit liefert die von Buckelquadern durchsetzte Außenmauer. Dies ist charakteristisch für viele Burgen aus staufischer Zeit.

An der Torseite, die zum Dorf Boll hin lag, schützte ein tiefer Graben die Burg vor unwillkommenen Besuchern. Man kann ihn heute noch im Gelände gut erkennen. Einen Turm scheint die Anlage nicht besessen zu haben.

Den Burgherren von Tannegg oblag die wichtige Aufgabe, den Handelsweg zwischen der Baar und dem Hochrheingebiet zu überwachen. Dieser Weg, auch »Rennweg« oder »Hochstraße« genannt, führte durch die Wutachschlucht, wo unter der Burg die Dietfurt, die einzige verlässliche Querung, existierte, die auch für Ochsen-

◀ Erst die Obergeschosse des Palas beherbergten Wohnräume und waren mit Fenstern ausgestattet. Das Erdgeschoss verfügte lediglich über Schießschartenschlitze.

karren und Pferdefuhrwerke gangbar war. Erlewin von Tannegg, Burgherr um 1259, sowie seine Vor- und Nachfahren, kontrollierten jede Getreide-, Wein-, Salz- oder Tuchlieferung, die über diesen Weg transportiert wurde. Jedes schwer beladene Fuhrwerk, welches sich von der Reiselfinger Seite der Wutachschlucht herabquälte und dann durch die Furt rollte, war schon von den Zinnen der Burg Neu-Tannegg aus zu sehen. Genz nebenbei gelten die Ritter von Tannegg auch als die ersten Nutzer der unweit gelegenen Schwefelquellen, aus denen später das Kurbad Bad Boll werden sollte. Man schätzte das stark erdige Wasser als Heilquelle gegen Krätze und Hautausschläge.

1294 erwarben die Herren von Blumberg die Tannegger Herrschaft und gaben sie an ihre Verwandtschaft weiter, an die Familie von Blumegg. Diese wiederum kam 1305, wie weiter oben bereits dargestellt, zusätzlich in den Besitz der Herrschaft Bonndorf und verwaltete diese Herrschaft von Neu-Tannegg aus. Ritter Heinrich von Blumegg verkaufte die Burg »Neu-Tannegg« dann 1366 »mit Leuten und Gütern und allen Zugehörden« an Ritter Egloff von Wolffurt, dieser bald darauf an die Edlen von Rechenberg und diese wiederum 1467 an Graf Johann von Lupfen. Zu diesem Zeitpunkt war die Burg aber bereits zerstört und verlassen, vermutlich seit dem oben erwähnten Bergrutsch, der um 1400 stattgefunden haben muss. Seit 1460 taucht Neu-Tannegg in den Urkunden nur noch als Burgstall auf, als unbewohnte Ruine also. Diese Ruine fiel im 17. Jahrundert an das Kloster St. Blasien, 1806 an den badischen Staat.

Stallegg

Diese Burg ist unmittelbar im Zusammenhang mit der Furt durch die Wutach zu sehen, die heute als Stallegger Brücke immer noch den einzigen Übergang für die Straße von Lenzkirch auf die Baar markiert. Es handelt sich um einen historischen Übergang, als Brücke seit dem 17. Jahrhundert, als Furt seit dem 14. Jahrhundert urkundlich nachgewiesen. An der Brücke informiert eine Hinweistafel über ihre Geschichte. Als »Stahelegg«, »Stahilegg« oder auch »Stalleck« tritt die Burg in verschiedenen urkundlichen Erwähnungen in Erscheinung. Auch der Weg über die Stallegger Furt ist als »Stahileger Weg« vom Löffinger Heimtforscher Emil Ketterer mehrfach in historischen Quellen aufgespürt worden. So hat also die Burg Stallegg diesen Weg und die Furt beziehungsweise die Brücke bewacht. Dass die Stallegger Furt, ähnlich wie die Dietfurt bei Reiselfingen, schon zu Römerzeiten strategische Bedeutung besaß, ist unbestritten. So ist anzunehmen, dass auch in späteren Jahrhunderten die jeweiligen Ortsherren ein Interesse daran hatten, diese Furt zu sichern und zu kontrollieren. Namentlich bekannte Ortsherren treten uns aus den schriftlichen Überlieferungen aber erst im Jahr 1292 mit den Herren von Blumberg entgegen. Aus den Urkunden kennen wir zum Beispiel Johann von Blumberg, der den Beinamen »der Alte von Stallegg« trug.

Die erste indirekte Erwähnung der Burg Stallegg stammt aus dem Jahr 1244, als ein Heinrich von Stallegg zum Bischof in

▲ Nur noch diese Reste der einstigen talseitigen Außenmauer sind von der Burg Stallegg erhalten. Sie wurden vor einigen Jahren von freiwilligen Helfern im Gestrüpp freigelegt.

Straßburg ernannt wird. Der Namenszusatz »von Stallegg« legt nahe, dass er sich auf die Burg als Sitz der Familie bezog. Eine Erbauung im 12. oder frühen 13. Jahrhundert ist deshalb nicht unwahrscheinlich. Ritter von Stallegg kommen bis Ende des 14. Jahrhunderts in den historischen Quellen vor. Dann scheint das Geschlecht ausgestorben oder aus der Gegend verschwunden zu sein.

Die Herren der Burg wechselten im Laufe der Jahrhunderte und entstammten den rivalisierenden lokalen Adelsgeschlechtern. So erscheint die Burg Stallegg im 14. und 15. Jahrhundert im Besitz der Herren von Blumberg, die sich aber später mit den Herren von Almshoven und der Familie von Bern das Eigentum teilten. Die Herren von Bern standen in fürstenbergischen Diensten. Zu Beginn des 15. Jahrhunderts sind dann plötzlich die Herren von Almshofen die alleinigen Besitzer. Heinrich der Ältere von Almshoven ist 1409 als Burgherr genannt.

Die Blumberger hatten sich nämlich inzwischen einige hundert Meter wutachabwärts mit Neu-Blumberg ihre eigene Burg gebaut (siehe nächsten Abschnitt). 1510 fiel das Dorf Göschweiler und mit ihm die Burg durch Kauf an die Herren von Reckenberg. Sie mussten 1525 die Zerstörung ihrer Burg im Bauernkrieg hinnehmen, bauten sie aber anschließend noch einmal auf. Zu jener Zeit soll ein Ritter Gotzger auf der Burg gelebt haben, der nach einem Sturz vom Pferd starb und seine Frau Amalie als kinderlose Witwe hinterließ. Amalie soll noch Jahrzehnte nach dem Tod ihres Mannes auf der Burg gelebt und in der Umgebung als große Wohltäterin gewirkt haben. Sie half Notleidenden, nahm Arme auf, verköstigte Hungernde und pflegte Kranke auf ihrer Burg. So erhielt die Burg Stallegg den Namen »Amalienschlössle«. Als Amalie 1593 starb, erbten die Kinder ihrer Schwiegermutter die Burg. Diese Schwiegermutter war mit Mathias Faller, einem Müller aus Pfohren, verheiratet. Als dessen Sohn Sigmund Faller nun das Erbe in Stallegg antreten wollte, geriet er in Streit mit Fürst Heinrich X. (1536–1596) von Fürstenberg, der den Erbvertrag für ungültig erklärte und selbst Ansprüche auf Göschweiler und die Burg Stallegg erhob. Im anschließenden Erbstreit stellten sich die Bürger Göschweilers auf Fallers Seite und finanzierten ihm sogar die Reise zum Hofgericht nach Prag, wo die Gerichtsverhandlung um den Erbstreit stattfinden sollte.

▼ Diese Perspektive gibt einen Eindruck von der Steilheit des Geländes. Die Burg saß unmittelbar über dem Steilabsturz zur Wutachschlucht.

Weil die Einwohner von Göschweiler sich auf die Seite der bürgerlichen Erben schlugen, ließ der Fürst zu Fürstenberg die Rädelsführer verhaften, unter ihnen auch Mathias Faller, und das ganze Dorf niederbrennen. Daraufhin gab es eine »gütliche Einigung«, indem das Fürstenhaus an die Erben 29.000 Gulden bezahlte und dafür die Herrschaft über Dorf und Burg übernahm. Graf Heinrich von Fürstenberg übereignete sie seinem Sohn Konrad, der sich sogar nach der Burg »Konrad von Stallegg« nannte. Zwischen 1616 und 1624 muss die Burg noch Bewohner gehabt haben. Das geht aus dem Beschrieb der Seelsorgefilialen hervor, die Pfarrer Melchior Schelling und sein Kaplan Andreas Lang 1623 zu betreuen hatten: »Bachen (Bachheim), Reiselfingen, Göschweiler, Rötenbach, Dittishausen, Seppenhofen und weiterhin die Burgen Stallegg und Neuenburg«. Die letzten Burgbewohner sind also noch im Dreißigjährigen Krieg nachweisbar, dann aber wurde die Burg verlassen und 1780 von den Bewohnern Göschweilers abgebrochen. Dabei ist unklar, ob die Burg gewaltsam zerstört wurde oder allmählich immer mehr verfiel. Als Burgstall wird Stallegg zwar schon 1509 genannt, dann aber fast 90 Jahre später wieder als Schloss. Diese unterschiedlichen Bezeichnungen belegen, dass es Phasen von Zerstörung und Wiederaufbau gegeben haben muss. Denkbar und von etlichen Autoren vermutet ist auch eine Zerstörung im Bauernkrieg von 1525. Das würde aber noch nicht die Bezeichnung »Burgstall« 16 Jahre davor erklären.

Auf dem Weg von Göschweiler Richtung Wutachschlucht weist zwischen dem Hofgut Stallegg und der Stallegger Brücke ein schräg nach oben zeigendes Schild (und eine als Hexe kostümierte Vogelscheuche) den Wanderer auf die »Burg Stallegg« hin, die sich hier hinter Gebüsch und Bäumen versteckt. Es handelt sich aber lediglich um überwachsene und kümmerliche Mauerreste, die vor einigen Jahren notdürftig von den ehrenamtlichen Göschweiler »Wanderrentnern« freigelegt und gegen den weiteren Zerfall geschützt wurden. Erhalten sind auf diese Weise noch zwei gut sichtbare Mauerstücke, eines davon, 40 Meter lang und bis zu 5 Meter hoch, ist scharf am Hang gebaut, so dass es sich höchstwahrscheinlich um eine einstige Außenmauer handelt.

Einstmals hat die Burg den nach drei Seiten steil abfallenden Bergvorsprung beherrscht. Ein Halsgraben trennte sie vom Bergrücken. Durch diesen Graben steigt man heute zum Ruinenplatz auf, wenn man von der Stallegger Straße an einer leichten Wegbiegung ins Gehölz abbiegt, ehe die Stallegger Straße dann steil in die Wutachschlucht hinunter weiterführt. Es braucht ein geübtes Auge, um auf der überwachsenen Bergkuppe die architektonischen Zusammenhänge zu erahnen. Ob ein Bergfried vorhanden war, ein Palas, eine Vorburg, eine Wehrmauer – wir wissen es nicht. Eduard Schuster beklagte noch 1908, dass »noch in neuester Zeit Steine von der Ruine zu Bauzwecken weggenommen« wurden. Man weiß, dass die Mauersteine und Balken zum Wiederaufbau des 1897 abgebrannten Stallegger Hofes verwendet wurden, wo heute noch in der ehemaligen Hofschmiede ein gotischer Türbogen zu bestaunen ist, der wohl aus den Beständen der einstigen Burg stammt. Der Stallegger Hof liegt etwa 800 Meter entfernt Richtung Göschweiler und hat wohl schon immer zur Burg gehört. Auch der Kirchturm in Lenzkirch soll angeblich aus Steinen der ehemaligen Burg Stallegg gemauert worden sein.

◀ Erinnerung an die Sage vom Burgfräulein Amalie: dieser mit einer Fasnetmaske ausgestattete Wegweiser unterhalb der Ruine.

Neu-Blumberg

In der Wutachschlucht unterhalb Göschweilers ragt ein steiler Porphyrfelsen aus dem Talhang. Der Wanderer, der Richtung Schattenmühle unterwegs ist, muss zuerst auf einem von Drahtseilen gesicherten Pfad um kantige Felstürme herumbalancieren, ehe er auf dem kleinen Plateau landet, das den »Nägelefelsen«, wie die Felsnase heißt, abschließt. Dieses Plateau entspricht dem einstigen Kellergeschoss der Burg Neu-Blumberg, die aber im Volksmund allgemein nur »Räuberschlössle« heißt. Der Felszacken, auf dem einst die Burg saß, wird Nägelefelsen genannt, weil hier seit Menschengedenken Pfingstnelken (im Volksmund »Pfingstnägele«) in rauen Mengen wachsen. In der Ortsüberlieferung geht die Sage, diese Pflanze sei ursprünglich nicht hier beheimatet gewesen, sondern von heimkehrenden Kreuzrittern eingeführt worden. Diese Pfingstnelke sei somit der indirekte Beweis für einen einstigen Burggarten, in dem Gewürzkräuter und Blumen für den ritterlichen Tisch gezogen wurden. Der Nägelefelsen trägt noch heute einige wenige Reste einstiger Burgmauern, die sich abenteuerlich an den gewachsenen Fels schmiegen. Die Stelle, an der diese Mauerreste eine Öffnung zur Wutachschlucht hin aufweisen, ist angeblich einst der Platz gewesen, von dem aus die Burgherren ihre gefangenen Feinde in die 60 Meter tiefer gelegene Wutachschlucht hinabstürzten. Emil Landerer hat 1968 im Schwarzwälder Boten auch noch vom »Eingang einer Höhle gesprochen«, doch ist davon heute nichts mehr zu entdecken.

Die Burgstelle ist durch einen aus dem Felsen gehauenen Halsgraben vom Berg getrennt. Heute führt der Wanderweg durch diesen Graben. Einst war er von einem Steg oder einer Zugbrücke überspannt, dem Hauptzugang zur Burg.

Diese Burg, die hier hoch über der Wutachschlucht aufragte, ist kurz vor 1400 von den Edlen von Blumberg erbaut worden, sehr wahrscheinlich zum Schutz der Stallegger Furt beziehungsweise der Brücke, falls es eine solche zu dieser Zeit schon gab. Der Familie von Blumberg gehörten auch das benachbarte Stallegg, eine kleine Schluchtsiedlung mit Mühle, der Hof Stallegg mit Landwirtschaft und zu Teilen auch die Burg Stallegg (siehe vorigen Abschnitt). Diese Burg Stallegg mussten sich die Blumberger allerdings mit den Rittern von Almshoven und denen von Bern teilen. Das erklärt den Neubau talabwärts, denn die Blumberger wollten einen alleinigen Sitz. So entstand die Burg, die den offiziellen Namen »Neu-Blumberg« trug und die auf ihren steilen, von drei Seiten von der Wutach umflossenen Standfelsen fast noch besser gegen Feinde gesichert war als die ältere Burg Stallegg. Der Führer »Die Kunstdenkmäler des Großherzogtums Baden, Bd. VI« von 1904 liefert die spärlichen Informationen: »Die nuw Blumberg und Stalegk [gemeint ist Stallegg, Anm. d. Verf.] sind lehen mit iren zugehörden von Fürstenberg 1409; ein Eberhard von Blumberg von der nuwen Blumberg gen. 1392.« In diesem Eberhard von Blumberg dürfen wir also den Erbauer der Burg erblicken. Urkundliche Erwähnungen nennen 1452 die »Newblumberg« und 1473 noch die »Nuwblumberg«. Das Dorf Göschweiler war im 14. Jahrhundert den Herren von Blumberg zehntpflichtig. Als Bertold I. von Schellenberg Anfang des 15. Jahrhunderts Guta, die Schwester des kinderlosen Berthold von Blumberg heiratete, ging der gesamte Besitz an die Schellenberger über, darunter auch die Burgen Stallegg und Neu-Blumberg sowie die Dörfer Göschweiler und Hüfingen. Vielleicht haben dann noch ein oder zwei Generationen der Schellenberger die Burg zum Wohnsitz gehabt. Es gibt darüber aber keine verlässliche Überlieferung.

▲ Auf diesem Porphyrfelsen, 70 Meter über dem Grund der Wutachschlucht, saß einst die Burg Neu-Blumberg.

Neu-Blumberg wurde, wie so viele andere Burgen auch, im Bauernkrieg von 1525 zerstört. Dabei ist unklar, ob die Burg zu diesem Zeitpunkt überhaupt noch dauerhaft bewohnt war. Jedenfalls wäre sie von ihrer geschützten Lage her kaum mit einfachen Mitteln einzunehmen gewesen. Die Bauern hätten schon mit Katapulten oder Wurfschleudern anrücken müssen, wovon aber an keiner Stelle berichtet wird. Nach

▶ Dies ist der einstige Burgplatz. Wo heute die hohe Kiefer wächst, dürfte sich auf dem Niveau des Kellergeschosses ein kleiner Innenhof befunden haben. Rechts und links beginnt sofort der steile Absturz in die Wutachschlucht.

der Zerstörung im Bauernkrieg verfielen die noch vorhandenen Reste und blieben unbewohnt. Im Dreißigjährigen Krieg und im ganzen nachfolgenden 17. Jahrhundert bildeten die Ruinen von Neu-Blumberg Unterschlupf für manches lichtscheue und räuberische Gesindel. Aus dieser Zeit stammt der Name »Räuberschlössle«. Unter diesem Namen ist die Ruine bis heute bekannt, so wird sie auch in sämtlichen Wanderführern der Wutachschlucht bezeichnet. Die fürstenbergische Obrigkeit in Donaueschingen ließ schließlich alles Mauerwerk auf dem Felsen abreißen, um dem Marodeunwesen ein Ende zu bereiten und das Gesindel zu vertreiben. Die in den Felsen gehauenen Keller wurden gesprengt, der Schutt in die Schlucht gestürzt, die noch bewohnbaren Teile der Ruine wurden geschliffen. Dennoch hat sich der Name »Räuberschlössle« bis heute gehalten.

Steinegg

Die Ruine Steinegg im Steinatal wird bei den meisten Autoren zusammen mit der 500 Meter talwärts gelegenen Burg Roggenbach (siehe nächsten Abschnitt) zu den »Roggenbacher Schlössern« zusammengefasst. Ein solches Zusammengehören beider Burgen lässt sich aus den Quellen heraus aber nicht nachweisen, so dass man es mit vielen Fragezeichen versehen muss. Umso rätselhafter mutet es deshalb an, dass so dicht beieinander zwei Burgruinen stehen, die möglicherweise völlig unterschiedliche Herkunft und unterschiedliche Erbauer haben. Von der Burg Steinegg ist ein quadratischer Turm mit erstaunlich präzise behauenen Quadern noch gut erhalten. Er sitzt auf einem aus dem Berg vorspringenden Felskopf über dem Steinatal. Ein Wanderweg führt hier vorbei und verbindet den Turm bequem fußläufig mit dem deutlich tiefer gelegenen und auf einer separaten Kuppe sitzenden Roggenbacher Schloss.

Der aus Buckelquadern mit Randschlag errichtete Bergfried von Steinegg nimmt nahezu die gesamte Felsnase in Beschlag. Er misst außen 9 Meter im Quadrat, doch die Mauern sind so dick, dass im Innern lediglich noch ein Raum von 2,50 Metern im Quadrat verfügbar ist. Außer dem Turm dürften kaum weitere Gebäude und Mauern auf dieser exponierten Kuppe Platz gehabt haben. Jedoch am abfallenden Bergrücken zum Tal hin gibt es noch in Etagen weitere ebene Flächen, und hier finden sich

▶ Der mächtige Bergfried der Burg Steinegg.

auch noch gut sichtbare Mauerreste, die nahelegen, dass zur einstigen Burg noch etliche Vorbauten gehört haben. Heute kann man kaum um den noch gut erhaltenen Turm herumgehen, ohne an jeder Stelle Gefahr zu laufen, in den steil abfallenden Talgrund zu stürzen. Der heute ebenerdig erreichbare nördliche Zugang ins Innere des Turms ist vergittert, man kann aber einen Blick hineinwerfen und sieht, dass die Burgmauern von innen aus völlig geglätteten Steinen bestehen, eine Besonderheit im südbadischen Burgenbau. Die Mauern sind bis zu 3 Meter dick. Der ursprüngliche Eingang lag wohl auf der Südseite und dort etwa 8 Meter über dem Boden. Davon zeugt ein Rundbogen in dieser Höhe, der als architektonisches Detail auch auf das hohe Alter der Burg hinweist, denn derartige Bögen datieren die Experten mindestens ins 12. Jahrhundert. Man erreichte damals diese Öffnung über ein hölzernes Treppenhaus, das sich außen um den Turm wand. Der heutige Zugang stammt ausweislich einer in die Buckelquader eingemeißelten Jahreszahl aus dem Jahr 1906.

Man betritt also durch den heutigen Zugang das einstige Keller- oder Untergeschoss. Die sorgfältige Innenverblendung in diesem Bereich legt nahe, dass der Raum nicht als Kerker oder Vorratslager gedient haben kann. Was sein Zweck aber dann gewesen ist, entzieht sich bislang einer gesicherten Erkenntnis. Einfacher wird es mit den nächsten beiden Geschossen, die noch unter dem historischen Eingang lagen, und den zwei weiteren Stockwerken, über welche der Turm wohl noch oberhalb des historischen Eingangs verfügte. Sie sind anhand der Balkengesimse noch auszumachen. Es dürfte sich um militärisch genutzte Räume gehandelt haben. Das legen die schmalen Lichtschlitze nahe, die bestenfalls als Schießscharten taugten. Nur nach Westen besaß der Turm im obersten Stockwerk ein größeres Fensterloch, das abermals eigenwillige Bauelemente aufweist, nämlich innen einen rundbogigen Abschluss und einen waagrechten Stein an der Stelle, wo man das Querholz eines Fensterkreuzes vermuten würde.

Von der einstigen Ringmauer, welche die Burg wohl um 40 bis 50 Meter abwärts am Bergrücken umfasst haben muss, ist am

▼ Ein Blick durch die – nachträgliche geschaffene – ebenerdige Öffnung ins Turminnere. Deutlich sind die akkurat geglätteten Mauerquader zu erkennen.

südlichsten und damit niedrigsten Punkt noch ein 6 Meter hohes Teilstück erhalten, weitere Mauerreste auf der Ostseite. Dort erkennt man auch eine Staffelung im abfallenden Gelände, so als habe es vor der Ringmauer noch eine weitere Schutzmauer oder vielleicht eine nachträglich angefügte Bastion gegeben. An der südlichen Schmalseite des Areals stand außerdem eines von möglicherweise mehreren Wirtschaftsgebäuden. Auch davon sind noch gemauerte Reste vorhanden.

Ein aus dem Fels gehauener Halsgraben hat den Turm einst vom Bergrücken (und heutigen Wanderweg) abgetrennt. Heinz Voellner vermutet, dass das dabei anfallende Gestein zum Bau der Burg verwendet wurde. Über den Graben muss dann eine Zugbrücke in einen kleinen Torbau geführt haben, an dessen Seite der große Bergfried stand. Von diesem höchstgelegenen Punkt der Burg haben sich dann die äußeren Schutzmauern talwärts um den abfallenden Bergrücken gewunden und in ihrem Inneren einen Palas und mehrere Wirtschaftsgebäude beherbergt. Es existieren einige sich widersprechende Rekonstruktionen, aber die von Arthur Hauptmann vorgelegte Variante, wonach es außer dem Turm nur noch eine rechteckige Umfassung gegeben hat, muss aufgrund der heutigen Fundsituation als widerlegt angesehen werden.

Die spannende Frage, welchem Zweck die Burg gedient hat, wird von Heinz Voellner unbefriedigend beantwortet. Er sagt nämlich, sie sei für keine bestimmte Aufgabe bestimmt gewesen. Immerhin lag sie an einer Schlüsselstelle im Steinatal, das in früheren Zeiten Durchgangstal für die Fernverbindung zwischen den zähringischen Besitzungen an Hochrhein und Baar beziehungsweise Breisgau gewesen ist. Die Annahme, bei den Bauherren, den Edlen von Steinegg, habe es sich um Gefolgsleute der Zähringer gehandelt, leitet sich von einer Urkunde ab, der zufolge 1150 ein Berthold (Berchtoldus) von Steinegg als Zeuge auftrat, als das Kloster St. Blasien mit dem

▲ Ungewöhnlich präzise und perfekt sind die Quader gesetzt, aus denen der Turm Steinegg errichtet wurde. Eine schlüssige Erklärung für diese außergewöhnliche handwerkliche Qualität hat die Forschung bislang noch nicht geliefert.

Kloster Schaffhausen um den Berg Staufen stritt. Auch 1152, anlässlich eines Besuchs in Überlingen, taucht Berthold von Steinegg nochmals in den Urkunden der Zähringer auf. Doch die Steinegg waren unabhängig, keine Ministerialen.

Das Geschlecht der Steinegg ist keineswegs ausgestorben, deshalb wissen wir über die Vorgeschichte recht gut Bescheid. Die Brüder Christoph und Heinz Freiherr Steinig von Steinegg haben vor einigen Jahren in einer Zeitungsserie die Geschichte ihrer Familie nachgezeichnet. Demnach stammten die Vorfahren aus dem Thurgau, wo sie als »Steinig« oder »von Steinig« bereits im 8. Jahrhundert in Urkunden Erwähnung fanden. Ein Geroldus von Steinig wanderte um 1050 nach Wittlekofen aus. 1065 bestätigte Kaiser Heinrich IV. die Gründung des Klosters »Witlikovens« neben dem Fluss »Steinaha« durch eben diesen Geroldus. Der Sohn von Geroldus, Berchtoldus Freiherr von Steinegg, herrschte als Ortsherr von Wittlekofen. Seine Söhne wiederum, Geroldus, Berchtoldus und Wolfiganch, waren um 1145 die Erbauer der Burg.

Die Edlen von Steinegg waren demnach die Nachfolger der edelfreien Herren von

▲ Ungefähr 40 Meter vom Turm entfernt beweist diese auf der Bergnase vorgelagerte Mauer, dass zur einstigen Burg neben dem Turm auch Umfassungen und weitere Gebäude gehört haben.

Wittlekofen, die bis um 1100 noch in Urkunden dingfest gemacht werden können, dann aber völlig verschwinden. Die Ruine Steinegg liegt auf Gemarkung Wittlekofen, einem Bonndorfer Ortsteil, der als Dorf erstmals 1112 urkundlich erwähnt wurde. Die Erklärung könnte sein, dass die Herren von Wittlekofen ihren Sitz aus dem Dorf Wittlekofen verlegten, indem sie die Burg erbauten, die sie nach ihrer ursprünglichen Herkunft Steinegg nannten, so dass sie nun selbst auch wieder den Namenszusatz »von Steinegg« trugen.

Mitte des 12. Jahrhunderts und bis ins 13. Jahrhundert werden die Herren von Steinegg noch als freie Männer des Albgaus urkundlich an mehreren Stellen genannt, häufig als Zeugen in überregionalen Rechtsangelegenheiten; doch nach 1300 tauchen auch sie nicht mehr auf. Der letzte, namentlich zu greifende Burgherr dieser Familie war Popo von Steinegg, 1284 noch als Burgvogt erwähnt. Popos Sohn war Wolfo (Wolf) von Steinegg, der aber nicht mehr im Zusammenhang mit der Burg auftaucht, sondern als Wolfo von Wittlekofen. Dort ist auch noch Wolfos Sohn Albert (1339) nachweisbar. Ein Hauptzweig der Familie muss da bereits nach Schlesien ausgewandert sein, wie aus einem Kolonisationsvertrag von 1312 mit dem Kloster St. Vincenc in Breslau hervorgeht.

Die Burg fiel dann unter nicht mehr rekonstruierbaren Umständen in die Hände der Grafen von Nellenburg, die dort bis ins 15. Jahrhundert hinein ihre Vögte residieren ließen. 1438, als das Geschlecht der Nellenburger bereits im Mannesstamm erloschen war, ist die Steinegg im Steinatal letztmals als bewohnte Burg beurkundet. Zu diesem Zeitpunkt war sie bereits an einen Herrn von Erzingen verpfändet. Die Erzinger lagen im Streit mit dem Kloster St. Blasien, was schon 1438 bei einer Belagerung durch St. Blasien zu erheblichen Zerstörungen an der Burg Steinegg geführt haben soll. 1482 taucht Steinegg in den Quellen bereits als Burgstall auf. Das badische Burgeninventar legt ihre endgültige Zerstörung aber erst ins Jahr des Bauernkriegs 1525. Urkunden von 1589 sprechen von einem »alten Burgstall«.

Roggenbach

Nicht weit entfernt von der Burg Steinegg, in Sichtweite, rund 500 Meter entfernt, stand unten im Steinatal auf einem markanten Felsrücken die Burg Roggenbach. Sie ist kaum früher, aber vermutlich auch nicht viel später als die Burg Steinegg erbaut worden. Ihre Ruine gehört heute zu den wenigen Überresten der einstigen Hochschwarzwälder Burgenwelt, die einen Besuch lohnen. Man sieht noch einiges: Zwei mächtige, vierkantige Bergfriede erheben sich über dem Tal. Beide sind gut erhalten, allerdings nicht mehr in ihrer originalen Höhe. Der heute niedrigere der beiden Türme – im Volksmund »Grüningen Turm« genannt – wird durch eine metallene Außentreppe erschlossen, die aber seit geraumer Zeit für Besucher gesperrt ist, weil oben auf den Mauern ein Wanderfalke brütet. Über diese Metalltreppe erreicht man im dritten Stockwerk etwa in 10 Metern Höhe einen schmalen Eingangsschlitz, vermutlich den historischen Hauptzugang. Man kann dann das Innere betreten, weil der Turm bis zu dieser Höhe mit Schutt und Trümmern gefüllt ist. Die Mauern an dieser Stelle sind über 2 Meter dick. Am Fuß des Turms dürften sie noch stärker sein. Heinz Voellner nimmt an, dass dieser Turm noch mindestens zwei weitere Stockwerke und einen Zinnenboden mit Wehrplatte unter dem Dach besaß und als Wohnturm genutzt wurde. Allerdings muss der Wohnbereich in den jetzt nicht mehr vorhandenen beiden obersten Stockwerken untergebracht gewesen sein, denn der noch vorhandene Stumpf des Bergfrieds weist kein einziges Fenster auf.

▶ So sieht der Wanderer, der aus dem Steinatal kommt, die Überreste der Roggenbacher Schlösser.

Der fast noch besser erhaltene, zweite Bergfried – im Volksmund »Turm Weißenburg« genannt – ist durch ein ebenerdiges Mauerloch (durch eine meist offen stehende Metallgitter-Tür) begehbar, das in Teilen direkt aus dem Felsen gehauen scheint. Man steht dann im Innern am Grunde des Turms und kann durch den hohlen Kern in den Himmel schauen. Aber auch hier handelt es sich nicht um den historischen Zugang, denn der lag auch bei diesem Turm in über 8 Metern Höhe und ist heute noch gut erhalten. Diese romanische, rundbogige Öffnung weist auf eine Erbauung im 12. Jahrhundert hin. Imponierend sind die massigen Sandsteinquader, die auch in diesem Turm verbaut wurden. Die Burg ist überwiegend aus Sandstein und Quarzporphyr gebaut, vereinzelt aus Tuff. Das Material stammt aus Steinbrüchen in der nächsten Umgebung. Anhand der Balkenlöcher im Gestein, vor allem aber anhand des jeweils rückspringenden Mauerwerks, erkennt man die einzelnen Geschosse. Auf den Simsen wurden jeweils die tragenden Deckenbalken aufgelegt. Auch bei diesem Turm Weißenburg ist von mindestens vier Stockwerken auszugehen. Auch er scheint ein Wohnturm gewesen zu sein. Jedes Stockwerk besaß aber nur ein einziges kleines Fensterloch. Generell scheint die Burg direkt in den gewachsenen Fels hineingebaut. Man erkennt das an etlichen Stellen, an denen die Mauerreste unmittelbar auf Fels aufsitzen.

Ein schmaler Fußweg führt auf die Kuppe hinauf, auf der diese stolze Ruine steht. Man passiert beim bequemen Aufstieg bis zu 5 Meter hohe Mauerreste, von denen erst in jüngster Zeit einige Abschnitte zusammengebrochen und ins Tal abgerutscht sind. Sie markieren noch passabel erhaltene Teile der einstigen Vorburg. Diese umfasste einst die gesamte Hügelkuppe. Das Tor als Hauptzugang befand sich auf der zur Burg Steinegg hingewandten Seite und war durch einen Halsgraben geschützt, den man noch heute im Gelände identifizieren kann. Es handelt sich nämlich um den heutigen Fahrweg. Außerhalb der Vorburg fließt der kleine Dunznaubach vorbei. Künstliche Aufschüttungen am Fuß der Burgruine könnten darauf hindeuten, dass man diesen Bach einst zu einem kleinen Burgweiher aufgestaut hat. Möglicherweise hat man über ihn auch den Halsgraben geflutet.

Als Vorburg versteht man einen befestigten Wirtschaftsbereich im Anschluss an die Kernburg. So deutlich sicht- und rekonstruierbar wie in Roggenbach finden wir im gesamten Untersuchungsgebiet keine weitere Vorburg bei einer Ruine. Dennoch dürften – abgesehen von den reinen Turmburgen – nahezu alle Burgen des Hochschwarzwaldes auch eine Vorburg besessen haben, zumindest einen ihr unmittelbar zugehörigen Bereich mit Vieh- und Pferdeställen, vielleicht auch Schmiede, Backstube und Wohngebäuden für Gesinde. Die Befestigungen einer Vorburg, und so war es auch in Roggenbach, waren im Vergleich zur Kernburg deutlich schwächer, und ihre Innenbebauung bestand häufig nicht aus gemauerten Gebäuden, sondern aus Holzbauten. All dies zusammen, so legt Thomas Biller in seiner umfänglichen Untersuchung über den Burgenbau im Elsass dar, »führt dazu, dass in der Regel nur wenig von den Vorburgen erhalten ist und dass dieses wenige außerdem kaum erforscht ist.«

Durch einen schmalen Mauerspalt gelangt man heute in Roggenbach von der Vorburg an der Ostseite in das Burgareal und befindet sich sofort im einstigen Kernbereich. Eine ungewöhnlich dicke Mauer verbindet die beiden Bergfriede. Sie ragte einst mehr als 6 Meter über dem Innenhof auf, an einer Stelle ist diese Höhe noch erkennbar. Diese westliche Mauer barg einst genau in der Mitte zwischen beiden Türmen den Zugang zur inneren Burg (heute steigt man genau auf der anderen Seite der Anlage in das Areal ein). Man erreichte diesen einstigen Eingang über einen Treppenaufgang und einen Holzsteg aus dem Vorhof, in dem sich ein Brunnen oder eine Zisterne befand. Dieser abenteuerliche Aufgang bedeutet zugleich, dass die Hauptburg nicht beritten erreicht werden konnte. Deshalb müssen sich im Bereich der Vorburg auch die Stallungen und weitere Wirtschaftsgebäude befunden haben.

◀ Der niedrigere untere Bergfried (Grüningen-Turm) und dahinter der obere Bergfried (Turm Weißenburg).

▲ Der Torbogen markiert die einstige innere Grenze zwischen den beiden Roggenbacher Burgen. Hier blickt man von der unteren Burg durch das Tor zum Turm Weißenburg.

Beide noch sichtbaren Turmeingänge sind innerhalb der Hauptburg zu dieser massiven Außenmauer hin gelegen. Sie wurden also von dort über den Wehrgang und hölzerne Treppen erreicht. Im Inneren der Ruine steht zwischen den beiden Türmen ein noch gut erhaltener Torbogen. Dieses Tor ist ein weiterer Hinweis darauf, dass es auf der Burg einst zwei voneinander getrennte Bereiche gab, jeweils auch in unterschiedlichem Besitz. Es handelte sich also um eine sogenannte Ganerbenburg, eine Doppelburg – deshalb auch zwei Bergfriede. In diesem Innenbereich können anhand der vorhandenen Mauerreste noch viele weitere Einzelheiten gut rekonstruiert werden: aus Stein gehauene Türschwellen, Balkenlöcher, Gesimse, Fensterbögen, Torbögen, der Halsgraben und vor allem auch im Bereich der Vorburg der einstige Burgbrunnen. Der gemauerte, runde Brunnenschacht ist mit Schutt und Erde verfüllt. Vermutlich hatte er einst Zisternencharakter.

Die Entstehung dieser Burg Roggenbach liegt vor 1200. Mindestens so alt sind auch die beiden Bergfriede, Weißenburg und Grüningen, wenngleich sie möglicherweise nicht gleichzeitig, sondern im Abstand etlicher Jahre nacheinander erbaut wurden. Das legt der Charakter dieser Burg als Ganerbenburg nahe. Man versteht unter diesem Begriff einen Burgen-Komplex, der von zwei oder mehr Familien bewohnt wurde. Jede Familie hatte dabei ihren eigenen Bergfried und ihre eigenen Wohngebäude, während der Torturm, der Zwinger, die Vorburg und der Mauergürtel um die Vorburg gemeinsamer Besitz waren. Es waren zwei Burgen innerhalb einer gemeinsamen Ringmauer. Auch die Namensgebung für die beiden Bergfriede, Grüningen und Weißenburg, weist auf verschiedene Besitzerfamilien hin. Ganerbenburgen entstanden häufig durch Erbteilung innerhalb einer Familie. Da beide Bergfriede auf vor 1200 datiert werden, müsste diese Aufteilung schon sehr früh in den Anfangsjahren der Burg stattgefunden haben.

Versuchen wir, ihren Anfängen auf die Spur zu kommen: Die einstige strategische Bedeutung der Burg erschließt sich leicht beim Blick auf die Landkarte, ebenso beim Augenschein vor Ort. Das relativ breite und flache Tal der Steina bot ausreichend landwirtschaftliche Flächen zur Existenzsicherung. Hier gab es Höfe, Wiesen und Felder. Gleichzeitig eignete sich dieses Tal als bequem befahrbares Einfallstal vom Hochrhein Richtung Hochschwarzwald, Baar und Breisgau. Der kurze Aufstieg von der Steinasäge nach Bonndorf oder der Weg durch das Roggenbachtal (nach einem Nebenbach) Richtung Grafenhausen ermöglichten die schnelle und gut getarnte Eroberung der Höhen. Um solche Einfälle abzuwehren und den Weg zu kontrollieren, stand an der Schlüsselstelle im Steinatal die Burg Roggenbach. Sie bewachte zudem auch noch den Übergang von der Wutachschlucht hinüber ins Schlüchttal. Die Erbauer der Burg waren entweder die Grafen von Nellenburg oder die Edlen von Roggenbach. Diese nannten sich nach dem »Rockenbach«, wie die Steina zu jener Zeit in diesem Abschnitt hieß. Die Edlen von Roggenbach waren Anhänger der einflussreichen Grafen von Nellenburg und damit Verbündete des Klosters Schaffhausen. Dadurch standen sie in natürlicher Konkurrenz zum Kloster St. Blasien und bildeten mit ihrer Burg einen wichtigen Stützpunkt in der Nellenburger Front gegen dieses Kloster. Die Edlen von Roggenbach lebten als verzweigtes Geschlecht im ganzen Südschwarzwald, sie erscheinen auch in Urkunden der Klöster Friedenweiler, Tennenbach und St. Peter. Arthur Riesterer vermutet in der Bonndorfer Ortschronik, dass das Geschlecht seinen Wohnsitz, »im dunklen Waldesgrunde gelegen«, freiwillig geräumt hat und in den Breisgau umgezogen ist. Die ganze Herrschaft Roggenbach bestand aus einigen Höfen im Steinatal, vier kleinen Gütern in Balzhausen, Vogtrechten über einige Höfe in Wellendingen und Oberwangen sowie aus den Fischrechten und dem Wasserzins für die Steina. Die Herren von Roggenbach haben aber schon Ende des 13. Jahrhunderts das Steinatal verlassen. Daraufhin verkauften zwischen 1288 und 1295 die Nellenburger Grafen die Burg Roggenbach an die Herren von Krenkingen. Waren sie schon immer Eigentümer der Burg und die Edlen von Roggenbach haben dort nur zu Lehen gewohnt? Sicher scheint, dass der Roggenbacher Besitz in Wittlekofen Ende des 13. Jahrhunderts zunächst an die Herren von Krenkingen und dann an deren Zweiglinie »von Roggenbach-Weißenburg« ging.

1295 gehörte die Burg auf jeden Fall der Weißenburger Linie der Edlen von Krenkingen, wobei erneut nicht überliefert ist, ob die Weißenburger durch Kauf oder auf anderem Wege in den Besitz der Burg geraten sind. Mit diesem Besitzerwechsel erklärt sich der Name »Weißenburg« für den vorderen Bergfried. Ob der Name des anderen Turms mit dem im Mittelalter vorkommenden Geschlecht von Grüningen zusammenhängt, ist Spekulation. Mitte des 14. Jahrhunderts fiel die Burg durch Heirat an das Geschlecht der Herren von Roth. Im Jahr 1330 erwarb Egbrecht von Roth vom Kloster Allerheiligen die Vogteirechte über Grafenhausen, nannte sich fortan »Egbrecht von Roth zu Gravenhusen« und lebte auch dort. Der Erwerb seiner Vogteirechte stand in zeitlichem Zusammenhang mit Egbrechts Heirat mit Brigita Diethelm von Weissenburg, die nach dem Tod ihres Vaters Diethelm von Krenkingen eine statt-

▲ In etwa 8 Metern Höhe im oberen Bergfried befand sich der historische Eingang, ein mannshoher Durchschlupf. Deutlich zu erkennen sind daneben die Risse im Mauerwerk, einer der Gründe, warum das Land jetzt einer grundlegenden Erhaltungssanierung zugestimmt hat.

▶ Ein gut erhaltenes Detail: steinerne Türschwelle, vermutlich am Eingang vom einstigen Innenhof in die Weißenburg.

liche Mitgift in die Ehe einbrachte, nämlich die Burg Roggenbach.

Hundert Jahre später, 1432, rückte Werner von Staufen mit anderen Edlen gegen die Burg vor, weil Hans von Krenkingen-Weißenburg in Streit mit dem Kloster St. Blasien geraten war. Im Zuge dieser Angriffe ließ St. Blasien die Burg schließlich 1438 zerstören. Hans von Krenkingens Sohn Eitelhans von Krenkingen ließ die Burg aber 1443 wieder herrichten. 1474 starb mit Hans Friedrich von Krenkingen-Weißenburg der letzte männliche Spross dieser Familie. Seine Witwe, die Edelfrau Elisabeth von Weißenburg, verkaufte wenige Jahre später 1482 die kleine Herrschaft Roggenbach an Hans von Lupfen. Elisabeth von Weißenburg hatte erhebliche Schulden, von denen Hans von Lupfen einige beim Kauf der Herrschaft Roggenbach übernehmen musste, so etwa einen jährlichen Zins aus dem Hof von Wittlekofen, den das Kloster Allerheiligen in Schaffhausen kassierte. Als Hans von Lupfen diesen Besitz der Edelfrau von Weißenburg abkaufte, waren die Roggenbacher Schlösser bereits teilweise zerstört. Das endgültige Ende der Burg kam im Bauernkrieg. Die Ruinen wechselten im Laufe des 16. und 17. Jahrhunderts noch mehrfach die Besitzer, bis sie schließlich 1609 an das Kloster St. Blasien fielen.

▶ Noch gut erhalten und zu erkennen ist die ehemalige Zisterne in der Vorburg.

Neuenburg bei Bachheim

Hoch oben auf einem vorspringenden Felsplateau über der Gauchach, direkt über dem heutigen Gasthaus Burgmühle, stand die Neuenburg. Die Burgmühle an der Gauchach gehörte zu dieser Burg, so wie nahezu jede Burg an der Gauchach und der oberen Wutach auch eine eigene Mühle besaß. Vom Wanderparkplatz in Bachheim erreicht man den Burgplatz am Ende eines stetig absteigenden Wanderweges, der einst ein Karrenweg zur Burgmühle war. Der Weg zur Burg scheint hingegen oben über den Bergrücken verlaufen zu sein. Man erkennt ihn noch als tief eingeschnittenen Hohlweg am Rande der Viehweiden, die heute das Bild bestimmen. Sie gehören zum Burghof, einem im 20. Jahrhundert neu errichteten, landwirtschaftlichen Betrieb, nicht identisch mit der einst zur Burg gehörigen Landwirtschaft. Ein großes Wandgemälde an der Frontseite des Burghofs weist dennoch auf die Burg hin, deren Felder, Weiden und Äcker sich einst wohl über den Bergrücken bis zu dieser Hofstelle hingezogen haben dürften. Am Ende des oben erwähnten Wanderweges steht auf dem sich stetig verjüngenden Bergrücken ein Häuserensemble, das zu den der einstigen Burg vorgelagerten Wirtschaftsgebäuden gehörte. Einige der Gebäude sind neu oder aufwändig im historischen Fachwerkstil restauriert. Wieviel historische Substanz noch in diesen Gebäuden steckt, lässt sich von außen daher schwer bestimmen. An das Gebäudeensemble schließen sich mehrere, auffällig terrassierte, ebene Flächen an, jeweils die eine um etliche Meter tiefer gelegen als die vorherige. Die letzten beiden dieser terrassierten Flächen dürften die Burg getragen haben. Sie sind heute mit Bäumen und Gehölz bewachsen und enden unmittelbar am Steilabhang zur Burgmühle und zur Gauchach hinunter.

Bei der Neuenburg wird besonders anschaulich, dass der Übergang vom gut befestigten Bauernhof zur Burg häufig fließend war. Auf einem Aquarell von 1740 ist noch die komplette Burganlage zu sehen, ein mächtiges, vierstöckiges Palais mit vorgebautem Rundturm und einigen Anbauten und Nebengebäuden. Sogar der Steinbruch, in dem die Erbauer die Steine für die Burg brachen, lässt sich noch identifizieren. Er lag in unmittelbarer Nähe, bei der westlich der Burg liegenden »oberen Hofstelle«. Im heutigen »Burgwald« fand man den Sand zum Aufbereiten des Mörtels. Der Kalk dazu wurde in einem 1509 urkundlich erwähnten »Kalchofen« im Gewann Oberhard gebrannt. Das für den Bau und die Versorgung der Burg notwendige Wasser kam von einer etwa 230 Meter entfernten Quelle, von welcher eine hölzerne Deichelleitung bis zu einem Brunnen im Burghof führte. Auf dem oben erwähnten Aquarell ist dieser Brunnen noch zu sehen. Der Verfall des Schlosses setzte nach 1700 ein, als die letzten vom Geschlecht der Schellenberger ausgezogen waren, die hier über Jahrhunderte ihren Wohnsitz hatten. An ihrer Stelle nahm der vermögende Bauer Josef Kuttruff von Bachheim einen Teil des Schlosses zu seiner Wohnung, doch schon damals hieß es in einem Bericht an den Fürsten zu Fürstenberg: »Das Schloss ist so zerfallen, dass es nicht einmal eine sichere Wohnung für den Maier bietet. Dieser wohnt unter Lebensgefahr in dem zerfallenen Bau.« 1755 stürzten die ersten zum Schloss gehörenden Gebäudeteile ein. Aus dem Jahr 1761 stammt folgende Beschreibung: »Das hintere Schloss, welches nun gänzlich nicht mehr zu bewohnen ist, ist so ruiniert, dass in demselben ohne Gefahr nit mehr darein zu gehen, weilen die Mauern an einigen Orten hinausgefallen, die Böden und Gebälke herunterhangen und der Dachstuhl abgefault. […] Das vordere Schloss betreffend, in welchem der Maier wohnt, ist das äußere Anbäule abzubrechen, welches jederzeit einfallen kann, der Dachstuhl auf dem Schloss abzubrechen und neu herzurichten.« Wenige Jahre später brach ein Maurermeister das hintere

▼ Am Standplatz des Fotografen befand sich die einstige Burg, ihre Vorbauten auf den ansteigenden Terrassen. Das Haus im Hintergrund gehört zum Ensemble »Unterburg«, das teilweise noch aus Zeiten der Burg stammt.

Schloss ab. Etwa 60 Zentimeter hohe Mauerreste blieben stehen. Das Fachwerkgeschoss auf dem vorderen Schloss wurde im Jahr 1789 planmäßig abgerissen, drei Jahre später brachen die Mauern der unteren Geschosse zusammen. Der hintere Giebel stürzte dabei in einen unten am Berg befindlichen, zur Burgmühle gehörigen Wassergraben und staute diesen so auf, dass er mit großem Aufwand wieder freigeräumt werden musste. Die restlichen Mauern und Fragmente standen noch fast 200 Jahre, allerdings bedienten sich immer wieder die Einheimischen an den Steinen und manches wurde fortgeschleppt, so dass 1960 nur noch der südliche gewölbte Eingang des vorderen Schlosses zu sehen war. Auch dieser Rest verschwand. Bei Emil Ketterer heißt es, übermütige Jugendliche hätten ihn mutwillig zerstört. Ein Orkan im Jahr 1968 warf schließlich die auf den Ruinen emporgewachsenen Fichten um, und beim Beseitigen der umgestürzten Bäume wurden auch noch die letzten aufragenden Mauerreste eingeebnet.

Erhebliches Rätselraten könnten die Ortsbezeichnungen Oberburg, Neuenburg und Unterburg auslösen. Unterburg heißt der Platz, auf dem die oben beschriebene Burg stand. Neuenburg heißt der Weiler, und Oberburg heißt ein Gewann zwischen Bachheim und Neuenburg, an das zudem noch der Distrikt »Burgwald« anschließt. War die Neuenburg, über die wir sprechen, vielleicht eine »neue Burg« und Nachfolgerin einer längst vergessenen älteren Burg? Einheimische winken bei dieser Frage ab. Früher, so erklären sie, habe alles Neuenburg geheißen. Erst mit der Eingemeindung zu Bachheim im Jahr 1931 sei die Notwendigkeit einer postalischen Unterscheidung entstanden. Daher rührten die Namen Oberburg und Unterburg. Sie meinen eigentlich Ober-Neuenburg und Unter-Neuenburg.

Die Burgherren übten die Herrschaft über den Weiler Neuenburg und das Dorf Bachheim aus, und dies schon in vorfürstenbergischer Zeit. Als Erbauer der Burg Neuenburg nimmt Emil Ketterer das niedere Dienstadelsgeschlecht derer von Bachem an. Es handelte sich bei dieser Familie vermutlich um ehemalige Bauern, die in eine Herrenrolle im Ort herangewachsen waren, ihren im Dorf liegenden Herrenhof verließen und etwas außerhalb auf dem Felsplateau über der Gauchach eine »neue Burg« bauten. Bachheim selbst ist als »Phacheim« schon 838 erstmals urkundlich erwähnt, jedoch das Geschlecht derer »von Bachem« taucht erst um 1250 in schriftlichen Quellen auf. Das besagt aber wenig darüber, wie lange sie schon zuvor die Dorfherren waren, denn viel früher setzen die schriftlichen Überlieferungen generell nicht ein.

▲ Dieses Aquarell von 1740 (Reproduktion nach Emil Ketterer) zeigt die Neuenburg, als sie noch vollständig war.

Noch später, nämlich 1323, wird die »Nuwburg« erstmals urkundlich erwähnt. Zu diesem Zeitpunkt ist das Geschlecht »von Bachem« bereits verschwunden und die Burg gehört den Blumbergern, war also eindeutig dem Herrschaftsbereich der Fürs-

▲ Dies ist die Gedenktafel in der Hüfinger Stadtkirche, die an das Geschlecht der Schellenberger erinnert.

ten zu Fürstenberg einverleibt. 1409 verkaufte Albrecht von Blumberg die »Nuwenburg und was darzu höret« an Heinrich von Almshoven. Die Herren von Almshoven stellten für die nächsten hundert Jahre die Ortsherrschaft über Bachheim und Neuenburg. Dann genehmigte 1506 Landgraf Wolfgang zu Fürstenberg dem »strengen Herrn Konrad von Schellenberg« den Kauf des Schlosses Neuenburg und des Dorfes »Bachen« mit allem Zubehör von Junker Philipp von Almshoven. Die Edlen von Schellenberg stammten ursprünglich aus dem Fürstentum Liechtenstein und fanden durch Verschwägerung mit den letzten Rittern von Blumberg den Weg auf die Baar. Es handelte sich um alten Adel, der mit dem Besitz der Stadt Hüfingen eine mächtige Stellung auf der Westbaar innehatte. Die Schellenberger waren zu diesem Zeitpunkt auf dem Höhepunkt ihrer Macht. Mit dem Besitz von Bachheim und Neuenburg formte sich für Konrad III. von Schellenberg und seine Erben eine zusammenhängende Herrschaft von Hüfingen, Allmendshofen, Behla, Hausen vor Wald, Mundelfingen und Bachheim. Zusammen mit seiner Gemahlin Adelheid von Blumegg hatte Konrad III. sechs Kinder, von denen sich die Brüder Hans der Ältere von Schellenberg (1475–1544) und Burkhard IV. von Schellenberg das Erbe teilten. An Hans fiel Bachheim mit der Neuenburg und Mundelfingen. Hans und Burkhard spielten eine nicht unbedeutende Rolle bei der Niederschlagung des Bauernaufstands. Die Neuenburg wurde im Bauernkrieg in Brand gesteckt. Es blieben nur 2 Meter dicke Mauern der Hauptburg stehen. Darauf sattelten die Schellenberger nach erfolgreicher Niederschlagung des Bauernaufstands ein auf Balken gestütztes Doppelfachwerkhaus auf. Außerdem erweiterten sie die Anlage um einen Bauteil, der später im Unterschied zum Altbau als das »hintere Schloss« bezeichnet wurde. Zu diesem Neubau musste Bräunlingen 450 Sägebäume und Ziegel liefern, Reparationen für die zuvor durch Bräunlinger Bauernhaufen erfolgten Zerstörungen.

Der Niedergang des Geschlechts der Schellenberger setzte mit Burkhard VII. von Schellenberg (1589–1639) ein. Wegen allgemein schlechter Wirtschaftsführung, aber auch wegen unglücklicher Erbteilung, die den Besitz immer weiter zersplitterte, lastete auf ihm ein Schuldenberg von 58.000 Florin. Emil Ketterer hat ausgerechnet, dass dies um 1990 dem Gegenwert von etwa 7 Millionen D-Mark entsprochen hätte. Als erstes musste der verarmte Adlige 1616 das Dorf Behla an den Grafen zu Fürstenberg verkaufen, kurz darauf Allmendshofen und Teile von Hüfingen. Gleichzeitig zwangen ihn zwei seiner Brüder, den Restbesitz so mit ihnen zu teilen, dass ihm nur noch Bachheim und das Schloss Neuenburg verblieben. 1620 verlegte er deshalb seinen ständigen Wohnsitz auf die Neuenburg, wo er während des Dreißigjährigen Krieges hauste. Da er mehrfach von durchziehenden Soldatenhorden heimgesucht, ausgeplündert, gebrandschatzt und um all seinen Besitz gebracht wurde, musste er am Schluss sogar beim Landgrafen von Fürstenberg um Salz und Brot betteln, damit seine Familie nicht verhungerte.

Seinem Enkel Hans Ludwig von Schellenberg (1620–1679) fiel nach Burkhards VII. Tod der Besitz von Bachheim und Neuenburg zu. Dieser Hans Ludwig lag ständig im Streit mit seinen Untertanen in Bachheim, hielt sich einen Hofstaat, den er sich nicht leisten konnte, setzte 16 Kinder in die Welt (an die eine Gedenktafel in der Kirche zu Bachheim erinnerte) und versuchte, aus dem Dorf den letzten Heller herauszupressen, wenn es sein musste auch mit Zwangsmaßnahmen. Auf Schloss Neuenburg wirkten zu seiner Zeit ein Hofmeister, ein Kastenvogt, zwei Schreiber, ein Lehrer, ein Koch, ein Küchenjunge, mehrere Reitknechte, ein Kutschenhalter, mehrere Jäger, ein Hufschmied, einige Hausknechte, eine Wäschebeschließerin, eine Kindsmagd, Fuhrknechte, Viehhirten und viele Hirtenbuben. Die Untertanen zu Bachheim wussten sich schließlich gegen immer neue Abgaben und Fronen nur zu helfen, indem sie mit Hilfe der Stadt Löffingen beim fürstenbergischen Landgrafen die Neufassung ihrer Rechte und Pflichten erzwangen. Als

▼ Vom Burgplatz geht ein uralter und heute kaum noch genutzer Hohlweg über den Bergrücken Richtung Neuenburg, möglicherweise der historische Zugang zur Burg.

Krönung seiner Geltungssucht, so hat Emil Ketterer herausgefunden, hat sich der Schlossherr sogar einen »leibhaftigen Mohren« als Hofnarr zugelegt.

Eines von Hans Ludwigs 16 Kindern war Johann Franz Berthold von Schellenberg (1644–1704), der letzte Schellenberger, der noch auf Schloss Neuenburg lebte. Als er starb, zog seine Witwe Elisabeth von Reischach 1708 mit zwei kleinen Kindern nach Bräunlingen. Das Schloss stand daraufhin leer. Formal existierte die Herrschaft der Schellenberger noch weiter, sie fiel zunächst auf Franz Hektor von Schellenberg (1681–1742), einen Enkel des letzten Schlossherrn, der jedoch kinderlos 61-jährig an einem Schlaganfall starb. Damit schien das Geschlecht der Freiherren von Schellenberg im Mannesstamm erloschen. Es lebten nur noch eine Freifrau Maria Kleopha von Schellenberg und die Witwe Hektors, Susanna von Schönau. Unter diesen Umständen zog der Landgraf von Fürstenberg die frei gewordenen Lehen ein, Bachheim und Neuenburg wurden 1742 fürstenbergisch. In dieser Situation tauchte ein Johann Josef III. von Schellenberg auf und forderte das Lehen zurück. Er konnte darlegen, dass er ein Nachkomme des prunksüchtigen einstigen Ortsherrn Hans Ludwig von Schellenberg war. Der hatte nämlich einen Sohn gehabt, den die Familie aber verstoßen hatte, weil er in Freiburg eine Bürgerliche geheiratet hatte. Aus dieser Beziehung war wiederum ein Sohn hervorgegangen, und als dessen Sohn erwies sich nun der plötzlich auf der Bildfläche erschienene Johann Josef III. Der Fürst zu Fürstenberg bestritt dessen Anspruch. Die juristische Klausel jener Zeit lautete »Nichtebenbürtigkeit«. Es war nach damaligem Recht fraglich, ob der Sohn und Enkel von Leibeigenen im Sinne des Lehensrechts als erbberechtigt zu gelten hatte. Johann Josef klagte beim Reichsrat und bekam Recht. Nachdem Fürstenberg Berufung eingelegt hatte, schlossen die Parteien einen Vergleich, in dessen Folge Johann Josef von Schellenberg tatsächlich mit dem Dorf Bachheim belehnt wurde. Er brachte

▶ In der Gauchachschlucht, direkt unter dem fast senkrecht zur Burg ansteigenden Schluchtrand, steht noch die einstige Burgmühle, heute ein Ausflugslokal.

◀ Diese Wandmalerei am neuzeitlichen »Burghof« bei Neuenburg erinnert an die Burg und die Mühle und listet die wichtigsten Daten auf.

Ordnung in die kleine Herrschaft, starb aber früh, so dass sein einziger Sohn, der erst 15-jährige Johann Josef Anton von Schellenberg, unter Vormundschaft der Mutter das Erbe antrat. Gemeinsam brachten sie es binnen 14 Jahren durch, und der junge Freiherr war wegen der Schulden gezwungen, das Dorf Bachheim und anderen Besitz in der Umgebung 1783 an die aus Donaueschingen stammende Baronin von Neuenstein zu verkaufen. Verarmt lebte der letzte Spross dieser einst so stolzen Adelsfamilie noch bis zum Jahr 1812 in Hüfingen zur Miete. Ein Gedenkstein in der Hüfinger Kirche trägt die folgende Inschrift, die gleichsam exemplarisch auch auf die vielen anderen, einst im Hochschwarzwald bedeutsamen Geschlechter gemünzt sein könnte, von denen bisher die Rede war: »Dem Freiherrn Josef Anton von Schellenberg, letztem Sprossen eines alten, edlen Geschlechtes setzte dieses Denkmal seine Gattin. Wie die Blätter am grünen Stamme wachsen und abfallen, so die Geschlechter der Menschen. Das eine stirbt und ein anderes wird geboren.«

Wilde Schneeburg St. Wilhelm

Auf ihre Art etwas ganz Besonderes ist die Wilde Schneeburg im St. Wilhelmer Tal. Die Burgstelle liegt so abgelegen auf einem unwirtlichen Felsrücken, dass man zunächst nicht glauben kann, dass es hier einst eine Burg gegeben haben soll. Doch an diesem zerklüfteten Platz am Schneeberg, 300 Meter hoch über dem Talgrund, sind heute noch einige Burgreste zu erkennen. Am steilen Abhang stand die Burg einst inmitten eines Felsenmeers auf einem nach drei Seiten steil abfallenden und mehrfach unterbrochenen Felskopf. Schmale und steile Wanderpfade führen vom Zipfeldobel, vom hinteren Schneeberg oder vom Luchsfelsen über die Gfällmatte zur Burgstelle. Angesichts des wildromantischen und exotischen Platzes erhebt sich zuallererst die Frage, welchen Zweck eine Burg an dieser Stelle wohl gehabt haben könnte.

Die Forschung datiert die Burg aufgrund von Keramikfunden ins 13. und 14. Jahrhundert. Die erste Erwähnung der Burg stammt aus dem Jahr 1302 in einem Kontext, bei dem von der »nuwen unde wilden Snevspurg« die Rede ist. Die Formulierung »nuwen« legt nahe, dass es vor dieser neuen »Snevspurg« bereits eine ältere Burg an möglicherweise gleicher Stelle gegeben haben könnte. Diese Urkunde berichtet davon, dass zwei Männer aus Offenburg und Gengenbach in der Burg als Gefangene festsaßen. Hohe Adlige aus der Ortenau schworen der Stadt Freiburg Urfehde für diese beiden Gefangenen, das heißt, sie verzichteten durch Schwur darauf, wegen dieser beiden Gefangenen einen Konflikt mit der Stadt Freiburg einzugehen. Da sich diese eidliche Versicherung im Mittelalter in der Regel an den Strafverfolger richtete, ist dies im vorliegenden Fall die Stadt Freiburg. Dies wiederum lässt die Wilde Schneeburg als eine Freiburger Festung erscheinen oder zumindest als eine Burg, über die von Freiburg aus verfügt werden konnte. Das führt, ebenso wie die Bezeichnung »Snevpurg«, zur Freiburger Patrizierfamilie Snewlin. Diese Familie wird, zumindest für die »nuwen und wilden Snevpurg«, als Erbauer angenommen. Zwischen 1310 und 1320 verkauften die Freiburger Snewlin mehrfach Güter, Wald und Matten in Oberried. In den entsprechenden Urkunden ist dabei die »Wilde Snewesburg ze Oberriet« erwähnt, und zwar ausdrücklich als von den Verkäufen ausgenommen, wohl deshalb, weil sie zu diesem Zeitpunkt bereits nicht mehr den Snewlin gehörte, sondern der mit ihnen verschwägerten Familie Kolmann, ebenfalls ein Freiburger Patriziergeschlecht.

Verschiedene Autoren weisen der Burg eine Aufgabe zum Schutz der Bergbaureviere am Schauinsland zu. Der Weg vom Hofsgrunder Revier zur Münzstätte in Freiburg habe hier durch das Wilhelmer Tal geführt. Auch der Silbertransport von Todtnau passierte das Wilhelmer Tal. Allerdings saß die Burg so hoch oben über dem Tal, dass es für einen solchen Schutzzweck kein besonders geeigneter Platz gewesen wäre. Der Abstieg von der Burg zur Talstraße hätte zu viel Zeit in Anspruch genommen. Man kann diese abgelegene Lage aber auch so interpretieren, dass es eventuellen Angreifern möglichst schwer gemacht werden sollte, zur Burg zu gelangen. Gelegentlich wird deshalb auch unterstellt, es habe sich bei den Kolmann um Raubritter gehandelt, die Handelsleute überfielen und gegen Lösegeld in ihrer Burg gefangen setzten. Der Name »Räuberfelsen« für eine markante Felspartie in der Nähe der Burgstelle legt eine solche Interpretation nahe. Neuere Forschungen kommen zu dem Ergebnis, die Burg habe dem Gewerbe der Kolmann gedient. Diese waren die Eisen- und Kohlebarone des Dreisamtals. Sie waren durch Köhlerei reich geworden, durch Transport und Herstellung von Holzkohle, welche sie in den abgelegenen Wäldern auf den Höhen über dem St. Wilhelmer Tal gewannen. Die Burg beherrschte diese Höhen und könnte

▼ Es sind drei hintereinander liegende Felsgrate, jeweils durch Lücken unterbrochen, auf denen einst die drei Abschnitte der Wilden Schneeburg standen. Hier blickt man vom ersten Felsgrat in Richtung des zweiten und dritten.

▲ Die breite Lücke zwischen dem erstem und dem zweitem Felsgrat war höchstwahrscheinlich durch eine hölzerne Brücke überspannt, die Vorburg und Hauptburg miteinander verband.

dazu gedient haben, die Freiburger Zollstellen beim Abtransport der Holzkohle zu umgehen. Dieser originelle Gedanke, eine Burg zum Schutz von halblegaler Köhlerei, hat nur einen Schönheitsfehler: Er ist höchstens stimmig für die späteren Besitzer, nicht aber für die Erbauer der Burg. Die Kolmann haben die Burg möglicherweise zu einem solchen Zweck missbraucht. Deshalb wurde ihnen, wie wir gleich noch sehen werden, auch alsbald von Seiten Freiburgs das Handwerk gelegt und ihre Burg wurde zerstört.

Doch die Snewlin als ihre Vorgänger auf der Burg waren keine Köhler und Holzhändler. Warum hätten sie also eine solche Burg an dieser schwer zugänglichen Stelle bauen sollen? Zudem weiß man, dass beim Bau der Burg auch ungewöhnlicher Aufwand getrieben wurde. Man hat ortsfremden Sandstein im Schuttfächer unterhalb der Burgfelsen gefunden. Das deutet auf eine gehobene Ausführung der Burg hin, fast so, als hätte sie auch repräsentativen Charakter gehabt. Und die eingangs zitierte Urkunde über die zwei Gefangenen aus der Ortenau weist ebenfalls in eine andere Richtung.

Die Holzkohle-Theorie passt nur zur Kolmann-Familie. Kaum hatte diese Familie, die seit Mitte des 13. Jahrhunderts zum Freiburger Ritterstand gehörte, die Burg erworben, geriet sie sofort in Konflikt mit der Stadt Freiburg. Heinrich und Wilhelm Kolmann waren selbst zwei Ritter aus Freiburg. Aber sie lösten mit dem Kauf der Burg Unmut in höchsten Kreisen aus. Schon seit 1299 lagen sie im Streit mit den Stadtvätern, 1300 wurden sie zusammen mit anderen Patriziern auf Lebenszeit von der Ratszugehörigkeit in Freiburg ausgeschlossen. Dahinter steckte ein machtpolitisches Kräftemessen zwischen der Stadt Freiburg und den immer selbstbewusster und eigenmächtiger auftretenden städtischen Patrizierfamilien, die häufig ihre eigenen wirtschaftlichen Interessen gegen die der Stadt Freiburg verfolgten. In diesem Kontext wandte sich ein Bündnis namhafter Adliger, darunter Graf Ulrich von Pfirt, Markgraf Heinrich III. von Hachberg, die Brüder Walter, Burkhard und Sigmund von Horburg, Hugo von Üsenberg, Heinrich von Schwarzenberg, Konrad Werner von Hattstatt, Dietrich von Ratsamhausen und Friedrich von Hornberg gegen die Kolmann. Man fürchtete, dass sie die Holzköhlerei und wohl auch noch andere Wirtschaftszweige im ganzen Oberrieder Tal und den Höhen Richtung Feldberg und Schauinsland unter ihre Kontrolle bringen und damit der Stadt Freiburg schaden könnten. In der Folge zogen Freiburger Mannschaften in Diensten Graf Konrads II. von Freiburg ins Oberrieder Tal und zerstörten die Burg im Herbst 1314. Ein konkreter Auslöser für diesen Angriff ist aus den Quellen jener Zeit nicht zu ermitteln. Vermutlich war es eine schlichte und skrupellose Machtdemonstration des Grafen Konrad von Freiburg. Der spätere juristische Streit um diesen Angriff und um die Zerstörung der Burg gab jedenfalls den Kolmann in nahezu allen Belangen Recht. Um diese Ereignisse gab es eine Jahrzehnte währende Schiedsverhandlung, in der festgelegt wurde, dass die Stadt Freiburg den Kolmann für einen bei dem Überfall getöteten Mann Ersatz leisten musste. Außerdem musste Freiburg die Brüder für alles entschädigen, was auf der Burg zerstört oder geplündert worden war, was »die Colmanne gesinde« nicht rechtzeitig hatte in Sicherheit bringen können, zum Beispiel Mehl, Wein und Rüstungen (»harnesches«). Zuletzt mussten die Freiburger auch alle auf der Burg gestohlenen Tiere wieder herausgeben, mehrere Pferde, zwei Kühe und ein Maultier. Die Ruine Schneeburg musste die Stadt zum unversehrten Wert in ihren Besitz übernehmen.

Im Dreißigjährigen Krieg müssen wesentliche Teile der Burg noch gestanden haben. Die Freiburger Wilhelmiten haben sich vor den Schweden dorthin geflüchtet, in den »Turm der alten Burg«. Die Schweden kamen dahinter und brandschatzten die Burg. Nachrichten von der Ruine gibt es dann noch einmal aus dem Jahr 1778. Damals pachtete ein Georg Schweizer aus Kirchzarten das Burggelände und hauste angeblich in den Ruinen. Man nannte ihn den »Schweizerjörg«. Er soll gewildert und die Gegend unsicher gemacht haben, bis ihm eines Tages eine Gewehrkugel das Ende bereitete.

Kehren wir noch einmal zu den Snewlin zurück, den wahrscheinlichen Erbauern der »nuwen Snevpurg«. Das viel verzweigte Geschlecht der Snewlin (Schnewelin) von

▼ Unterhalb der Felsgrate findet man überall noch Schuttfächer mit zahlreichen behauenen Steinen, höchstwahrscheinlich Steinschutt der ehemaligen Burg.

▲ Nicht ganz so breit und tief wie der erste Spalt ist die Lücke zwischen dem mittleren (rechts) und dem letzten Felsgrat (links), auf dem vermutlich der Bergfried als wehrhaftester Teil der Wilden Schneeburg stand.

Landeck zählte zu den mächtigen Patrizierfamilien in Freiburg. Sie gehörten zu jenen Kaufmannsfamilien, die Konrad von Zähringen 1120 in der neugegründeten Stadt Freiburg angesiedelt hatte. Möglicherweise haben die Zähringerherzöge als Inhaber des Bergregals im St. Wilhelmer Tal eine Schutzburg für ihre Bergbauaktivitäten rund um Stollenbach und den »Toten Mann« benötigt und die Snewlin als Burgherren eingesetzt. Denn die Snewlin waren durch Handel und Bergbau zu Reichtum gekommen, erwarben die Ritterwürde und stiegen damit zum landsässigen Adel auf. Die St. Wilhelmer Orstchronik von Ursula und Bruno Götz favorisiert diese Variante und glaubt, » diese Burg könnte um 1250 im Zusammenhang mit dem Bergbau als Sammelplatz oder Zwischenlager für Erz oder auch zur Überwachung und Absicherung des Transportweges Basel-Todtnau-Freiburg angelegt worden sein.« Aber auch für einen solchen Zweck müsste der Standort der Burg als suboptimal angesehen werden. Anfang des 14. Jahrhunderts begannen die Snewlin, ihre Macht und ihren Einfluss über Freiburg hinaus in die Region auszudehnen. Spätestens 1289 saßen sie im St. Wilhelmer Tal, 1318 erwarben sie die Burg Wiesneck (siehe 2. Kapitel) und erlangten die Herrschaft über den größten Teil von Kirchzarten. Auf diese Weise gehörten die Snewlin zu den mächtigen und reich begüterten Geschlechtern des Breisgaus. Ihr Aufstieg wird von der Regionalforschung nicht unbedingt als sympathisch geschildert. Max Weber spricht in seiner Chronik von Kirchzarten von »Emporkömmlingen«. Der Clan habe alles in allem nur das Streben nach Gewinn und Macht gekannt. Die Familie splitterte sich in viele Zweige auf, die sich jeweils nach einem Stammsitz benannten, also die Snewlin von Bolschweil, die Snewlin von Landeck, die Snewlin von Bernlap und so weiter. Daneben waren die Snewlin von Landeck auch noch eng verwandt mit der Familie von Blumegg, die oben in Lenzkirch und Bonndorf saß. Doch die nächsten Verkehrswege zu diesen Verwandtschaften führten nicht über das Wilhelmer Tal, sondern von Oberried über das Weilersbacher Tal (siehe 2. Kapitel, Abschnitt »Roteck und Schwarzeck«).

Wenn Bergbau, Köhlerei und andere wirtschaftliche Gründe für die Erbauung der Wilden Schneeburg bereits als ausgeschlossen oder wenig plausibel erscheinen, so kommt man mit Überlegungen zu Verkehrsverbindungen noch weniger zu einem schlüssigen Ergebnis. Von dieser Burg führten alle Wege, die sowieso nur schmale Felspfade waren, ins Niemandsland. Und wir müssen zu allen Rätseln hinzu immer noch daran denken, dass es auch noch eine »alte« Schneeburg gegeben haben muss. Lange hat man in dieser alten Schneeburg die Schneeburg in Ebringen gesehen. Diese Vermutung haben jedoch Zettler/Zotz und andere Autoren inzwischen widerlegt. Also bleibt die Annahme einer »alten Schneeburg« am Platz der späteren »Neuen Wilden Schneeburg«. Man könnte noch einen Zusammenhang mit der Klostergründung der Wilhelmiten 1239 in St. Wilhelm suchen oder aber mit der Herrschaft des Klosters St. Gallen im Dreisam- und Bruggatal, die vom 12. bis zurück ins 9. Jahrhundert reicht. Aber da es dazu keinerlei Quellen und sonstige Hinweise gibt und auch dann der exponierte Burgplatz immer noch nicht befriedigend geklärt wäre, muss die Frage nach Ursprung und Zweck dieser Burg vorerst noch offen bleiben.

◀ Auf dem höchsten und letzten Felsgrat, dessen nivellierte Kuppe kaum 10 mal 20 Meter umfasst, finden sich sogar noch Reste eines Mauerecks.

Künzingen bei Löffingen

Nördlich von Löffingen und östlich von Dittishausen lagen zusammen mit einigen landwirtschaftlichen Gebäuden einst Hof und Mühle Künsingen (auch: Künzingen oder Kinsingen) am Oberlauf der Mauchach. An der Stelle befinden sich heute ein Reiterhof und eine Hundeschule. Es dürfte sich wohl um einen kleinen Weiler gehandelt haben, nach damaligen Maßstäben vielleicht sogar ein kleines Dorf. Künzingen zählt wie Luitzelstetten (zwischen Löffingen und Rötenbach), Ober- und Niederhofen (Vorläufer von Seppenhofen), Weiler (zwischen Dittishausen und Unterbränd), Muchen (an der Mauchach) und Dossingen (bei Rötenbach) zu den nachgewiesenen abgegangenen Orten im Großraum Löffingen. Zum mittelalterlichen Ensemble von Künzingen soll auch eine kleine Burg gehört haben, oben auf der vordersten Nase des Bergrückens, der Kapf heißt. Der Ort und die Burg sollen im Dreißigjährigen Krieg 1637 von den Schweden zerstört worden sein. Es ist aber auch möglich, dass infolge von Seuchen und Hungersnöten Künzingen schon im 16. Jahrhundert ein Geisterdorf geworden ist.

In einer Urkunde aus dem 13. Jahrhundert vergabte Rudolf von Urach Hof und Mühle zu Künzingen an die Kirche Löffingen als Seelgeräte. Das heißt, er vermachte den Besitz der Kirche, um sich damit das Seelenheil im Jenseits zu erkaufen. Die Mühle wurde nach der Zerstörung im Dreißgjährigen Krieg 1688 als Ölmühle wieder aufgebaut. Die Wahrscheinlichkeit ist groß, dass beim Wiederaufbau der Öle Steinquader aus der zerstörten Burg Künzingen verbaut wurden. Nach verschiedenen Autoren hat es einen Künzinger Minnesänger gegeben und damit auch den Beweis für eine herrschaftliche Einrichtung in diesem Dorf Künzingen. Die Burg Künzingen habe die Straße von Löffingen nach Dittishausen beherrscht. Ihr Standort wird auf dem Bergsporn über der Talsohle der Straße zwischen Löffingen und Dittishausen vermutet, am Fuße des sogenannten Entenbergs. Die Größe des Felsens an dieser Stelle lässt aber kaum ein größeres Burggemäuer zu, bestenfalls einen Wohnturm mit Schutzmauern. Immerhin steht nebenan ein Straßenschild mit der Aufschrift »An der Burg«. Allerdings lässt sich dieser Flurname »Burg« nur bis ins 18. Jahrhundert zurückverfolgen. Entweder wurde er damals infolge einer mündlichen Überlieferung erstmals verschriftlicht oder er dokumentiert lediglich eine erst zu jener Zeit aufgekommene vage Ortssage von einer einstigen Burg an dieser Stelle.

Das Gewann Burg bezeichnet einen langgestreckten Hügel, der sich östlich der Ziegelhütte und nördlich der Mauchach bis 830 m ü.N.N. erhebt. Angeblich sind in der ersten Hälfte des 20. Jahrhunderts dort noch Mauerreste sichtbar gewesen. Im General-Repertorium Burgställe im F.F. Archiv wird 1790 vermerkt: »Das Schloß zu Löffingen: Ein Viertel Stund von Löffingen gegen Norden wird ein altes, zerfallenes Schloß noch heutzutage die Burg genannt. Es stunde auf einem runden Berg oben an dem sogenannten weißen Tal, und der noch heute ringsum laufende Graben ist ein ohntrügliches Zeichen, daß dieses Schloß ehedem mit einem Wall umgeben gewesen sey. Von den Überbleibseln des Schlosses selbst ist dermalen wenig mehr zu sehen. Nach einem [...] Privatbericht sollen ehedessen die Grafen von Urach dieses Schloß bewohnt, und die darzu geweste Wiesen, genannt Weißenthal, der Pfarrei vermacht haben.«

Heute findet man auf der besagten Kuppe zwar keine eindeutigen Mauerreste, aber eine von Dittishausen her kommende, befestigte Zufahrt, die der historischen Verbindung zwischen Burg und Dorf Dittishausen entsprechen könnte. Die vorderste Nase des Kapf hebt sich unmerklich an, so dass es ein idealer Platz für einen Burghöcker abgeben würde, zwar mit wenig Platz, aber mit einem vorzüglichen Blick hinab

▼ Diese bewaldete Kuppe unterhalb von Dittishausen heißt Kapf. Auf ihr stand einst die Burg Künzingen.

▲ Noch gut zu erkennen ist das flache Plateau am vordersten Sporn des Bergrückens Kapf. Dort stand die Burg und blickte hinunter ins Tal der Mauchach.

ins Mauchachtal, hinauf nach Dittishausen und auch auf den Löffinger Alenberg im Süden, von dem vielleicht hätte Unheil drohen können.

Die Grafen von Urach finden wir Mitte des 14. Jahrhunderts in Künzingen, aber schon zuvor müsste die Burg existiert haben. Eduard Schuster weist als Bauherr und früheste Bewohner eine Adelsfamilie von Künzingen dieser Burg zu. Sie wird mit dem 1290 erwähnten Ulrich von Künzingen in Verbindung gebracht. Auch der oben erwähnte Minnesänger Wachsmut von Künzingen soll zu diesem Adelsgeschlecht gehört haben. Allerdings steht dahinter ein Fragezeichen. Ein Minnesänger Wachsmuth von Kunzich oder Kunzechen ist urkundlich im 13. Jahrhundert zwar auffindbar, aber der Ort Kunzich, dem er zugeordnet wird, wird von Autoren wie Emil Ketterer und Wolfgang Irtenkauf mit dem Ort Clemency (früher Küntzig) in Lothringen gleichgesetzt. Als Argument führt Ketterer an, dass der Vorname Wachsmuth auf der Baar völlig unbekannt war, wohingegen er in Lothringen sehr verbreitet gewesen sein soll.

Generell meldet Ketterer Zweifel an der Burgtheorie an. Er macht geltend, dass von einem bedeutsamen Verbindungsweg aus der Baar in den Schwarzwald von Hüfingen über Witterschnee nach Rötenbach nichts bekannt ist. Allerdings kann er den Weiler Kinsingen/Künzingen und das Dienstmannengeschlecht derer von Künzingen nicht aus der Welt schaffen. Die oben erwähnte Urkunde von 1290, aufbewahrt im Pfarrarchiv Löffingen, spricht davon, dass »Ulricus de Kiunsiggun 1ß de praedo suo« an die Kirche zu geben habe, also einen Schilling für ein Grundstück, das er von der Kirche gepachtet hatte. Im Totenbuch der Pfarrei Löffingen sind zwischen 1290 und 1440 insgesamt 19 Verstorbene von Hof und Mühle zu Künzingen verzeichnet. Von einer Burg oder ihren Bewohnern ist keine Rede. Die Mühle und der Hof Künzingen gehörten 1356 mehreren Adligen aus dem Umfeld der Familien von Urach. Es war jenes Geschlecht, welches wohl auch die Burg Urach bei Lenzkirch erbaut hat (siehe 4. Kapitel). Schon im 14. Jahrhundert und später sind von der Ritterfamilie des Ulrich von Künzingen jedenfalls keine Spuren mehr vorhanden. Entweder ist die Familie in den Bauernstand zurückgesunken, aus dem sie höchstwahrscheinlich im 12. oder 13. Jahrhundert aufgestiegen ist, oder sie wurde in alle Welt verstreut und vergessen. Eine herrschaftliche Funktion ist nicht nachzuweisen. Bestenfalls kann man sich eine Vogtei zu Künzingen vorstellen, aber selbst darüber geben die Quellen keine Auskünfte.

▼ Über den Bergrücken führte der einstige Zugangsweg von Dittishausen zur Burg. Er dient heute nur noch als Wirtschaftsweg für die Forstwirtschaft.

Hardegg bei Mundelfingen

Am Platz der einstigen Lochmühle in der Gauchachschlucht findet der Wanderer einen Wegweiser »Hardeck«, der ihn auf der Dögginger Seite auf die Hochebene über der Gauchach führt. An dieser Stelle ist in vielen Wanderkarten auch das Symbol für eine Burgruine eingezeichnet. Doch hier befindet sich lediglich ein Gewann mit dem Namen »Hardbärbeles Wiese«, das durchaus etwas mit der einstigen Burg Hardegg zu tun hat, aber nicht deren Standort markiert. Denn die Burg stand an ganz anderer Stelle, an der Hardhalde, welche die linke Wand des Wutachtals bildet. Das ist einige Kilometer entfernt auf der Gemarkungsgrenze zwischen Aselfingen und Mundelfingen, und zwar auf dem Bergrücken, der die Wutachschlucht vom Aubachtal trennt. Diese Stelle im Wald ist in alten Karten auch als »Schloßbuck« oder »Hardbuck« benannt. Ein Forstweg führt direkt vorbei, von dem das sogenannte Totenwegle abgeht und nach Aselfingen hinunter in die Wutachschlucht führt. Der Name stammt aus alter Zeit, als Mundelfingen noch zum Kirchspiel Aselfingen gehörte und die Toten des Dorfes auf diesem Weg hinunter zum Friedhof in Aselfingen gebracht wurden.

Der sehr gut erkennbare Burghügel weist verblüffende Ähnlichkeiten mit dem Burgplatz »Alt-Tannegg« bei Boll auf der anderen Seite der Wutachschlucht auf. Es handelt sich um einen nahezu symmetrischen, ovalen Kegel, der durch einen heute noch mehr als 5 Meter tiefen und über 10 Meter breiten Halsgraben vom Bergrücken getrennt ist. Auf dem Kegel selbst erkennt man zwei Burgabschnitte. Die Kegelspitze ist talseitig Richtung Aselfingen noch einmal durch einen mehrere Meter tiefen und breiten zweiten Halsgraben durchschnitten, hinter dem sich auf einer kleineren Kuppe offensichtlich ein weit vorgeschobenes Gebäude befand, höchstwahrscheinlich sogar ein Bergfried. Auf dem vorderen und größeren Kegel müsste dann der Palas mit Umfassungsmauern und weiteren Bauteilen gestanden haben. Ein dolinenartiger Einbruch auf mehr als der Hälfte dieses Kegels zeigt, dass hier einst auch Gewölbe oder Keller existiert haben müssen, die wohl unter dem Schutt der Burgruine eingebrochen sind. Es liegen keinerlei Stein- oder Mauerreste offen zutage, aber der ganze Geländezuschnitt legt nahe, dass mit wenig Aufwand solche Ruinenreste ergraben werden könnten.

Die Existenz einer einstigen Burg Hardegg ist gesichert. Schon 1108 erscheinen ein Heinrich und ein Werner von Hardegg als Gefolgsleute der Zähringer in den Urkunden. Möglicherweise handelt es sich um Brüder. Ihre Namen tauchen auch in der Riege der Stifter des Klosters Friedenweiler auf. Bemerkenswert ist, dass das Kloster Friedenweiler verpflichtet war, seine Früchte vom Ort Aselfingen zu beziehen.

Mundelfingen und Aselfingen sind als Munolvingas und Asolvingas beide im Jahr 802 in der gleichen Schenkungsurkunde eines Grafen Thiotfried (Schenkung an das Kloster St. Gallen) erwähnt. Aus dem frühen Ortsadel, so ist anzunehmen, sind die Herren von Mundelfingen hervorgegangen, die uns vom 11. bis ins 14. Jahrhundert aus Urkunden entgegentreten, als Frühester Henricius de Munolvingen (1086), als Letzter Edelknecht Hainrich von Munolvingen (1327). Bemerkenswert ist jedoch, dass schon 1280 Berchtold von Munalingen zwar als »Herr de Munolvingen« geführt wird, jedoch auch als »civis in Friburg« (Bürger in Freiburg). Demnach wären die Herren von Mundelfingen schon Ende des 13. Jahrhunderts nicht mehr selbst im Ort ansässig gewesen. Zuvor lebten und herrschten sie von einem Schloss aus, das sich direkt im Ort befand. Der Platz ist in der Ortsüberlieferung noch gut bekannt, er

◀ So sieht es heute auf dem Schlossbuck aus. Die drei Kuppen zeigen an, wo einst Gebäude standen.

▶ Von dem kleinen Vorhügel links führte einst die Brücke über den Halsgraben nach rechts zum Burghügel, auf dem die Burg Hardegg thronte.

heißt heute noch »Herrengarten« und wird als Viehweide genutzt. Bis in die zweite Hälfte des 20. Jahrhunderts erhob sich dort noch ein meterhoher, bewachsener Schuttkegel, den die Kinder im Winter als Schlittenberg nutzten. Er wurde abgetragen und genutzt, um einen Graben zu verfüllen, der das Gelände zuvor teilweise abgrenzte und als einstiger Burggraben interpretiert werden könnte.

Die Ortsüberlieferung nimmt an, ohne dass es dafür Schriftquellen oder sonstige Zeugnisse gibt, dass sich aus der Linie der Munolvinger Herren ein Zweig abspaltete, der Richtung Aselfingen die Burg Hardegg errichtete und die Herrschaft über Aselfingen innehatte. Diese Ortsüberlieferung wird in einer Sage wachgehalten, die auch ihren Niederschlag in einem Theaterstück »Ritter Kuno von Hardegg« gefunden hat, welches der ehemalige Ortsdekan Willibald Strohmeyer 1899 geschrieben und 1906 erstmals mit dem Gesangverein Mundelfingen aufgeführt hat. Seither wiederholt der Gesangverein die Aufführung alle 25 Jahre, das nächste Mal im Jahr 2025. Strohmeyer, ein Sohn der Gemeinde, bezog seine Informationen von dem um 1900 bereits hochbetagten Waldhüter Johan Georg Walz, der wiederum von einer Überlieferung sprach, die er seinerseits selbst von den Altvorderen des Ortes übernommen habe.

Die Sage sei hier kurz nacherzählt: Zwei Edle, Brüder, vielleicht die oben genannten Heinrich und Werner, teilten sich vor 1300 die Herrschaft, indem der eine das ehemals im Herrengarten in Mundelfingen stehende Schloss bewohnte, der andere aber die Burg Hardegg. Der Mundelfinger sei ein gerechter, angesehener und auch wohlhabender Ortsherr gewesen, der Hardegger hingegen ein Verschwender und Aufschneider mit schlechten Manieren und einer ausschweifenden Lebensweise, die ihn schnell ruinierte. So wurden die Brüder zu Rivalen und es endete damit, dass der Hardegger den Mundelfinger überfiel, dessen Schloss

◀ Nach Süden zum Totenwegle hin, das hinunter nach Aselfingen führt, ist der Burghügel eingesunken und abgerutscht. Diese Geländeverformung deutet auf einen Einbruch über unterirdischen Hohlräumen hin.

im Herrengarten niederbrannte und den eigenen Bruder nach Hardegg verschleppte und einkerkerte. Dort befreite ihn aber Barbara, die Frau des Hardeggers. Als der Ritter von Hardegg dies erfuhr, erstach er den unschuldigen Kerkerwärter und verbannte seine eigene Frau Barbara. Diese lebte daraufhin bis an ihr Lebensende in einer Klause oberhalb der Gauchachschlucht und hatte ihr Auskommen aus einer kargen Landwirtschaft. Seither heißt dieser Ort »Hardbärbeles Wiese«. In der Ortsüberlieferung geht die Geschichte noch weiter. Der Mundelfinger Bruder war ohne männliche Nachkommen, so dass der Hardegger die Erbfolge antrat. Allerdings soll er sehr schnell auch dieses Erbe durchgebracht und sich dann auf Raub und Wegelagerei verlegt haben. Seine Knechte mussten von einem Hügel aus, der heute noch »Wachtbuck« heißt, Ausschau nach Reisenden und Kaufleuten halten, die zwischen Wutachtal, Donaueschingen und Löffingen unterwegs waren. Eines Tages jedoch, an der Wende vom 13. zum 14. Jahrhundert, seien die Ritter von Hardegg aus der Gegend verschwunden, und die Burg wurde dem Zerfall anheimgegeben.

Die Erzählungen des oben erwähnten Waldhüters Johan Georg Walz sind um 1900 im »Donauboten« als »Geschichten des alten Waldhüters von Mundelfingen« in Romanfolge veröffentlicht worden. Darin finden sich erstaunliche Details über das Aussehen der Burg Hardegg. Vielleicht der Fantasie des Waldhüters geschuldet, vielleicht jener des Erzählers, Dekan Strohmeyer. Vielleicht aber auch der Nachklang eines alten Wissens, das sich im Ort von Generation zu Generation weiter übermittelt hat. Demnach gab es einen Bergfried mit Turmgemach, das über eine Wendeltreppe erreicht wurde, eine Zugbrücke vor dem Burgtor, einen gepflasterten Burginnenhof, den man durchqueren musste, um vom Palas zum Bergfried zu kommen, einen Palas mit Halle, »oberen Stockwerken« und einem Erker, mehrere Schloss-

▲ Im Ortskern von Mundelfingen weist die Bezeichnung „Herrengarten" für diese Wiese auf die Edlen von Hardegg hin, die hier ihr Schloss hatten.

türmchen, ein Verlies, höchstwahrscheinlich im Bergfried, eine Umfassungsmauer, als Felsenmauer oder »äußere Burgmauer« bezeichnet, ein »kleines Pförtchen an der hinteren Mauer« und davon unterschieden eine »hintere Pforte in der Schloßmauer« sowie ein »geheimer Gang«, welcher in Richtung Wutachschlucht führte. Die Burg selbst, so heißt es in der Erzählung des Waldhüters, sei erst 1499 im Schweizerkrieg zerstört worden. Die Schweizer Söldner konnten die Burg im benachbarten Blumberg nicht erobern, deshalb seien sie weitergezogen nach Hardegg und hätten hier die bereits verlassene Burg zerstört.

Rätsel und Spekulationen

Allmut

Am äußersten Rand unseres Untersuchungsgebiets, am Zusammenfluss von Mettma und Schlücht, etwa 6 Kilometer flussabwärts von Ühlingen, stand 70 Meter hoch über dem Schlüchttal auf einem dort aufsteigenden Felskopf das Schloss Allmut. Um 1900 waren noch einige wenige Trümmer dieses Schlosses vorhanden. Ein schmaler Fußweg führt auf die Höhe, doch die enge Burgstelle ist heute nur für das geübte Auge erkennbar und schwer zugänglich. In früheren Schriften wird noch die Ruine eines Turms erwähnt. Wie dieses Schloss wohl ausgesehen haben mag, ist Spekulation. Schon im Jahr 1486 wird das Schloss als unbewohnt, 1587 als Burgstall bezeichnet, also als Ruine. »Burgstall« stand damals für eine beschädigte, aber in Teilen noch bewohnbare Burg. Etwa um 1870 hat man in einer fast vollständig verschütteten Höhle an der Nordseite des Burgfelsens zur Schlücht hin ein Arsenal alter Waffen gefunden. Das Schloss hat seinen Namen von der kleinen Grafschaft Allmut, die spätestens im 13. Jahrhundert den Grafen von Lupfen zufiel. Ihre Nachfolger in der Herrschaft Allmut verstrickten sich Ende des 16. Jahrhunderts in einen kriegerischen Erbstreit und man vermutet, dass bei diesem Anlass die Burg zerstört oder stark beschädigt wurde. Die alte Herrschaft Allmut fiel 1587 an das Kloster St. Blasien.

Buchegg

Bereits im vorigen Kapitel war von den Hinweisen auf eine weitere Burg bei Reiselfingen die Rede. Erinnert sei an den Satz aus Theoder Laubenbergers Chronik: »Aber sowohl von dieser, als auch von einer anderen Burg, deren geringe Reste auf einem Bergkegel auf der Eichstauder Halde man findet, weiß die Chronik nichts zu melden.« Aus der heutigen Flurkarte von Reiselfingen lässt sich ein Bergkegel »Eichstauder Halde« nicht identifizieren. Der Name taucht auch nirgendwo in der Ortschronik von Emil Ketterer auf. Ist der Walddistrikt Buchegg gemeint? Dort gibt es an der alten Straße zwischen Reiselfingen und Bachheim eine Anhöhe, die aber nicht Eichstauder Halde, sondern Buchegg (Bucheck) heißt. Diese Bezeichnung gehe keineswegs auf Bewuchs mit Buchenwald zurück, sondern auf eine Ritterfamilie von Buch, die hier ihre Burg gehabt haben soll. Diese Ansicht vertritt der aus Reiselfingen stammende, 2018 verstorbene Heimatforscher Franz Gottwald. Er hat vor einigen Jahren die Geschichte dieser Ritterfamilie von Buch aus der Vergessenheit geholt und dafür gesorgt, dass eine Infotafel an Ort und Stelle über sie und ihre Burg informiert. Man darf mit großer Wahrscheinlichkeit annehmen, dass da, wo Belege für adelige Zunamen vorliegen, wie hier »von Buch«, bereits zum Zeitpunkt der ersten Erwähnung des adeligen Zunamens auch eine entsprechende Burg bestand. Darauf weist auch immer wieder Burgenforscher Alfons

◀ Das Wappen der Ritterfamilie von Buch.

▶ Noch immer kann man im Gelände den einstigen Burgplatz anhand von Aufwölbungen und Absenkungen erahnen.

Zettler hin, wie etwa in seinem Beitrag zum Burgenbuch von Hermann Ehmer, wo es heißt: »Soviel jedenfalls ist klar: In aller Regel indiziert die Erwähnung eines Geschlechternamens die Existenz einer Adelsburg, auch wenn hier – wie bei jeder Regel – die berühmte Ausnahme nicht fehlen wird.«

Das Wenige, was wir über die Ritter von Buch wissen, ist dies: Mitglieder dieser Familie sind zwischen dem 12. und 15. Jahrhundert in etlichen Orten auf der Baar nachweisbar. Bei Leipferdingen, einem Ortsteil von Geisingen, gibt es heute noch den Bucher Hof und den Bucher Wald, Bezeichnungen, deren Herkunft Franz Gottwald der Familie von Buch zuschreibt. Politisch haben die Ritter von Buch keine große Rolle gespielt. Sie gehörten zum weiteren Kreis der Kleinadligen, die den Herren von Schellenberg dienten. Die Familie stammte ursprünglich aus der Nähe von Winterthur in der Schweiz. Aus dem Jahre 1080 stammt die erste urkundliche Erwähnung. Nachgewiesen sind sie unter anderem als Schultheißen von Geisingen, Donaueschingen und Hüfingen sowie als Bewohner der Burg Neufürstenberg bei Hammereisenbach (siehe 4. Kapitel). In den frühesten Quellen zu Reiselfingen und Bachheim findet man keine Spuren dieser Familie. Reiselfingen ist 1218 erstmals urkundlich erwähnt. Es liegt nahe, das Wirken der Familie von Buch in die Zeit davor zu legen, ebenso die Erbauung der Burg. 1280 kaufte das Stift St. Blasien mit Erlaubnis des Grafen Heinrich von Fürstenberg in Reiselfingen einen Hof, und zwar von einem Walter von Buchheim. Ist das vielleicht ein Nachklang auf die Familie von Buch und deren Heim in Reiselfingen? Die Rede ist davon, dass dieser Walter von Buch(heim) ein Lehnsmann der Herren von Schellenberg und Vasall des Grafen von Fürstenberg war. 1689 starb der Fürstlich Fürstenbergische Jägermeister Baron Jonas von Buch in Bräunlingen. Mit ihm, so hat Franz Gottwald ermittelt, starb das Geschlecht aus.

◀ Zahlreiche Dachsbauten auf dem Areal von Buchegg weisen auf unterirdische Hohlräume hin, möglicherweise ein Indiz für einstige Keller und Gewölbe.

Die Bezeichnung »Buchegg« (Bucheck) für das fragliche Gewann erinnert an die Namenssystematik vieler anderer Burgen in der Region, wie etwa Stallegg, Tannegg, Blumegg, Hardegg etc. Luftaufnahmen des betreffenden Geländes, das heute bewaldet ist, lassen eindeutige Strukturen im Gelände erkennen. Auf dem Buchegg sieht man heute noch recht gut das Areal, auf dem sich einst die Burg befunden hat. Einige Wälle und Hügel bergen Steinschutt unter sich. Auch die Umrisse der Außenmauern zeichnen sich – obwohl total überwachsen – noch einigermaßen im Gelände ab. Der Burgplatz ist durchlöchert wie ein Schweizer Käse von Dutzenden von Dachsbauten. Das ist ein klarer Hinweis darauf, dass noch unterirdische Hohlräume vorhanden sein müssen, vielleicht einstige Gewölbe und Keller. Die unterhalb der Anhöhe Buchegg liegenden, landwirtschaftlich genutzten Flächen geben bei nur oberflächlicher Begehung sofort reichlich Fundmaterial preis, das zur einstigen Burg gehören könnte. So konnte der Verfasser ohne große Mühe auf den Äckern zahlreiche Bruchstücke von Ziegeln und gebranntes Material auflesen.

▶ Dellingen

Die Ruine Dellingen in der Nähe der alten Verbindungsstraße durch das Brändbachtal von Unterbränd über Waldhausen nach Bräunlingen erinnert an die Zeit, als Waldhausen ein beachtliches Dorf war und ihm zugehörig die Streusiedlung Dellingen. Es müssen dort Kleinadlige eine begrenzte lokale Herrschaft innegehabt haben, und zwar deutlich vor der Zeit der Fürstenberger, denn neuere Lesefunde auf der Burgstelle, von denen – leider ohne Beleg – im aktuellen Wikipedia-Eintrag zur Ruine die Rede ist, deuten auf eine Erbauung im späten 11. oder frühen 12. Jahrhundert hin. Die Ruine Dellingen wäre damit eine der ältesten Burganlagen auf der Baar, nachdem man sie lange viel jünger geschätzt hatte, nämlich als Bauwerk des 15. Jahr-

hunderts. Eine so frühe Datierung würde zur Architektur passen. Man hat es in Dellingen mit einer typischen Turmburg zu tun. Der meist quadratische Turm bei diesem Burgentyp ist von einer Ringmauer oder Palisade und einem Graben eng umgeben. Nur kleine Wohngebäude haben sich bei solchen Burgen noch zwischen Turm und Mauer zwängen können. Turmburgen waren, wie schon mehrfach dargelegt, eine frühe Burgform aus einer Zeit, als der Bau von Adelsburgen erst begann, die jedoch häufig mit An- und Erweiterungsbauten bis ins Hoch- und Spätmittelalter überlebten.

Ein Ensemble von Bauernhöfen am Fuß des Eichbergs bildete einst den Weiler Dellingen. Ein niederer Ortsadel aus Waldhausen oder Dellingen kommt als wahrscheinlicher Erbauer der Burg infrage. Ab dem 14. Jahrhundert sprechen die spärlichen Urkunden von einem »Burgstall Tällingen«, also höchstwahrscheinlich einer bereits verlassenen oder teilweise zerstörten Burg. 1512 wird der Begriff »Burgsäß« gebraucht, also Burgsitz. Die urkundliche Nennung

▶ Der ebenerdige Eingang in den einstigen Bergfried ist noch gut erhalten. Im Türsturz sind am Gestein Brandspuren zu erkennen.

◀ Leider haben unbekannte Besucher den Innenraum des Bergfrieds Dellingen zum Teil als Müllkippe und Toilette missbraucht. Aber gut erkennbar sind noch Mauernischen, ein Fenster und verschiedene Gesimse, welche die Balkenauflage für ein oberes Stockwerk markieren.

von 1483 weist diesen Burgstall/Burgsäß dem Lehnbesitz des Grafen Sigmund von Lupfen zu. Der Zerfall der Burg dürfte aber schon eingesetzt haben, als sie in die Hände des Grafen Sigmund von Lupfen kam, der keine wirkliche Verwendung für das Gemäuer hatte. Dass er jemals »Sitz« auf dieser Burg genommen hat oder sie überhaupt nur besucht hat, ist nicht zu vermuten.

Die Ruine der Burg mit immer noch bis zu 4 Meter hohen Mauerresten liegt im Hochwald auf einem sanften Bergrücken, dem 780 Meter hohen Eichbuck. Sie ist leicht aufzufinden, weil ein handgemaltes Hinweisschild auf den schmalen Zugangsweg aufmerksam macht. Teilweise sind die noch sichtbaren Tuffstein-Mauern bis zu 2 Meter dick. Sie bilden ein Geviert von etwa 10 auf 10 Metern mit insgesamt 42 Quadratmetern Innenfläche. Dort hat sich viel Geröll angesammelt, möglicherweise könnten Grabungen auch noch eine Art Untergeschoss ergeben. Bei dem Geviert handelt es sich um die Reste eines ehemals außerordentlich starken Turms unbekannter Höhe. Mindestens ein Obergeschoss lässt sich durch den auf halber Höhe erkennbaren Mauerrücksprung, der einst der Balkenauflage diente, deutlich ausmachen. Ein ebenerdiger Eingang mit gemauertem Torbogen ist noch gut erhalten, ebenso auf der gegenüberliegenden Turmseite eine fensterartige Scharte. Nebengebäude oder größere steinerne Anbauten direkt an den Turm sind aufgrund der beengten Situation kaum wahrscheinlich. An den Ruinen sind auch keinerlei Spuren von Maueranschluss erkennbar. Das Turmplateau ist von einem tiefen Graben und dieser wiederum von einem hohen Erdwall umgeben. Dieser Wall könnte Palisaden getragen haben, stellenweise kragt er zu schanzenartigen Vorbauten aus. Wall und Graben sind in ihren Ausmaßen noch heute deutlich zu erkennen. Von der Grabensohle erfolgte der Zugang zum Turm, aber es muss daneben einen Hauptzugang zur Burg gegeben haben, über den man überhaupt erst den Graben erreichen konnte. Jenseits des Grabens setzt sich auf der Südseite (Fensterseite) das Plateau zum Bergrücken hin fort, und dort wäre dann reichlich Platz für weitere Vorbauten oder Wirtschaftsgebäude gewesen. Dann könnte hier auch der Hauptzugang zur Burg gewesen sein und man wäre schon damals genau von der gleichen Bergseite her zur Burg gekommen, wie man heute zur Ruine kommt. Einzelne Mauerfragmente und Steinfelder am Abhang nähren eine solche Vermutung. Die frühe Datierung der Burganlage macht einen vorwiegend hölzernen Bau wahrscheinlich, so dass das Fehlen aussagekräftiger Mauerreste oder eines Maueranschlusses am Turm noch nicht unbedingt als Indiz für das Fehlen von Gebäuden genommen werden kann. Deswegen muss auch offen bleiben, ob der Burgturm zusammen mit einer Vorburg als Wohnsitz diente oder ob die Anlage so klein war, dass sie nur als Rückzugsort von den umliegenden Höfen für Notzeiten erbaut und vorgehalten wurde.

Im 15. Jahrhundert war die Siedlung Dellingen mitsamt Burg(ruine) ein Lehen des Landgrafen von Lupfen-Stühlingen, das an die Lehensleute Hans Hack (1468) und Ludwig Gut (1483) vergeben war. Das Eigentum an der Ruine ging 1512 auf Paul Stehlin von Stockburg über und 1550 durch Verkauf an Friedrich II. Graf zu Fürstenberg. Nach dem Übergabevertrag handelte es sich um »mein Haus, Burgsäß, Schüren, Stellen, Hofraitlin, Gärten«, also Haus, Burgsitz, Scheunen, Ställe, Hofraite und Gärten. Der ganze Weiler Dellingen ist 1881 abgebrannt und nicht wieder aufgebaut worden.

Dillendorf

An der Straße zwischen Ewattingen und Stühlingen liegt der uralte Ort Dillendorf. Er wird bereits im Jahr 797 erstmals urkundlich erwähnt, als ein Luitpert von Tillindorf seinen dortigen Besitz dem Kloster St. Gallen vermachte. In einer Urkunde aus dem Jahre 1150 treten uns vier als Freiherren bezeichnete Adlige aus Dillendorf entgegen. Dieser Ortsadel hat in einer eigenen Burg am »Schlossbuck« gewohnt. Eduard Schuster vermutet, dass es sich nur um einen Wohnturm gehandelt habe, von dem Mitte des 19. Jahrhunderts sogar noch Reste sichtbar gewesen seien. Ein Haus am Dorfende in der Nähe der unteren Mühle trug lange noch die Bezeichnung »Schloss«, und südlich des Ortes gibt es ein Gewann »Burgrain«. Ein Chuonrad von Tillindorf ist 1276 letzter urkundlich nachweisbarer Spross der Dillendorfer Freiherren. Ihre Burg müssen diese Edlen von Tillendorf schon bald verlassen haben, denn bereits 1284 war sie im Besitz der Grafen von Nellenburg.

Ritter Heinrich von Blumegg vereinigte Mitte des 13. Jahrhunderts die Herrschaften Blumegg und Blumberg. Zu seinem erweiterten Besitz gehörten seither die Burg Tannegg, die Dörfer Aselfingen, Fützen, Grimmelshofen und Lausheim sowie der »Turm zu Dillendorf«. Damit scheint die Burg gemeint zu sein. Noch 1424 ist in Urkunden von einem »Turm zu Dillendorf« die Rede. Heinz Voellner glaubt, dass dieser Turm sehr alt gewesen sein muss und von den oben erwähnten Adligen »zu Tillindorf« erbaut wurde. Darauf deuteten der Charakter als Tiefburg am Rande des Ortes und das Fehlen einer eigenen Bezeichnung für die Burg hin. Die 1150 erstmals erwähnten Edlen von Dillendorf werden ausdrücklich als »Freiherren« oder »Edelfreie« bezeichnet, also keinem Herrn untertan außer dem König. Auch das spricht für ein hohes Alter der Burg.

1366 verkaufte Konrad von Blumegg seine Herrschaft Blumegg (siehe Abschnitt »Blumegg«) an Egloff von Wolffurt, welcher damit auch in den Besitz des Turms von Dillendorf kam. Die Eigentümer wechselten dann häufiger, 1448 sehen wir das Kloster St. Blasien als Eigentümer. Noch 1507 wird ein Schloss zu Dillendorf urkundlich erwähnt, doch spätestens im Bauernkrieg ist die Burg zerstört und danach nicht wieder aufgebaut worden. Noch 1861 existierte laut Heinz Voellner ein mit einem Graben zur Hälfte umgebenes Gemäuer.

Eulenburg

Eine besondere Augenfälligkeit entlang der Gauchach von ihrem Oberlauf bis zur Einmündung in die Wutach ist die, dass jeweils zu einer Burg eine Mühle gehörte. Das gilt für die Neuenburg mit der Burgmühle bei Bachheim, ebenso für die Grünburg mit der Lochmühle. So erscheint es folgerichtig, dass mit der Eulenmühle nordwestlich von Döggingen ebenfalls eine Burg in Verbindung gebracht wird. Eduard Schuster berichtet davon, dass um 1900 das Gauchachgebiet bei den Einheimischen noch »Burgtal« geheißen habe, und er nennt das Gewann »Schlösslebuck« oberhalb der Eulenburg als wahrscheinlichen Standplatz für eine zur Mühle gehörige Burg. Dort gibt es des Weiteren auch die Namen »Eulenburg« und »Groß- und Klein-Eulenburg«. Im amtlichen Messtischblatt sind diese Stellen noch als »mit Schlossresten versehen« ausgewiesen. Aber man muss schon ein sehr geübtes Auge haben, um Spuren einer menschlichen Behausung zu entdecken. An diesem Platz im Fichtenwald hat der Verfasser bei einer Ortsbegehung im Herbst 2017 markante Wall- und Gra-

▼ Man muss schon suchen und den Waldboden am Burgplatz der Eulenburg scharf absuchen, um solche Mauerreste zu finden. Sie sind nur da sichtbar, wo die Wurzelballen vom Sturm umgeworfener Bäume Löcher in den Waldboden gerissen haben.

benspuren auf einem etwa 60 auf 100 Meter großen Areal ausmachen können. Das Areal scheint künstlich eingeebnet. Auffällige Geländeaufwölbungen könnten auf darunterliegende Schuttkegel von einstigem Gemäuer hindeuten. Darüber könnte nur eine professionelle Grabung Aufschluss geben. In einer Mulde, die höchstwahrscheinlich entstanden ist, als ein Baum mitsamt Wurzelwerk umgestürzt ist, tritt echtes Mauerwerk zutage. Es kann auf einer Länge von 3 bis 4 Metern verfolgt werden. Das Vorhandensein zerfallener Gemäuer an diesem Platz ist aber im 19. Jahrhundert noch mehrfach bezeugt.

Das Gewann »Schlösslebuck« oder »Eulenburg«, das sich etwa eine halbe Gehstunde von Döggingen entfernt befindet, senkt sich zur Gauchachschlucht hin ab. Ein in die Bergflanke gearbeiteter Waldweg unbestimmbaren Alters führt unmittelbar hinunter bis vor die Tore der Eulenmühle. Die in der Nähe am Gauchachufer bereits um 1530 bezeugte Eulenmühle ist lange im Volksmund mit einer »Eulenburg« in Verbindung gebracht worden, die identisch mit dieser Dögginger Burg gewesen sein könnte. Da es keine Urkunden über eine solche »Eulenburg« gibt, verweist Emil Ketterer sie in das Reich der Fabeln. Allerdings hat auch er bei einer Ortsbegehung Reste künstlicher Steinbauten gefunden. Ketterer hält sie für »Reste vorgeschichtlicher, steinernen Grabhügel«. Die Nähe der Mühle zur Dögginger Burgstelle und die Erfahrung, dass Volksmund und Volksüberlieferung selten auf reine Erfindungen zurückgehen, lassen Zweifel an der Grab-

▼ Im Gauchachtal steht unterhalb des „Schlösslebucks" heute noch die Eulenmühle. Einst soll sie die Mühle der Eulenburg gewesen sein.

hügel-Theorie aufkommen. Ein Bannbrief von 1666 besagt, dass Unadingen, Döggingen und Dittishausen zum Mühlenbann der Eulenmühle gehörten. Eine so starke Stellung einer Mühle kann nur mit herrschaftlicher Zugehörigkeit zu einer Burg erklärt werden. Die Dreifaltigkeitskapelle, die zur Eulenmühle gehört, trägt auf einem Chorbalken die Jahreszahl 1443. Da die Schluchthänge hier aus Keuper und Muschelkalk bestehen, hat man schon vor 1800 neben Korn auch Gips gemahlen. So ist auch an der Stelle, an der angeblich die Trümmer der Burg lagen, ein Gipsbruch aufgeschlossen worden, dem dann alles zum Opfer gefallen ist, was die Jahrhunderte von der Burg übrig gelassen hatten.

Dass es eine Dögginger Burg gegeben haben muss, ist sehr wahrscheinlich. Waldo de Decgingun ist als Dögginger Ortsadliger 1086 erwähnt, Ottwinus de Teggingen im Jahre 1102. Dieser lokalen Adelsfamilie könnte man eine Burg am oberen Eingang der Gauchachschlucht zuschreiben. Die Schicksale der Dögginger Ritter sind unbekannt, das Geschlecht hat, wie so viele, niemals einen Chronisten gehabt. Ottwinus de Teggingen trat 1102 in das Kloster St. Georgen ein. Das könnte ein Hinweis auf das Ende der männlichen Linie sein. Für diesen Fall dürfte der Adlige auch das zugehörige Dorf und seine Burg dem Kloster vermacht haben. 1123 kam das Dorf Döggingen an das Kloster Reichenau, das seine Besitzungen auf der Baar straff organisiert hatte, so dass anzunehmen ist, dass im Dögginger Burgtal vermutlich ein Klostervogt saß, der die Verwaltung vor Ort besorgte. Jedenfalls saß keine Adelsfamilie mehr auf der Burg, sondern ein Gefolgsmann des Abtes der Reichenau. Spätestens 1184 gingen Burg und Dorf in den Besitz des Klosters Tennenbach über und im 13. Jahrhundert schließlich wurden die Fürstenberger Grafen Landes- und Grundherren zu Döggingen. Höchstwahrscheinlich war die Burg zu diesem Zeitpunkt bereits verlassen. Spätestens 1701 und 1702, als die Franzosen Döggingen einäscherten, dürfte auch die Burg zerstört worden sein.

▶ Rotes Haus

Im 12. Jahrhundert lebte in Schaffhausen die angesehene und weit verzweigte Patrizierfamilie der Edlen von Roth. Ein Zweig dieser Familie unter Eberhard von Roth, Ritter und Kirchherr zu Beringen und Stein, siedelte um 1300 in Grafenhausen. Der Ort stand damals im Besitz des Klosters Allerheiligen in Schaffhausen, das die Ländereien rund um den Schluchsee und um Grafenhausen 1052 vom Grafen von Nellenburg geschenkt bekommen hatte. Das Kloster Allerheiligen hatte also Interesse daran, dass Schaffhausener Untertanen diese entlegene Gegend besiedelten und die Ansprüche des Klosters durchsetzten. Wie wir im vorigen Kapitel gesehen haben, waren zuvor die Edelfreien von Signau Herren in dieser Gegend. Das Kloster erhob Grafenhausen 1311 zur Stadt »civitatis Gravenhusen«. Es lebten dort höchstens ein paar hundert Menschen, darunter ausweislich eines Zinsrodels von 1311 neben Bauern und Tagelöhnern auch ein Säger, ein Zimmermann, drei Schmiede, ein Glaser, ein Maurer, zwei Weber, ein Schuster, zwei Schneider, drei Müller, ein Bäcker, zwei Krämer, ein Wirt, drei Harzer, ein Spielmann und eine Adelsfamilie, nämlich die von Roth aus Schaffhausen. Sie besaß im Ort selbst eine schlossartige Behausung, jenes dreistöckige Gebäude mit dicken Mauern und imposanten Bogenfenstern, von welchem im Absatz über die Burg Signau schon die Rede war.

Als im Jahr 1330 Egbrecht von Roth die Vogteirechte über Grafenhausen erhielt, nannte er sich fortan »Egbrecht von Roth zu Gravenhusen«. In den Urkunden über den Erwerb der Vogteirechte heißt es, dass damit auch einige Güter des Klosters in der Umgebung von Grafenhausen in den Besitz derer von Roth übergingen. Namentlich genannt werden ein Lehen »auf dem Buck«, einige Äcker und »das Lehen oben im

Wald«. Bei diesem »Lehen oben im Wald« handelte es sich ungefähr um jenen Flecken, auf dem heute die Rothausbrauerei steht. Dort »oben im Wald« muss Egbrecht selbst oder einer seiner Nachkommen ein Haus gebaut haben, das später als »das rothe Haus« (also das Haus der Roths) in den Urkunden auftaucht und dem heute die Brauerei ihren Namen verdankt. Beim »rothen Haus« handelte es sich mit großer Sicherheit nicht um eine Burg, sondern vielleicht eher um ein Jagdschlösschen. Da sich genau am »Rothen Haus« die Straße von St. Blasien nach Bonndorf mit der von Grafenhausen über den Dürrenbühl nach Schluchsee und weiter nach Lenzkirch kreuzte, ist auch eine Schutz- und Zollfunktion denkbar. Und auch von Löffingen über Dietfurt und Ottiswald schlängelte sich ein Saumpfad nach Grafenhausen. Es handelte sich bei der Stelle also um einen Verkehrsknoten, der schon für die Zeit der fränkischen Herrschaft vor der Jahrtausendwende nachweisbar ist.

1380 kehrte die Familie Roth dem Ort wieder den Rücken, das »rothe Haus« aber blieb. Über zwei Jahrhunderte muss es gestanden haben, und es ist dabei stets im Besitz der längst vergessenen und verzogenen Familie von Roth geblieben. Wer darin gelebt hat, wie dort gearbeitet und gewirtschaftet wurde – es steht in keiner Urkunde. Doch nach zwei Jahrhunderten ohne jegliches schriftliche Zeugnis tauchte das »Rothe Haus« plötzlich wieder aus dem Dunkel der Geschichte auf. Bei der Auflistung der Freiflächen und Liegenschaften, die 1609 in den Herrschaftsbereich des Klosters St. Blasien übergingen, heißt es unter anderem: »beim Rothen Haus 500 Ar«. Das bedeutet nicht mehr und nicht weniger, als dass im Jahre 1609 das »Rothe Haus«, von dem die Urkunden zuletzt im 14. Jahrhundert berichtet haben, immer noch existierte. Ab 1681 belegen die Quellen das Schankrecht auf dem »rothen Haus«. 1791 wurde die Brauerei »zum rothen Haus« gegründet.

Schlösslebuck

Ein Gewann dieses Namens gehört zur Gemarkung Dittishausen, es ist identisch mit dem Gewann »Hegi« oder »Hochstatt«. Nach Eduard Schuster sind dort Anfang des 19. Jahrhunderts noch Mauerreste einer Burgruine sichtbar gewesen. Der Volksmund spricht davon, hier habe einst ein »Schlössle« gestanden. Schuster bringt die Burg mit dem Geschlecht derer von Tittinhusen in Verbindung. Das Dorf Dittishausen geht auf einen Alemannenhäuptling Titin zurück. 1275, bei seiner ersten urkundlichen Erwähnung, heißt der Ort immer noch »Titinshusen«, und seine Herren nannten sich »von Tittinhusen«. Möglicherweise haben wir es also mit einem Ortsadel zu tun, der schon in vorurkundlicher Zeit auf dem Schlösslebuck saß. Die Herren von Dittishausen, die im 12. Jahrhundert in den Urkunden erscheinen, gehörten bereits zum Dienstadel der Herzöge von Zähringen. Gerunec de Tittinhusen ist der früheste namentlich bekannte Spross dieser Adelssippe. Er wird 1152 und 1158 in Urkunden des Klosters St. Peter als Zeuge erwähnt. Im Jahre 1200 gehörte nach dem St. Galler Urkundbuch der Zehnte von allem, was auf den Gütern des »Gerung, Gottfried und Rudolph von Ditinhusen« geerntet wird, dem Kloster St. Gallen, mit Ausnahme von vier Feldern des genannten Rudolph. Dann taucht das Geschlecht erst wieder gegen Ende des 13. Jahrhunderts in Urkunden auf. Ein Hugo (nach der damaligen Schreibweise Hug oder Huog) von Titinshusen wird 1296 und 1287 als Zeuge des Grafen Konrad von Fürstenberg genannt. Außerdem tritt er mehrfach als Wohltäter des eben erst gegründeten Benediktinerinnenklosters Friedenweiler in Erscheinung. So verkaufte er laut Urkunde von 1299 »mit handt, gunst und willen graf Conradts von Fürstenberg« sein Gut zu Weiler an das Kloster, und drei Jahre später schenkte er sogar seinen »Sitz und all sein Gut in dem Dorf zu Dittishausen«. Eine

Catharina, Tochter Peters von Dittishausen, beanspruchte die an das Kloster Friedenweiler geschenkten Güter für sich, wurde jedoch ausweislich einer Bräunlinger Gerichtsurkunde mit ihrem Begehren abgewiesen. Die Schenkung lässt den Schluss zu, dass der Hauptteil der Familie bereits ihren Sitz von Dittishausen in den Breisgau verlegt hatte. Hugo von Titinshusen taucht nämlich bereits 1299 als Besitzer von Gütern in Elzach und Spitzenbach auf und wird dort als Lehnsmann der Herren von Schwarzenberg erwähnt. Als letzter der Familie wird im Hochschwarzwald ein Ernfrid von Dittishausen als Zeuge des Grafen von Fürstenberg im Jahr 1307 erwähnt. Entweder handelte es sich um einen Bruder oder um einen Sohn des erwähnten Hugo.

DIE BURGEN DER ZÄHRINGER UND FÜRSTENBERGER SOWIE IHRER MINISTERIALEN

Einführung

Im Jahr 1283 übertrug König Rudolf von Habsburg seinem Getreuen, dem Edlen Heinrich Graf von Urach-Fürstenberg, die Landgrafschaft Baar. Die Urkunde, die dies bezeugt, befindet sich bis heute im Besitz des Hauses Fürstenberg und gilt als wichtigste Grundlage für alle Rechte des Hauses Fürstenberg auf der Landgrafschaft Baar. Für unsere vorliegende Untersuchung ist es unerheblich, ob die Landgrafschaft als unmittelbare Fortsetzung einer viel älteren (alemannischen/fränkischen) Gaugrafenschaft anzusehen ist oder mit der Urkunde von 1283 eine Neukonstituierung erfolgte. Von Bedeutung hingegen ist, dass schon die Vorfahren der Zähringer vor der ersten Jahrtausendwende herrschaftliche Funktionen und Rechte auf der Baar ausübten, später die Zähringerherzöge und 1218, nach deren Aussterben im Mannesstamm, deren Erben, die Grafen von Urach-Freiburg.

Sowohl im Dreisamtal mit den Burgen Falkenstein und Bubenstein als auch im Bregtal mit den Burgen Neufürstenberg und Zindelstein sowie im Brändgebiet mit der Kirnburg und in Lenzkirch mit der Burg Urach stoßen wir auf Befestigungen, die eng mit diesen Herrschaftsverhältnissen und mit den Verkehrsbeziehungen innerhalb der zähringischen Herrschaft zusammenhängen.

Am 12. Januar 1236 starb Egino V. von Urach. Er hinterließ vier Söhne: Konrad, Berthold, Heinrich und Gottfried, die den Namenszusatz »von Urach-Freiburg« benutzten. Diese Söhne schafften es aufgrund der politischen Verhältnisse nicht, die Gebiete östlich und westlich des Schwarzwaldes als geschlossenen Herrschaftsbereich zusammenzuhalten. Gottfried trat in den geistlichen Stand, Berthold erhielt den Stammsitz der Familie in Urach in Württemberg. Die anderen beiden Brüder, Konrad und Heinrich, teilten den verbliebenen Besitz untereinander auf in eine Herrschaft Freiburg, die an Konrad fiel, und eine Herrschaft auf der Baar, die an Heinrich fiel. Das große Reichslehen der Zähringer fiel zwar mit dieser Erbfolge auseinander, aber es gelang den Urachern, ihre Allodialgüter (Eigenbesitz) im Schwarzwald und östlich davon weitgehend zu behaupten. Seine Stellung im Hochschwarzwald und auf der Westbaar suchte das Haus Urach-Freiburg nunmehr mit solchen strategischen Maßnahmen zu festigen, wie sie ihm damals politisch und verfassungsrechtlich zur Verfügung standen. Dazu gehörten Stadtgründungen wie jene von Neustadt und Vöhrenbach (zwischen 1225 und 1275), Kolonisation der Waldgebiete (z. B. Friedenweiler), aber auch der Ausbau der Verkehrsbeziehungen sowie die Anlage oder der Ausbau von strategisch bedeutsamen Burg- und Befestigungsanlagen zur Herrschaftssicherung. Graf Heinrich von Freiburg-Urach nannte sich nun »von Fürstenberg« nach dem vordersten (fürdersten) Berg und dem gleichnamigen Dorf Fürstenberg auf der Höhe der »Länge«, wo er seinen ständigen Wohnsitz nahm. Dass sich Heinrich die (dort schon vorhandene) Burg und den Ort Fürstenberg zum Wohnsitz wählte, zementierte seinen damals vielleicht noch fragilen Herrschaftsanspruch über diese Landschaft. Um 1250, als Heinrich sich »von Fürstenberg« nannte, war der junge Fürst erst 14 Jahre alt. Dennoch gilt 1250 als das Jahr, in dem die Trennung der Herrschaftsbereiche der Brüder Konrad und Heinrich endgültig vollzogen wurde.

Betrachten wir den Besitzstand, den Heinrich von Fürstenberg nun als alleiniger Herrscher sein Eigen nennen durfte: Die Burg auf dem Fürstenberg war Verwaltungs- und Herrschaftsmittelpunkt der Landgrafschaft Baar. Die Grafenrechte, die schon während ihrer zweihundertjährigen

Vormachtstellung die Zähringer ausgeübt hatten, bezogen sich zunächst nur auf den Eigenbesitz. Sie erfuhren eine reichsrechtliche Anerkennung auf das gesamte Territorium der Baar erst mit der erwähnten Verleihung der Landgrafenwürde durch König Rudolf im Jahre 1283. Außer der Baar mit den bedeutsamen Städten Villingen und Bräunlingen gehörten zum Territorium Fürstenberg auch die altzähringischen Besitzungen im Kinzigtal, Haslach, Wolfach und die Heidburg, die den Pass zwischen Elztal und Kinzigtal beherrschte. Von Interesse für unsere Untersuchung sind die fürstenbergischen Ansprüche im Hochschwarzwald, auch als »Herrschaft Über-Wald« bezeichnet. Dazu gehörten seit den Tagen Heinrichs das Amt Löffingen, das Amt Neustadt (auch Hohenfürstamt genannt), das Amt Vöhrenbach und später ab 1491 auch das Amt Lenzkirch. Diese »Ämter« waren Verwaltungseinheiten, vergleichbar den heutigen Landkreisen, denen jeweils ein Obervogt vorstand. Die Vögte hatten ihren Sitz in den genannten Amtsorten Löffingen, Neustadt, Vöhrenbach und Lenzkirch. Die kleineren Dörfer, die diesen Ämtern zugeordnet waren, hatten eigene Untervögte, so etwa die zum Amt Löffingen gehörenden Ortschaften Dittishausen, Rötenbach, Göschweiler, Reiselfingen, Seppenhofen, Unadingen, Litzelstetten, Weiler, Muchen, Oberhofen, Mitla und Hartheim. Die fünf letztgenannten Orte sind abgegangene Siedlungen. Bachheim kam erst spät unter fürstenbergische Hoheit, zuvor herrschte hier, wie in den vorigen Kapiteln mehrfach dargelegt, wechselnder Ortsadel, unter anderem die Herren von Blumberg, die Herren von Almshoven und die Herren von Schellenberg. Zum Amt Neustadt gehörten Langenordnach, Jostal, Altenweg, Schildwende (Schiltwendi), Spriegelsbach (Brühelsbach) und vermutlich das später untergegangene Honvirst. Wobei es ein »Amt Neustadt« erst geben konnte, nachdem die Stadt Neustadt gegründet war. Wann exakt dies geschehen ist, bleibt bis heute umstritten, denn eine Gründungsurkunde, wie wir sie von Vöhrenbach her kennen, gibt es für Neustadt nicht. Die erste urkundliche Erwähnung der »nuwen Stadt« fällt in das Jahr 1275. In einer Grenzbeschreibung der Klöster Friedenweiler und St. Peter von 1265 ist noch mit keinem Wort die Rede von einer Siedlung Neustadt, was nahelegt, dass die Gründung später erfolgte.

Zum Amt Vöhrenbach gehörten unter anderem Schwärzenbach, Rudenberg, Friedenweiler, letzteres mit Grundherrschaft über Schollach, Hammereisenbach beziehungsweise Bregenbach. Eisenbach und seine übrigen heutigen Ortsteile wurden erst später gegründet. Zum Amt Lenzkirch gehörten Ober- und Unterlenzkirch, Fischbach, Kappel, Raitenbuch und Saig, später auch Alt- und Neuglashütten, Bärental und Falkau, die damals als Orte noch nicht existierten. Einzelne Orte oder Teilorte, etwa Unadingen, Bachheim, Dittishausen, Schwärzenbach, sind von den Fürstenbergern in den folgenden Jahrhundert verschiedentlich als Lehen vergeben worden, gehörten aber immer zur Landgrafschaft Fürstenberg.

Das Haus Fürstenberg hatte seit den Tagen Heinrichs I. bis zur Säkularisation 1806 in den genannten Orten alle wesentlichen hoheitlichen Funktionen inne. Die Fürstenberger übten das Landgrafenamt aus, das den Charakter einer Stellvertretung des Königs hatte. Die wichtigsten damit verbundenen Rechte waren die Hohe Gerichtsbarkeit und die eigentlichen Grafenrechte, die im 15. Jahrhundert durch kaiserliche Privilegien ausgebaut wurden. Zu diesen Rechten gehörte auch das Recht, Steuern einzuziehen. Die Landgrafen von Fürstenberg vereinigten in ihrer Hand weiterhin die Rechte über Markt-, Zoll-, Münz-, Bergbau sowie Forst-, Jagd und Fischereiwesen.

Eine erhebliche Macht- und Territorialausweitung der Fürstenberger erfolgte ab dem 16. Jahrhundert in Richtung Schwaben und Bodensee. Im Bereich der Westbaar und des Hochschwarzwaldes kamen nach und nach ebenfalls Gebietszuwächse (Lenzkirch, Eisenbach) hinzu. Einer weiteren Ausdehnung standen neben lokalen Adligen und geistlichen Herrschaften vor allem die Habsburger entgegen. Seit der Krönung des schwäbischen Grafen Rudolf von Habsburg zum deutschen König (1273) griff das Haus Habsburg systematisch nach rechtsrheinischen Territorien. 1305 entriss es den Fürstenbergern die Stadt Bräunlingen. Schon 1254 sicherte sich das Haus Habsburg die Klostervogtei über das Kloster St. Blasien. Die Stadt Waldshut war 1240 von den Habsburgern gegründet worden. Später kamen die Klostervogteien über St. Trudpert im Münstertal und über Waldkirch, die Städte Villingen (1326), Breisach und Kenzingen, Gebietsherrschaften um Triberg, im Hegau und in Oberschwaben hinzu. Die wertvollste Beute kam 1368 mit der Stadt Freiburg in habsburgischen Besitz und damit auch gleich erhebliche Teile des Breisgaus. Auch der Hotzenwald und das Gebiet südlich und östlich des Feldbergmassivs fielen in die Hände der Habsburger. So entstand eine Herrschaftszone, die von Konstanz, Oberschwaben und den Hochrhein über den Schwarzwald bis in das Elsass reichte und für die sich die Bezeichnung »Vorlande« oder »Vorderösterreich« einbürgerte. Die kurze Zusammenfassung macht deutlich, wie sehr die Landgrafschaft Baar der Fürsten zu Fürstenberg von den Habsburgern eingekreist war. Mit dem Verlust von Bräunlingen 1305 begann ein Zwist zwischen Habsburg und Fürstenberg, dessen eigentliche Ursache schwer zu ergründen ist. Die Urkunden sprechen von einer »mishelli« zwischen den beiden Häusern, die mit einem Sühnevertrag bereinigt wurde. Die Folge des Zerwürfnisses waren zunächst kriegerische Fehden bis hin zur Belagerung von Burg und Stadt Fürstenberg durch habsburgische Truppen. Im weiteren Verlauf folgte aber die faktische Unterwerfung des Grafen Heinrich II. (Enkel des ersten Heinrich von Fürstenberg) unter den Habsburger König Albrecht (1255–1308), einen Sohn Rudolfs I. von Habsburg, und unter dessen Söhne, Friedrich »den Schönen« (1289–1330) und Leopold I. (1290–1326). In dem Sühnevertrag erklärt sich Heinrich II. von Fürstenberg bereit, für sich und seine Brüder alle Rechte an der Stadt Bräunlingen abzugeben, »allez daz reht, daz wir haben in der stat ze Brülingen«, außerdem die Burg Kürnburg im Brändbachtal und die Stadt Löffingen. Diese beiden wichtigen Stützpunkte seiner westlichen Grafschaft erhielt Graf Heinrich II. aber wieder als Lehen zurück.

Falkenstein

Die Burg Falkenstein, unweit des Hirschsprungs am unteren Eingang ins Höllental, wird 1328 erstmals erwähnt, wobei die Urkunde, die den Verkauf eines Anteils am »turme ze Valkenstein« dokumentiert, von der Burgenforschung kontrovers diskutiert wird. Manche sehen darin eher einen Hinweis auf die wenige hundert Meter talabwärts liegende Festung Bubenstein (siehe nächster Abschnitt). So stammt die erste wirklich unstrittige Erwähnung der Burg Falkenstein aus dem Jahr 1388 und ist gleichzeitig auch ihre letzte. Es handelt sich nämlich um den Bericht anlässlich ihrer Zerstörung. Schon 1407 ist in den Quellen nur noch vom »burgstal ze Valkenstein« die Rede, also von einer unbewohnten, zerstörten Burg.

Inzwischen geht die Forschung davon aus, dass es sich beim Geschlecht der Falkensteiner um die ehemaligen Herren Weiler handelt, die sich »von Falkenstein« nannten, nachdem sie die Burg gebaut und dorthin umgezogen waren. Das war damals üblicher Brauch, sich nach seinem Herrensitz zu benennen. Da der Name »von Falkenstein« erstmals 1111/12 mit »Cono de Falchensteina« im Rotulus Sanpetrinus auftaucht, muss zu diesem Zeitpunkt bereits die Burg gestanden haben, wenn die Falkensteiner sich wirklich nach ihrer Burg benannt haben. Davon kann aber nicht zwingend ausgegangen werden, weil im erwähnten »Falchensteina« das Suffix »a = ach« auf ein Gewässer hindeutet. Sollten die Falkensteiner sich nach einem Bach namens »Falkensteinach« benannt haben, den man heute nach diesem Namen nicht mehr kennt, so müsste man dieses Gewässer möglicherweise im Engebachtal suchen, wo dann Familien-, Burg- und Bachname einer Herkunft wären. Wir haben jedenfalls zwei Orientierungspunkte: 1111 gab es die Burg Falkenstein bereits und 1388 wurde sie zerstört. Bevor wir uns ihrer Geschichte und ihren Bewohnern widmen, schauen wir uns ihre noch vorhandenen Reste an.

Der steile und harte Fels zwang die Erbauer, die Burg in mehreren Etagen anzulegen. Heute sieht man von der Talsohle im Höllental nur mit geübtem Blick noch einen kärglichen Mauerrest, im Umfang

▲ Dieser Blick aus der Drohne zeigt den Felsgrat über dem Höllental, auf dem einst die Mauern der Burg Falkenstein standen. Die Mauerreste im rechten Bilddrittel sind heute noch von der unten vorbeiführenden B 31 zu erkennen. Alles Übrige liegt hinter den Baumwipfeln verborgen. Das Bild der Firma Behringerfilm entstand 2018 bei Filmaufnahmen des SWR zur Geschichte des Höllentals.

nicht mehr als ein Gartenmäuerchen. Dieser Mauerrest, der heute von der B 31 im Höllental aus sichtbar ist, dürfte zum tiefsten Punkt und äußersten südlichen Eck der Hauptburg gehört haben. Der obere Teil der Burg war durch einen tiefen Halsgraben von der etwa gleich hohen Gegenseite des Burgbergs getrennt. Der Halsgraben ist noch gut erhalten. Er scheint aus dem gewachsenen Fels herausgeschlagen worden zu sein und ist einige Meter tief. Da seine Sohle die einzige ebene Fläche in den umgebenden Felstürmen bietet, hat die Firma, die mit den regelmäßigen Felsreinigungen im Höllental beauftragt ist, dort ihr dauerhaftes Lager aufgeschlagen und allerlei Gerätschaften und Materialien deponiert.

Teilt man die Burganlage in zwei Hälften jenseits dieses Halsgrabens, so dürfte dem Bergrücken zu der größere und bedeutsamere Teil gestanden haben, während auf der vorgelagerten Felsspitze und auf den tiefer gelegenen Terrassen aufgrund der räumlichen Enge und der Steilheit des Felsens lediglich Wachbastionen und vielleicht ein letzter Fluchtbau anzunehmen sind. Es ist generell davon auszugehen, dass die Burg vom Bergrücken her bedient wurde und dort der Haupteingang lag. Der heutige Kletteraufstieg für Wanderer kann unmöglich der historische Hauptzugang zur Burg gewesen sein. Zur Bergseite hin schützte wohl die als Schildmauer ausgebaute Nordseite eines mehrstöckigen Palas die Anlage. Eine authentische historische Beschreibung liegt nicht vor, man ist auf Vermutungen angewiesen, die sich auf die kargen Überreste und die Topografie stützen.

Insgesamt lag die Burg auf einem sehr steilen Felskopf 100 Meter über dem Talgrund und war nur von der nordwestlichen Bergseite her (aus dem Engetal) zu erreichen. Auf der südwestlich unterhalb der höchsten Stelle des Felskopfes gelegenen Terrasse befand sich eine Vorburg, von der heute noch Mauerfragmente aus grob behauenen Bruchsteinen erhalten sind. In den

1980er-Jahren haben Archäologen eine größere Menge von eisernen Objekten im Ruinenareal geborgen, darunter Geschossspitzen, die für Armbrustbolzen verwendet wurden, außerdem spätmittelalterliche Beil- und Messerklingen. Prunkstück des Fundes ist ein Turnierkrönchen, wie man es im Spätmittelalter als Aufsatz auf Turnierlanzen verwendete. Aus dem Fund eines Schindelnagels schließen Experten, dass es auf der Burg schindelgedeckte Dächer gab.

Eine Ungereimtheit besteht darin, dass die Burg überhaupt nicht dem Höllental zugewandt war, obwohl sie doch angeblich zum Schutz der Straße gebaut worden war, die unten durch das Tal Richtung Hochschwarzwald führte. Vielmehr richtet sich die ganze Architektur zum kleinen Engetal aus, welches vom Höllental abzweigt und von hier aus stetig Richtung Nessellachen und Breitnau aufsteigt. Der ganze Berghang zum Engetal ist heute noch übersät von den Gesteins- und Mauerbrocken, die nach der Zerstörung der Burg auf dieser Seite hinuntergepoltert sind. Diese Ungereimtheit kann man auflösen, wie es der Verfasser bereits ausführlich in »Der Hochschwarzwald – Von der Eiszeit bis heute« getan hat. Wir wissen aus den Forschungen von Alfred Schäfer (Die Höllentalstraße) und anderen, dass die Höllentalstraße als relevante Verbindungsstraße frühestens im 13. Jahrhundert für den Handelsverkehr erschlossen wurde. Direkte Nachrichten über die Straße setzen sogar erst im 14. Jahrhundert ein, nämlich 1379 als »Straße fur die Nuwen stat und für Valckenstein das thal« und 1388 als »straße und tal fur die vesty Valckenstein«. Zwischen der anzunehmenden Erbauung der Burg (etwa um 1100) und dem Öffnen des Tals für eine Handelsverbindung »Höllentalstraße« liegen also mindestens 200, eher sogar 250 Jahre. Haben die Falkensteiner also eine Burg errichtet für eine Straße, die sie erst 200 Jahre später in Betrieb nahmen? Es gibt eine einfachere Erklärung, die auch exakt mit der baulichen Ausrichtung der Burg korres-

◀ Die abenteuerlichen Mauerreste in den Felsen Richtung Engetal zeigen, dass die Burg einst zu diesem Tal hin viel stärker als zum Höllental ausgerichtet war.

▲ Mauerdetail von der Kanzel, die Richtung Höllental ausgerichtet war.

pondiert: Die Festung Falkenstein diente tatsächlich dem Schutz des Aufstiegsweges in den Hochschwarzwald, aber dieser Aufstieg erfolgte nicht durch das Höllental, sondern bis etwa 1300 noch vorwiegend durch das Engetal. Von dort ging es in stetiger Steigung hinauf nach Nessellachen und von dort weiter nach Breitnau. Das erklärt auch, warum die Breitnauer Pfarrkirche in den ältesten Quellen stets als Mutterkirche der St.-Oswaldkapelle im Höllental genannt wird. Breitnau ist älter und existierte bereits vor der Erschließung des Höllentals, wie Bernhard Mangei schlüssig nachgewiesen hat.

Die Familie der Falkensteiner (vormals Weiler) hat zu den bedeutendsten Gefolgsleuten der Zähringer im Dreisamtal gehört und für die Freiburger Herzöge die Aufstiege in den Hochschwarzwald gesichert: das Engebachtal nach Breitnau, den Weilersbacherweg über Alpersbach nach Hinterzarten (siehe 2. Kapitel) und spätestens ab 1300 auch die Höllentalstraße. Als Anfang oder Mitte des 13. Jahrhunderts die Falkensteiner im Auftrag ihrer Herren, der Herzöge von Zähringen, auch das Höllental für den systematischen Fernverkehr öffneten, stand die Falkenstein-Festung zur Überwachung und Kontrolle dieser Straße nur suboptimal. Denn sie war ja zum Engetal hin ausgerichtet. Darin könnte die Erklärung für den Bau einer weiteren Burg nur wenige hundert Meter talabwärts liegen, der Burg Bubenstein (siehe nächster Abschnitt). Denn Bubenstein saß direkt auf einer Felsnase oberhalb der Straße und bot den Blick bis ins Dreisamtal, den man von der Burg Falkenstein aus nicht hatte.

In Schriftquellen aus der zweiten Hälfte des 13. Jahrhunderts ist durch die Wendung »Walterus de Valkinstein dictus de Nova Domo« und durch Hinweise wie »Walter von der Nuwen Valkenstein« oder »Walther von Valkensten und dem Niwen huze« nach Ansicht der Regionalforschung bewiesen, dass es eine Burg »Neufalkenstein« gegeben haben muss, im Unterschied zu »Alt Falkenstein«, jener Burg im Höllental. Daraus hat man lange abgeleitet, Neu-Falkenstein müsse mit der Burg Bubenstein identisch sein, weil dies die neuere der von den Falkensteinern erbauten Burgen sei. Aber der Name »Bubenstein« für diese neue Burg ist gesichert; sie wurde niemals anders bezeichnet, kann also nicht mit Neu-Falkenstein identifiziert werden. Es geistern deshalb noch andere Theorien durch die Literatur, nur eine ganz naheliegende wurde bislang noch nicht erwogen: Was wäre, wenn die Burg, die wir nur als Falkenstein kennen, gar nicht Alt-Falkenstein ist, sondern Neu-Falkenstein war? Dann müsste es tatsächlich noch irgendwo ein bisher unbekanntes Alt-Falkenstein gegeben haben. Handelt es sich dabei vielleicht um eine

Örtlichkeit, die bereits 1121 in der Grenzbeschreibung des Klosters St. Peter erwähnt ist als »zem Burgstall« nahe St. Märgen? Die genaue Lokalisierung dieses »Burgstalls«, also einer um 1121 bereits wieder abgegangenen Burg, ist der regionalen Burgenforschung bis heute nicht gelungen. Im Zusammenhang mit frühen Rodungs- und Erschließungsvorgängen Richtung Schwarzwaldhöhen könnte man dann die Anfänge einer solchen Burg schon im 11. oder vielleicht späten 10. Jahrhundert suchen, wie es auch von Alfons Zettler schon angedeutet wird. Wenn die Annahme aber stimmt, dass seit frühesten Zeiten der Aufstieg nach Breitnau über das Engebachtal erfolgte, dann lohnte sich vielleicht die Suche nach einer solchen Burgstelle im hinteren Bereich dieses Tals. Tatsächlich hat der Verfasser dort auf einer Bergnase am Zusammenfluss von Engebach und einem kleinen Nebenbach (Falkensteinach?) Mauerreste aufgespürt. Sie liegen heute unzugänglich in vollkommener Wildnis. Eine fachmännische Begehung könnte hier weitere Aufschlüsse bringen.

Es ist insgesamt ein hoffnungsloses Unterfangen, die Familie von Falkenstein durchgängig vom 12. bis ins 15. Jahrhundert rekonstruieren zu wollen. Zu viele Neben- und Seitenlinien und zu viele Namensgleichheiten und Mehrfachvermählungen begegnen uns, als dass es möglich wäre, einen widerspruchsfreien Stammbaum zu erstellen. Insbesondere ist es nicht möglich, immer klar zu entscheiden, welche Falkensteiner denn nun Herren auf der gleichnamigen Burg im Höllental waren und ob sie gleichzeitig auch identisch mit den Trägern der territorialen Herrschaft im Dreisamtal und im westlichen Hochschwarzwald waren. Es spricht vieles dafür, dass aus der Familie Weiler bei Stegen Anfang des 12. Jahrhunderts nicht alle Mitglieder auf die neu gebaute Burg Falkenstein umgesiedelt sind. Reinhard (Reginhald) von Weiler war der erste Edle der Familie, der den neuen Namenszusatz »von

▼ Dieser Mauerrest hängt an einem steilen Absturz ins Engetal. Die Burg muss hier fast über die Felsen übergekragt sein.

▲ Im Sommer 2018 hat der Verfasser mit einem Fernsehteam die Ruine besucht. Von besonderem Interesse waren dabei Details wie dieser steinerne Türbogen, der heute im Schuttfeld beim Aufstieg zur Burg liegt.

Falkenstein« trug. Reinhard hatte einen Sohn namens Cuno (oder Cuono), der mit Itha von Blankenberg verheiratet war und als »Reinhard filii«, also als Sohn Reinhards, bezeichnet wird. Dieser Cuno gilt als Vater von Walter von Falkenstein, welcher wiederum als der mögliche Erbauer der Burg Falkenstein gilt. Das Herrschaftsgebiet der Falkensteiner bestand aus einem geschlossenen Gebiet vom östlichen Ende des Zartener Beckens bis weit hinauf zum Titisee und Feldsee, über Hinterzarten nach Breitnau und von dort nordwärts bis zum Thurner. Ein Albrecht von Falkenstein, nicht exakt einer Linie zuzuordnen, besaß bis 1280 sogar Vogtrecht über einen Hof im noch weiter östlich gelegenen Dittishausen. Nachweislich pflegten die Falkensteiner gute Beziehungen zum Kloster Friedenweiler. Sie gewährten ihm 1306 Zollfreiheit auf der Höllentalstraße. Kuno »der Jüngere« von Falkenstein, ein Bruder, Neffe oder Cousin des eingangs erwähnten Cuno, war um 1380 Burgherr auf der Burg Falkenstein. Er veräußerte das Bruckbach- und Siedelbachtal bei Breitnau und etliche andere Besitztümer in Kirchzarten, im Eschbach- und im Ibental. Er war es auch, der durch seine zweite Frau Guta von Snewlin-Landeck dieses aufstrebende Freiburger Patriziergeschlecht in die Falkensteiner Linie einbrachte. Wenige Generationen später sollten die Snewlin komplett das Falkensteiner Erbe antreten.

In der Populärliteratur zur Regionalgeschichte des Hochschwarzwaldes heißt es bis heute, die Falkensteiner seien in späteren Generationen zu rohen Raubrittern herabgesunken und hätten die Reisenden auf der Höllentalstraße ausgeplündert. Das entspricht nur bedingt den Tatsachen. In den reichsweiten Auseinandersetzungen zwischen dem Schwäbischen Städtebund einerseits und den Adligen unter Graf von Württemberg andererseits hatten die Falkensteiner 1388 Partei für die Adligen ergriffen. Burgherr war zu jenem Zeitpunkt Werner von Falkenstein, es lebten aber auch seine Brüder Konrad-Dietrich und Künlin auf der Burg. Im Auftrag seines Herrn, des Grafen Eberhard II. (»der Zänker«) von Württemberg (1344–1392), sperrten die drei Brüder 1388 die Wege, welche an der »vesty Falkenstein« vorbeiführten. Sie hielten die Durchreisenden an und befragten sie, ob sie die Sache der Adligen unterstützten oder zur gegnerischen Seite der Städte hielten. Falls sie sich als Anhänger des Städtebundes offenbarten, wurden sie ausgeplündert, wie es in derlei Auseinandersetzungen damals üblich war. Werner ging aber offensichtlich dazu über, auch unbeteiligte Reisende zu behelligen, angeblich aus Geldsorgen, wie später ein Knecht der Falkensteiner zu Protokoll gab. Künlin, der jüngste der drei Brüder, soll außerdem eine von ihm begehrte Frau gegen ihren Willen auf der Burg festgehalten haben, um sich dort an ihr zu vergehen.

In diesem Kontext haben die Falkensteiner 1388 Händler aus Flandern und der Lombardei überfallen, außerdem eine Gruppe Pilger, die auf dem Weg nach Rom war. Und schließlich einen Mann aus Freiburg. Schon einige Zeit zuvor hatten zur Burg gehörende Bauern einen Freiburger

Knecht namens Hans Snider gefangen genommen, auf die Burg entführt und von dort über die Felsen in den Tod gestoßen. In Freiburg empörte man sich, weil die Burgherren ihre Bauern nicht für diesen Mord zur Rechenschaft zogen. Die Freiburger Stadtherren intervenierten bereits bei Werner und seinen Brüdern Konrad-Dietrich und Künlin, doch ohne Erfolg. Im Gegenteil: Die Burgherren leisteten sich einen weiteren Affront: Sie hielten widerrechtlich mehrere österreichische Kaufleute auf der Burg fest, angeblich um Lösegeld zu pressen. Daraufhin entschloss sich die Stadt Freiburg, die Burg zu zerstören. Am Abend des Nikolaustags 1388 zog eine nicht näher bestimmte Zahl Freiburger Kämpfer das Dreisamtal hinauf, eroberte die Burg und brandschatzte sie. Anschließend wurde in der Stadt Freiburg über die Falkensteiner zu Gericht gesessen. Aus den erhaltenen Verhörakten und Gerichtsprotokollen geht hervor, dass die Falkensteiner an zahlreichen Überfällen, Plünderungen, Morden und Misshandlungen beteiligt gewesen sein sollen. Einer der Männer, die am Mord des Knechts Hans Snider beteiligt waren, wurde in Freiburg zur Strafe gerädert.

Der Mord an Hans Snider war freilich nicht den Falkensteinern anzulasten. Es stellte sich heraus, dass Hans Snider mit einem Mädchen verheiratet war, dessen Vater, Cünin Henseler, ein Bauer aus Bircken (bei Stegen) war. Dieser Bauer, ein Leibeigener der Falkensteiner, war mit der Heirat nicht einverstanden gewesen, und auch die Falkensteiner hatten ihre Einwilligung nicht erteilt. Nach damaligem Recht durften die Leibeigenen oder deren Kinder aber nicht ohne Erlaubnis heiraten oder wegziehen. Dies war der Grund, warum die Knechte der Burg Falkenstein, angestiftet vom Vater des Mädchens, aber mit Duldung der Falkensteiner, das Paar in eine Falle gelockt, überfallen und auf die Burg verschleppt hatten. Die Frau ließen sie wieder frei, doch Hans Snider stürzten sie über den Felsen 50 Meter in die Tiefe. Die Frau, entkräftet und krank, konnte sich nach Freiburg retten und erstattete dort dem Rat der

◀ Dieser schluchtartige Spalt trennt den Felsgrat, auf dem der Hauptteil der Burg Falkenstein stand, vom übrigen Bergrücken. Vieles deutet darauf hin, dass er künstlich geschaffen wurde. Einst überspannte wohl eine Zugbrücke in luftiger Höhe diesen Halsgraben.

▲ Rund um den Burgplatz sind Plateaus unterschiedlicher Größe in das steile Gelände modelliert. Das sie künstlich geschaffen wurden, sieht man erst, wenn man sie von unten erklettert und dann solche Stützmauern entdeckt.

Stadt Bericht. Den Freiburgern passte der Vorfall bestens in die Pläne, denn Freiburg trachtete als Sympathisantin des Städtebundes danach, die Falkensteiner zu schädigen.

Die Burg Falkenstein war nun also zerstört und wurde nicht wieder aufgebaut. Einige Jahre zogen sich noch die Prozesse hin, die jedoch alle damit endeten, dass sämtliche Falkensteiner auf Ansprüche an die Stadt Freiburg verzichteten und gelobten, keine Vergeltung wegen der Zerstörung der Burg zu üben. Die Mitglieder der Familie Falkenstein bezogen ihre herrschaftlichen Häuser und Wohnungen in der Stadt Freiburg, von wo aus sie ihre Güter und Besitzungen verwalteten. Möglich ist auch, dass ein Teil der Familie sich auf die Burg Falkenbühl im Wittental (siehe Abschnitt »Rätsel und Spekulationen«) zurückzog. Die Ruine Falkenstein zerfiel.

Zuletzt darf natürlich auch die berühmte Sage um den Ritter Kuno von Falkenstein nicht fehlen. Heinrich Schreiber hat sie 1824 wie folgt nacherzählt: Ritter Kuno von Falkenstein und seiner Gattin Ida fehlte zum vollkommenen Glück nur noch die Nachkommenschaft. Damit sich der sehnlichst gewünschte Erbe doch noch einstellte, entschloss sich der Ritter zur Teilnahme an einem Kreuzzug ins Heilige Land. Beim Abschied sagte er seiner Gemahlin, sie solle sieben Jahre auf ihn warten. Wenn er dann nicht zurück sei, wäre er nicht mehr am Leben und sie könne einen anderen heiraten. Mit dem Schwert teilte er seinen Ehering und gab die eine Hälfte seiner Frau, die andere behielt er. Ritter Kuno geriet im Heiligen Land in die Hände der Heiden und schmachtete jahrelang im Kerker. Schließlich gelang ihm die Flucht. Auf dem Weg in die Heimat verirrte er sich jedoch in einem tiefen Wald. Er sank erschöpft nieder und hatte jede Hoffnung aufgegeben. Da trat der Teufel zu ihm, um ihm zu vermelden, dass die besagten sieben Jahre um seien und seine Gattin im Begriff sei, einen anderen zu heiraten. Der Böse bot Kuno einen Pakt an: Er wolle ihn auf dem Rücken eines geflügelten Löwen in die Heimat zurückbringen. Einzige Bedingung, der Ritter dürfe auf dem Flug nicht einschlafen, sonst habe er seine Seele verloren. Ritter Kuno willigte in den Handel ein. Auf dem langen Flug drohte ihn die Müdigkeit zu überwältigen. Aber immer, wenn er einschlafen wollte, kam ein Falke und weckte ihn mit einem Flügelschlag wieder auf. So erreichten sie wohlbehalten das Dreisamtal. Über seinen fehlgeschlagenen Plan erzürnt, warf der Teufel seinen Reiter am Eingang des Tals ab und schleuderte einen schweren Stein nach ihm, ohne aber zu treffen (dieser Stein ist angeblich heute an der Außenwand des Gasthauses »Fortuna« in Kirchzarten eingemauert). Auf der Burg Falkenstein wurde indes bereits die Hochzeit von Kunos Gemahlin vorbereitet, denn nach den versprochenen sieben Jahren hatte sie einem Freier das Ja-Wort gegeben. Der Heimkehrer kam als Pilger verkleidet auf seine Burg und bat um einen Becher Wein. Die Burgherrin selbst ließ ihm den Trunk hinausschicken. Als er den Becher geleert hatte, warf er die Hälfte des Eherings hinein und gab den Becher der Burgherrin zurück. Als sie die andere Hälfte in den Becher legte, verschmolzen beide Teile zu einem Ganzen. Jetzt wusste Ida, dass der vermeintliche Pilger ihr Kuno war. Es begann ein langes zweites Eheglück, dem auch die ersehnte Nachkommenschaft nicht versagt blieb.

Vom historischen Kuno, der bis 1343 Vogt von Kirchzarten war und dessen Grabplatte in der Pfarrkirche von Kirchzarten noch heute zu besichtigen ist, wissen wir, dass er zwei Nachkommen hatte, Konrad, der später Prior im Wilhelmiten-Kloster in Oberried wurde, und Margarethe, die in das Kloster Günterstal eingetreten ist. Die Frage ist aber, ob sich die Sage überhaupt auf diesen Kuno bezieht. Denn passen würde sie auch auf einen viel früheren »Cuno von Falkenstein«, auf den 1152 urkundlich erwähnten Sohn des Reinhard oder Reginhard von Falkenstein. Dieser Cuno war jedenfalls mit einer Itha von Blankenberg verheiratet, womit der Name zur Ehefrau »Ida« aus der Sage passen würde.

▲ Das ist der Blick, der sich von der vordersten Kanzel der Burg hinunter ins Höllental ergibt, wo sich heute die B 31 schlängelt.

Bubenstein

Bubenstein ist nicht »Neu-Falkenstein«, obwohl dies in der älteren Literatur lange angenommen wurde. Bernhard Mangei hat diesen Irrtum ausgeräumt. Dennoch steht Bubenstein (ebenso wie »Falkenbühl« – siehe unten unter »Rätsel und Spekulationen«) in unmittelbarer Beziehung zu Falkenstein und wird in Urbareinträgen ab 1400 auch stets gemeinsam mit der zu diesem Zeitpunkt bereits zerstörten Burg Falkenstein genannt. 1448 steht unter der Überschrift »Diß sind die zins, die do gehörend gon Valkenstein und zu dem turn Bubenstein« eine Liste von Abgaben, die umliegende Güter zu leisten hatten. 1481 wird die Burg »Valckenstein mit dem turn« als Gut der Snewlin von Landeck genannt, welche zu dieser Zeit das Erbe der Falkensteiner angetreten hatten. Es ist also unstrittig, dass der Turm Bubenstein zusammen mit der Burg(ruine) Falkenstein einen grundherrschaftlichen Bezugspunkt im Tal bildete. Über den Namen gibt es unterschiedliche Theorien. Landläufig heißt es, die Bezeichnung Bubenstein rühre daher, dass es »Buben« der Falkensteiner waren, also Söhne des Geschlechts, welche die Burg errichtet und hier gewohnt hätten. Bernhard Mangei hingegen bietet die Erklärung an, dass es sich vielleicht um einen Bezug zum Namen »Frauenstein« handele, welcher für einen Bergkopf im Himmelreich bis ins 16. Jahrhundert nachweisbar ist.

Bubenstein steht 500 Meter talwärts von Falkenstein auf einem Felsvorsprung, von dem einige Teile, möglicherweise mit Burgresten, während des Bahnbaus der Höllentalbahn abgesprengt wurden. Was heute noch zu sehen ist, ist also nur ein Rest, vor allem der Felskopf, auf dem ein großer Bergfried stand, von dem heute noch ansehnliche Teile erhalten sind, sowie Halsgraben und eine kompakte Ummauerung. Einige Mauerreste sind erhalten und teilweise wieder aufgebaut.

Man erreicht die Burg auf einem interessanten Waldweg, der vom Engetal herüberführt. Es könnte sich dabei um den historischen Verbindungsweg zwischen Bubenstein und Falkenstein handeln. Jedenfalls weist dieser Weg auffällige Baumerkmale auf, unter anderem massiv gemauerte Fundamente und Hangsicherungen, die mit einer rein forstlichen Nutzung nicht zu erklären sind. Von diesem Weg erreicht man durch einen kurzen Abstieg den Halsgraben, der den Felskopf, auf welchem der Turm Bubenstein stand, vom übrigen Bergrücken abtrennt. Dieser Halsgraben ist 5 Meter tief und 8 Meter breit und scheint, zumindest in Teilen, nicht natürlichen Ursprungs zu sein. Höchstwahrscheinlich führte eine hölzerne Brücke über ihn hinweg ins Burginnere. Der Eingang in den Turm befand sich auf der westlichen Seite, wie Heinrich Schreiber in seinem »Taschenbuch für Geschichte und Alterthum in Süddeutschland« 1844 noch wusste. Damals standen noch zwei Stockwerke des Turms. Heute ist davon nichts mehr zu sehen. Die noch erhaltenen Reste des quadratischen Turmes weisen eine Seitenlänge von knapp 12 Metern auf. Talseitig ragen die Mauern noch bis zu 5 Meter auf, an der Hangseite etwa 2 Meter. Das Turminnere ist mit Schutt verfüllt und überwachsen. Bis in die 1960er-Jahre waren die Mauern noch deutlich höher, wurden aber wegen Baufälligkeit abgetragen. Der Turm ist aus grob zugehauenen Bruchsteinen gemauert, die Ecken sind erkennbar sorgfältiger gearbeitet als die Seitenwände. Am östlichen Fuß des Turmfelsens und ebenso an der Talseite Richtung Süden sind dem Turm wallartige Mauern vorgelagert, die als Hinweis auf zugehörige Gebäude und Befestigungen gedeutet werden können.

Die Funktion von Bubenstein ist in der Literatur häufig auf die eines vorgelagerten Wachturms reduziert worden. Er sei errich-

◀ Oben links auf dem Felsen stehen die Reste der einstigen Burg Bubenstein. Man sieht, wie nahe die Burg – im Gegensatz zu Falkenstein – der Talsohle und der Straße war. Auf halber Höhe zwischen Straße und Burgstelle verläuft die Trasse der Höllentalbahn.

▶ Fundamente und Mauerwerk des einstigen Bergfrieds sind noch gut erhalten.

tet worden, als die Bedeutung der Höllentalstraße wuchs, als »Ausgangspunkt der Ausweitung der falkensteinischen Herrschaft auf den Hochschwarzwald hinauf«, wie es bei Zettler/Zotz heißt. Von »Warte« oder »Wachturm« ist häufig die Rede. Ein solcher Zweck unterstellt, dass die weiter oben im Tal liegende Burg Falkenstein dafür ungeeignet war, also eines solchen vorgelagerten Turms zur Bewachung der Straße bedurfte. Wieso hat man dann die Burg Falkenstein an ihrem Platz erbaut? Hier schließt sich der Kreis (siehe voriger Abschnitt). Indem die Notwendigkeit von Bubenstein mit der Höllentalstraße erklärt wird, ist die Zuordnung von Falkenstein zu dieser Straße widerlegt. Falkenstein diente, wie oben dargelegt, dem Schutz und der Überwachung des Aufstiegs durch das Engetal und war überfordert, als die Höllentalenge beim Hirschsprung passierbar gemacht und zum Ausbau der Höllentalstraße genutzt wurde. Deshalb musste Bubenstein errichtet werden. Diese Annahme korrespondiert auch mit der vermuteten Erbauung um 1250. Dies war exakt die Zeit, in der die Höllentalstraße erstmals für einen größeren Verkehr erschlossen wurde, während die Burg Falkenstein schon viel früher stand.

Eine Abspaltung im weitverzweigten Clan der Falkensteiner unter Walter von Falkenstein führte jedenfalls zwischen 1250 und 1265 zum Bau dieser zweiten Burg, die als »Bubenstein« oder (fälschlicherweise) »Neu-Falkenstein« bekannt wurde. Andere Linien der Familie hatten Besitz in Birkenreute und Dachswangen und benannten sich im späten Mittelalter nach diesen Orten. Als die Stadtväter von Freiburg 1388 die Burg Falkenstein zerstörten, ließen sie Bubenstein unbehelligt. Auch in späteren Quellen ist noch vom intakten Turm die Rede. Ein erster Teil von ihm ist schon im frühen 14. Jahrhundert anteilig an die Familie von Snewlin zu Landeck verkauft worden. 1407 erwarben die Snewlin auch das letzte Viertel Besitz an dem Turm, der bis dahin noch den Eheleuten Kuno von Falkenstein und Anna von Krozingen gehört hatte. Kuno war einer jener Familienangehörigen, welche die Stadt Freiburg mit der Zerstörung 1388 von der Burg Falkenstein vertrieben hatte. Nutznießer des falkensteinischen Zusammenbruchs war zunächst die Freiburger Familie Snewlin von Landeck, die alsbald durch Kauf und Einheirat in den Besitz der zweiten und noch nicht zerstörten Falkensteiner Burg »Bubenstein« kam. Die Snewlin erwarben 1407 mit dem letzten Viertel von Bubenstein auch das Föhrental, Rechte im Suggental, die Burgruine Falkenstein, den Zoll zu Falkenstein und etliche Einzelgüter. Die Falkensteiner hatten damit aufgehört, zu den einflussreichen Geschlechtern im Breisgau zu zählen. Die weitere Geschichte der Burg Bubenstein ist leider nicht gut belegt. Bei Zettler/Zotz heißt es dazu karg: »Wann sie schließlich abging, ist nicht zu ermitteln.«

Das vielverzweigte Geschlecht der Snewlin (Schnewelin) von Landeck zählte zu den mächtigen Patrizierfamilien in Freiburg. Sie gehörten zu jenen Kaufmannsfamilien, die Konrad von Zähringen 1120 in der neugegründeten Stadt Freiburg angesiedelt hatte. Die Snewlin waren durch Handel und Bergbau zu Reichtum gekommen, erwarben die Ritterwürde und stiegen damit zum landsässigen Adel auf. Anfang des 14. Jahrhunderts begannen sie, ihre Macht und ihren Einfluss über Freiburg hinaus in die Region auszudehnen. 1318 erlangten die Snewlin-Landeck bereits die Herrschaft über den größten Teil von Kirchzarten, indem sie die Burg Wiesneck erwarben und mit ihr auch die Vogtei über St. Märgen. Die Familie splitterte sich in viele Zweige auf, die sich jeweils nach einem Stammsitz benannten, also die Snewlin von Bolschweil, die Snewlin von Landeck, die Snewlin von Bernlap und so weiter. Übrigens waren die Snewlin von Landeck auch noch eng verwandt mit der Familie von Blumegg, die oben in Lenzkirch und Bonndorf saß.

◀ An den massiven Hangbefestigungen dieses heute vergessenen Weges erkennt man seine einstige Bedeutung. Er war die kürzeste Verbindung zwischen den Burgen Falkenstein und Bubenstein.

Neufürstenberg

Die Burg Neufürstenberg liegt auf einem Felssporn bei Hammereisenbach am Zusammenfluss von Hammerbach und Breg. Die den Taleingang beherrschende Festung wurde vermutlich um 1300 von den Fürstenbergern auf den Resten einer älteren Anlage erbaut, zu der es keine Quellen gibt. Bei einer Begehung durch den Kirchzartener Archäologen Heiko Wagner ist aber aufgrund von Scherbendatierungen immerhin der Zeithorizont »vor 1200« gesichert worden. Auch Eduard Schuster legt die Erbauung der Vorgängerburg ins 12. Jahrhundert. Die Siedlung hieß damals Bregenbach und lag bregabwärts. 1200 wird sie im Rotulus Sanpetrinus erstmals erwähnt. Hammereisenbach ist erst im 16. Jahrhundert im Zuge des Bergbaus entstanden.

Graf Hug von Fürstenberg-Haslach gründete 1360 das Amt Neufürstenberg, zu dem unter anderem Schönenbach, Langenbach, Urach und Vöhrenbach zählten. Die gleichnamige Burg am Zusammenfluss von Breg und Urach war Sitz des Burgvogtes, der gleichzeitig Obervogt über die Dorfvögte der genannten Ortschaften war. Man muss also den Bau der Burg vor die Gründung des Amtes Neufürstenberg legen, denn ihre Existenz war die Voraussetzung für eine solche Zentralisierung. Die erste schriftliche Erwähnung der Burg stammt jedoch erst aus dem Jahr 1381. Damals besiegelten Graf Johann I. von Fürstenberg und die Stadt Villingen eine Vereinbarung. Aus ihr geht klar hervor, dass die Burg dem Schutz der 1310 durch Egen von Fürstenberg-Haslach ausgebauten Straße durch das Urachtal und der Erhebung von Zöllen diente. In der Urkunde, die 1310 diese Straße betrifft, werden Villinger Wolltuche, Leinwand und Kleidung, die nach Westen, und Wein, Obst, Öl, Honig, Wachs, Waffen und Schmuck, die nach Osten geliefert werden, als Haupthandelsprodukte erwähnt.

Neufürstenberg hieß die Burg in Abgrenzung zum Stammsitz der Grafenfamilie in Fürstenberg bei Donaueschingen. In Hammereisenbach residierten die Fürstenberger aber nicht selbst. Sie setzten dort Burgvögte ein. Zahlreiche urkundliche Erwähnungen stammen aus dem 15. Jahrhundert. Einige sprechen von der »Bregeburg«. Schon vor der Erbauung der Burg saßen in Bregenbach herrschaftliche Meier. Erwähnt ist beispielsweise ein adliger Lehnsmann »Heinrich der Vademer«, der 1370 für die Grafen von Fürstenberg Bürgschaft leistete. Vielleicht war er schon Burgherr. Spätestens mit dem Bau der Burg wurden die Meier ihrer Pflichten enthoben und dienten als Burgmannen. Der erste urkundlich gesicherte Burgvogt war 1414 der »getreue« Hans Hefinger, um 1480 ist Hans von Reckenbach genannt, ein adliger Lehnsmann der Fürstenberger. 1514 verzeichnet die Chronik als Burgvogt einen Junker Heinrich von Buch, welcher wohl dem Reiselfinger Rittergeschlecht von Buch entstammte. Überliefert ist aus dem 15. Jahrhundert des Weiteren ein Vorgang, bei dem die Burg 1405 an den Markgrafen von Baden verpfändet wurde, vermutlich zur Sicherung eines Kredits. Sie kam dann als Lehen wieder an Graf Egon von Fürstenberg zurück. Die Burg war aber auch an Hans von Hornberg verpfändet worden, der damit das lebenslange Recht auf Aufenthalt in der Burg erwarb. Graf Egon zu Fürstenberg vermachte 1435 die halbe Burg und die halbe Stadt Vöhrenbach samt Zoll seinem Vetter Graf Heinrich. Die Aufgabe und Funktion der Burg blieb unverändert, die neue Straße, die den Breisgau mit der Baar verband, zu schützen. Zum anderen kam ab

▼ Im früheren Innenhof der Burg stehen noch Umfassungsmauern. Dominierendes Bauelement ist aber die hohe, fensterlose Schildmauer, welche die Burg gegen den Zugang über den Bergrücken geschützt hat.

▲ Die Stärke der Schildmauer und ihre meisterhafte Ausführung und Statik lassen darauf schließen, dass es sich hier vor allem um eine militärische Anlage handelte.

dem 16. Jahrhundert hinzu, das Erzvorkommen und dessen Verarbeitung im Eisenbachtal zu kontrollieren. Das Hammerwerk im unteren Eisenbachtal ist erst 1511 begründet worden, aber der Erzabbau hat schon viel früher stattgefunden.

Ein künstlicher Graben trennt die Burgstelle vom Berg. Von der einstigen Burg ist heute noch die imposante und in ihrer Art einzigartige, mächtige Schildmauer erhalten. Diese komplett fensterlose und bis zu 4 Meter dicke Mauer schützte die Bewohner der Burg vor Angriffen vom Tal. In dem bereits mehrfach zitierten Sammelband »Kunstdenkmäler des Großherzogtums Baden Bd. VI« von 1904 heißt es über diese Mauer: »Aus rohen, wenig behauenen Wacken, Findlingen und Bruchsteinen in reichen Mörtellagen mit kleinen Steinchen dazwischen ist dieser ca. 4,70 Meter starke Mauerkörper hochgeführt, an den Ecken durch Bossenquader aus rothem Sandstein mit unregelmäßigem Randschlag verstärkt und am Abhang des Hammerbachtals durch eine gewaltige Strebe gestützt. Über die Felsen des Bregbachtales ragt die gewaltige Wand auf dreien in der ganzen Breite der Mauer übereinanderliegenden und unten abgerundeten Konsolen beträchtlich hinaus und zeigt in der ganzen Länge hoch oben Reste von Kragsteinen, welche zweifellos den abschließenden hölzernen Wehrgang zu tragen bestimmt waren.« Einst ragte diese Mauer mehr als 20 Meter empor. Sie birgt allem Anschein nach keine Hohlräume. An diese Schildmauer schlossen sich die Umfassungsmauern an, die im Grundriss ein unregelmäßiges Viereck bildeten, das den gesamten vorspringenden Bergrücken in Beschlag nahm. Hinter der Schildmauer lehnten sich die Wohn- und Wirtschaftsgebäude der Burg an, die einen kleinen Burghof umschlossen und mit ihren Außenseiten auf der Burgmauer aufsaßen. Von hier aus erfolgte der Aufstieg auf den Wehrgang. Denkbar sind auch weitere Wirtschaftsgebäude, Stallungen etc. auf der von der Burg abgeriegelten Seite des Bergsporns. Auf der Mauerkrone der Schildmauer befand sich ein verkleideter und überdachter Wehrgang. Die Mauer selbst ragte mindestens zwei Stockwerke über die dahinterliegenden Gebäude auf, der Wehrgang war nur über eine schmale Treppenkonstruktion zu erklimmen.

Vermutlich besaß Neu-Fürstenberg keinen eigenen Bergfried. Diese Funktion erfüllte die erwähnte und heute noch markant rund 15 Meter hoch aufragende Schildmauer. Der Eingang zur Burg lag so wie heute vermutlich auf der Hammereisenbach zugewandten Seite unterhalb dieser Schildmauer. Man betrat zunächst eine Vorburg, deren Umfassung heute noch gut erhalten ist, ehe man aus einem Innenhof in den höher gelegenen Hauptteil der Burg gelangte. Ein weiterer Eingang führte über die steilen Felszacken auf der linken Seite der Schildmauer, ein Zugang, den man sich mit etwas Mut und Geschick auch heute noch erklettern kann. Dieser leicht zu verteidigende Zugang, so liest man bei Arthur Hauptmann, war nur durch eine über den Absturz führende Leiterbrücke gangbar. Hauptmann liefert keinen Hinweis, woher er diese Informationen bezog.

Die Aufgabe der Burg bestand darin, die Straße abzusichern. Wer die Straße benutzte, als Fußgänger, Reiter oder mit einem Karren, der musste Zoll bezahlen, auch die Villinger und Freiburger. Dafür verpflichteten sich die Grafen von Fürstenberg, die Straße von der »Bregener Steig« bis zur »Uracher Steig« in Ordnung zu halten, auch im Winter. Das mittelalterliche Straßennetz zwischen Villingen und Donaueschingen einerseits und Freiburg und dem Breisgau andererseits traf hier auf eine Schlüsselstelle, die fest in der Hand der Fürstenberger lag. Hier führte die Straße von Fürstenberg kommend durch das Bregtal weiter nach Vöhrenbach oder Villingen und hinauf zur Kalten Herberge, von dort weiter über das Wagensteigtal nach Freiburg. Allerdings ist von einer mittelalterlichen Wegeführung durch das Eisenbacher Tal hinauf auf den Höchst und weiter nach Neustadt nichts bekannt. Hier irrt Eduard Schuster, wenn er eine Handelsroute von Villingen nach Neustadt annimmt. Auf dem Höchsten standen erst ab 1624 vier Arbeiterhütten, jedoch noch kein Wirtshaus. Das wertet Wolfgang Irtenkauf ebenso wie die fehlenden Vorspannstationen, die auf

▼ Links an der Schildmauer vorbei dürfte einst ein mannsgroßer Zugang zur Burg existiert haben. Heute muss man schon ein mutiger Kletterer sein, um von hier in die Ruine einzusteigen.

▲ Auch diese schmale Schießscharte im noch vorhandenen Mauerwerk ist ein Hinweis auf den militärischen Charakter der Burg.

der steilen Steige im Eisenbacher Tal bis auf den Höchstberg unbedingt erforderlich gewesen wären, als sichere Belege, »dass vor dem Jahr 1700, das heißt vor der kontinuierlichen Besiedlung des Höchstgebietes, kein Durchgang von Neustadt her in Richtung auf das Eisenbacher und Bregtal vorhanden war.« Weder der Höchstberg noch die Engstelle in Hammereisenbach an der Breg waren eine Kreuzung. Dies sind sie erst in neuerer Zeit geworden. Bei Eduard Schuster heißt es 1908: »Die Felszunge wird unterhalb der Burg durch die Straße nach Neustadt angeschnitten, wodurch sich ein sehr schmaler Engpass bildete, der bei der einstigen Zollstätte leicht abgesperrt werden konnte. Der äußere, gegen sechs Meter hohe Felsklotz und damit der Engpass ist erst 1894 beseitigt worden.«

Die Burg Neufürstenberg war im Hinblick auf die Bregtalstraße eine Maut- oder Zollstelle, vor allem aber ein fürstenbergischer Militär- und Verwaltungsstützpunkt. In dieser Funktion reiht sich die Burg Neu-Fürstenberg in eine Reihe mit der Kirnburg (siehe nächster Abschnitt), der Warenburg (bei Villingen) und der Burg Zindelstein (übernächster Abschnitt). Vielfach wird in der Literatur die Ansicht vertreten, Neu-Fürstenberg habe nach 1300 die Funktion der älteren Burg Zindelstein übernommen. Allerdings nennt Graf Heinrich VI. von Fürstenberg Neu-Fürstenberg bereits 1485, also vor der Zeit des Bauernkriegs, ein »wertlos Haus«, ein »böß, alt, einig bauwvellig huß«, ohne Besitz und Nutzen, dessen Unterhaltung große Kosten verursache.

Im Bauernkrieg fiel die Burg Neufürstenberg dem »Klettgauer Haufen« in die Hände, der sie 1525 niederbrannte. Der Bauernführer Hans Müller von Bulgenbach, der rund 7000 in mehreren »Haufen« organisierte Aufständische befehligte, wandte sich Anfang Mai 1525 von der Baar Richtung Freiburg. Über Wolterdingen drang er in das Bregtal vor, zerstörte erst Burg Zindelstein, dann die Burg Neufürstenberg. In den Quellen heißt es dazu: »Auf Sonntag Jubylate [7. Mai] [...] zog Hans Miller mit seinem Haufen von Hüfingen hinweg und zog nach Wolterdingen und verbrannte Zindelstein, das Schlössle und zog nach Bregen. Und am Montag nach Jubylate [8. Mai] verbrannte Hans Miller mit seinem Haufen die Neufürstenburg, das Schlössle und fing einen, der hieß Beha«. Der gräfliche fürstenbergische Beamte Beha (in anderen Quellen Böhem) wurde beim Spießrutenlauf erschlagen: »den verurteilten sie zu Vöhrenbach, jagten ihn durch die Spieße«.

An dieses Ereignis knüpft sich die folgende Sage: Auf der Burg lebte ein herrischer, rücksichtsloser und gewalttätiger Herr, der Vogt Böhem (oder Beha). Er unterdrückte die Bauern und beutete sie aus. Er wurde aber vor dem bevorstehenden An-

◀ Ein stimmungsvolles Bild im Herbstnebel ist dem Heimatforscher Thomas Demattio aus Hammereisenbach gelungen. Er hat eine kleine Bilderausstellung zur Ruine Neufürstenberg im Vöhrenbacher Rathaus organisiert.

griff auf seine Burg gewarnt und versuchte, durch eine List zu entkommen. Er sattelte seinen kräftigsten Hengst und schlug ihm die Hufeisen verkehrt herum auf. So hoffte er, eine falsche Spur zu legen und etwaige Verfolger zu narren. Dann verkleidete er sich als einfacher Knecht, zog sich die Filzkappe tief ins Gesicht und verließ unerkannt die Burg. Erst kurz vor Urach wurde er von einem Trupp aufständischer Bauern erkannt. Sie stürzten sich auf ihn, zerrten ihn vom Pferd und erstachen ihn mit ihren Spießen.

Nach diesen Ereignissen wurde Neufürstenberg nicht wieder aufgebaut. Amtssitz des fürstenbergischen Vogtes wurde stattdessen ab 1525 Vöhrenbach. Als die Fürstenberger wieder Herr der Lage und der Burg waren, wollten sie zur Strafe für die Zerstörung der Burg die Stadt Vöhrenbach dem Erdboden gleichmachen. Aufgrund der Eingaben der Bürger erbarmten sie sich zwar, zwangen die Vöhrenbacher jedoch der Sage nach, zur Strafe einen Esel ins Stadtwappen aufzunehmen. Tatsächlich führte Vöhrenbach bis ins 19. Jahrhundert einen Esel als Wappentier, dies jedoch nachweislich schon seit dem 14. Jahrhundert. Es gibt auch die Theorie, wonach das Gemeindesiegel von Urach die Burg Neufürstenberg darstellen solle.

Das Schicksal der Ruine nach dem Bauernkrieg ist schnell erzählt. Der Wiederaufbau scheiterte vor allem an dem Markgrafen, welcher für den Aufbau einen Anteil von etwa 4000 Gulden hätte aufbringen sollen. Mit der Zeit wurde die Ruine mehr und mehr baufällig. Herabfallende Steine gefährdeten den Verkehr auf der unmittelbar unter ihr vorbeiführenden Talstraße und ab 1892 auf der Bregtalbahn, so dass 1894 die Zugänge zur Ruine verlegt wurden und eine Fangmauer errichtet wurde. Auch die Schildmauer ist damals um einige Meter abgetragen worden.

Zindelstein

Im Jahre 1226 schlossen Egino V., der Graf von Freiburg, und das Staufer-Herrscherhaus (Heinrich VII., 1211–1242, der Sohn Friedrichs II.) einen Vertrag, der den Urachern, welche die Erben der Zähringer waren, den Kern ihrer Herrschaft zwischen Freiburg und Villingen sichern sollte. Gleichzeitig wählten Abt und Konvent von St. Peter Egino V. und seine möglichen Nachkommen auf der Burg Freiburg zum Vogt. Damit befand sich die Verbindung von der Baar nach der Freiburger Bucht endlich sicher in der Hand der Uracher. In der Folge konnte Egino V. von Urach sein Hauptaugenmerk auf den inneren Ausbau des in seiner Hand befindlichen Gebietes richten. Einige Indizien sprechen dafür, dass er zunächst die Verkehrslinie sicherte, die von Freiburg über Wagensteig und Thurner durch das Bregtal nach Villingen führte. Denn im Juni 1225 treffen wir ihn auf der Burg Zindelstein im Bregtal an, die bei dieser Gelegenheit erstmals als »in castro Sindelstein« urkundlich erwähnt wird, von der aber bekannt ist, dass sie bereits von den Zähringern angelegt wurde. Eine weitere Urkunde belegt seinen erneuten Aufenthalt auf Burg Zindelstein im Jahre 1231. Diese ältesten Belege schreiben »Sindelstein«, die Form »Zindelstein« kommt erst 1543 vor. Die wichtige strategische Lage von Zindelstein als Schutzwehr gegen einen Einfall von Westen her machte die Burg Zindelstein also zum herrschaftliche Mittelpunkt, von dem aus Egino V. die Erschließung des inneren Hochschwarzwaldes vorantrieb. Einer der vier Söhne Eginos, nämlich Gottfried, der spätere Domherr von Konstanz, wurde Herr über die Burg Zindelstein, während ein weiterer Sohn, Heinrich, als Graf Heinrich I. von Fürstenberg zum Begründer des Fürstlich Fürstenbergischen Stammhauses aufstieg.

Die Burgruine Zindelstein im Bregtal bewachte also die Straße vom Breisgau nach Villingen. Und sie stand schon vor diesen Ereignissen. Wer hat sie wann erbaut? Darum ragt sich eine Sage: Ein Ritter Sindoldt habe von einem Kreuzzug ins Heilige Land als Kriegsbeute einen großen Karfunkelstein mitgebracht. Als er diesen Stein auf die Mauern seiner Burg legte, funkelte und leuchtete er durch die Nacht bis weit ins Bregtal hinein. Er »zündelte« so hell, dass die Burg den Namen »Zündelstein« bekam. Mit dem Hinweis auf einen Kreuzzug befinden wir uns im 12. Jahrhundert. Aber auch hier stand die Burg schon, denn Ritter Sindoldt erbaute sie nicht etwa, sondern er legte seinen Funkelstein lediglich auf ihre Mauern, die also schon existiert haben müssen.

Die Wegverbindung vom Bregtal nach Tannheim und weiter nach Villingen, über welche die Burg Zindelstein wacht, ist uralt. Der Verfasser hat in seinem Buch »Der Hotzenweg« nachgewiesen, dass dieser Weg Bestandteil einer aus keltischen Zeiten stammenden Verbindung zwischen Hochrhein und Magdalenenberg/Villingen war und dass es entlang dieses Weges etliche Befestigungen gab, die als Schutzburg, Zollstation oder Leuchtturm und Wegweiser anzusehen sind. Die Bezeichnung »Zündelstein« könnte an eine solche Funktion erinnern und würde auf jeden Fall auf ein sehr hohes Alter beziehungsweise einen Vorgängerbau an dieser Stelle hinweisen. Das sind aber Spekulationen.

Als »Sindelstein« begegnet uns die Burg unstrittig erstmals in Quellen aus dem Jahre 1225, als sie in der Erbmasse der Zähringer über die Uracher in den Besitz der Fürstenberger Linie kam. Ihr Zweck zu diesem Zeitpunkt war immerhin klar: Herrschaftssicherung auf dem Schwarzwald und Sicherung der Verkehrswege. Der Stauferkönig Heinrich VII. hatte dem Grafen Egino V. im Bregtal und im Eisenbacher Tal außer Nutzungsrechten an Flüssen und Bächen auch das Recht zum Erzbergbau gewährt. Inwieweit der Bergbau in Eisenbach und Urach bereits eine Rolle spielte, ist unklar, Quellen, die darauf hindeuteten, gibt es keine. Die Fürstenberger installierten auf Zindelstein Burggrafen, also vom Fürstenhaus besoldete Ministeriale. 1239 ist beispielsweise Rudolf von Bonndorf als Burggraf erwähnt, sein Vorgänger war Konrad von Balingen. Es wohnten aber, zumindest im 13. Jahrhundert, auch fürstenbergische Familienmitglieder auf der Burg, zum Beispiel die Witwe Graf Eginos V., also die Mutter von Heinrich I. von Fürstenberg. 1353 ist Graf Hug von Fürstenberg als Bewohner von Zindelstein urkundlich erwähnt. Er nannte sich in späteren Urkunden auch »Herrr von Sindelstein«.

▼ Überwachsen und vom Einsturz bedroht sind die Reste dieses runden Turmes an der Südseite der Ruine.

▲ Ein noch gut erhaltener Fenstersturz mit gemauertem Rundbogen – leider wie die ganze Burgruine vom Einsturz bedroht.

In seiner Untersuchung über die Stützpunkte der Zähringer-Herrschaft innerhalb von Baar und Schwarzwald hat Karl-Siegfried Bader die Burg Zindelstein in einem Atemzug mit der Kirnburg und der Warenburg in Villingen als bedeutsamste »Herrschaftsburg« identifiziert. Diese drei Burgen unterschieden sich von den klassischen Ritterburgen der Ortsherren, indem sie weder einem Dorf noch einer Ortsherrschaft zugehörten, sondern Glieder einer überregionalen Kette von Stützpunktburgen waren. Die Burggrafen waren keine Grafen im herrschaftlichen Sinn, sondern Ministeriale der Uracher und Fürstenberger, welche ihnen das militärische Kommando über die Burg übertragen hatten.

Im 14. und 15. Jahrhundert verlor die Burg an Bedeutung. Gelegentlich wird sie sogar als Burgstall bezeichnet, was auf eine unbewohnte und im Zerfall begriffene Anlage hindeuten würde. Jedenfalls wechselte die Festung Zindelstein im späten Mittelalter mehrfach den Besitzer. 1358 geht sie für zehn Jahre an den Bischof von Straßburg. Namentlich bekannt sind später als Eigentümer »Edle von Rümlang«, eine Adelsfamilie aus Regensburg, und ein »Stähelin von Stockberg«, ein Ritter aus Bräunlingen. Doch 1505 fiel die Burg wieder in die Hand der Fürstenberger. Wilhelm von Fürstenberg veräußerte Zindelstein dann 1511 für 300 Gulden an einen Bürgerlichen mit Namen Georg Mühl und dessen Frau Ursula von Heudorf, die sie als Ruine 1533 für 330 Gulden wiederum an die Fürstenberger verkauften. Das heißt, dass die Burg trotz der Zerstörungen im Bauernkrieg nicht an Wert verloren hatte. Das lag an den der Burg zugehörigen Gütern, also den Bauernhöfen, dem Wald und den Wegerechten. Denn dazwischen, im Mai 1525, brannte im Bauernkrieg der »Klettgauer Haufen« unter Führung von Hans Müller aus Bulgenbach die Burg nieder. Es wird zwar für das Jahr 1552 noch ein fürstenbergischer Forstmeister »Jörg Weltin zu Zündelstein« erwähnt, doch habe dieser nach Ansicht von Emil Baader nicht auf der Burg, sondern auf einem Hof unten im Tal gewohnt.

Eine Sicherungsgrabung des Landesdenkmalamts in den 1970er-Jahren, die vorgenommen wurde, weil damals ein Hangrutsch den größten Teil der seinerzeit noch vorhandenen Vorburg zum Einsturz gebracht hatte, ergab einige interessante Befunde. So ermittelten die Archäologen im Bereich der Ruine mehrere Bauphasen. Ältester Teil ist der heute noch etliche Meter über die Baumwipfel aufragende Bergfried. Er weist »deutlich stauferzeitliche Merkmale in Gestalt von mächtigen Bu-

▲ Der heutige Einstieg in die innere Burg.

ckelquadern« auf, wie es im Grabungsbericht von Dr. Peter Schmidt-Thomé heißt. Damit könnten die Anfänge der Burg ins 12. Jahrhundert reichen. Der Burgberg ist von der Hochfläche durch einen künstlich in den Felsen eingetieften Hanggraben abgetrennt, dessen Außenseite talwärts durch einen Wall verstärkt wird. Zur Burg haben höchstwahrscheinlich auch die Gehöfte Vorder- und Hinter-Zindelstein gehört. Als neueren Teil von Zindelstein haben die Grabungen von 1977 die südliche (abgerutschte) Vorburg identifiziert. Die Gesamtanlage war nahezu kreisförmig. Der Bergfried hatte die Funktion eines Wohnturms. Er besaß einige noch heute gut erhaltene Lichtöffnungen. Der Sage nach besaß die Burg auch einen Geheimgang, der von Zindelstein bis zum Paulinerkloster in Tannheim geführt haben soll. Ein mit der Jahreszahl 1695 versehener Grenzstein an der Straße von Zindelstein nach Tannheim markiere die Stelle, wo der Geheimgang unterirdisch entlangginge. Heimatforscher aus Tannheim haben 1937 und 1938 deshalb an jener Stelle 4 Meter tief gegraben, konnten aber keinerlei Hinweise auf einen unterirdischen Gang finden.

Heute sieht man auf dem abfallenden Bergkegel nur noch die 6 Meter aufragenden Ruinen des Bergfrieds, der bereits nach einer Seite hin abgerutscht ist, sowie den künstlich angelegten Burggraben und einige stark überwachsene Mauerreste. Die

▶ Ein Aquarell der Künstlerin Liselotte Beylich von 1951 zeigt den Zustand der Ruine zur Mitte des vorigen Jahrhunderts.

überwucherten und völlig ungesicherten Reste erreicht man nur durch einen Urwald von Brennnesseln, Dornengestrüpp und Unterholz. Die noch immer im Besitz des Fürstlich Fürstenbergischen Fürstenhauses in Donaueschingen befindliche Ruine macht einen sehr verwahrlosten Eindruck und ist dem Zerfall überlassen. Das Burggelände wird zunehmend von Pionierbäumen und Gesträuch überwuchert.

Kirnburg

Viele Wanderer und Spaziergänger, die rund um den Kirnbergsee unterwegs sind, übersehen die Reste der Kirnburg, obwohl sie am Seeuferweg mitten hindurchgeführt werden. Das liegt daran, dass die Kirnburg einst auf einem Felsen saß, der heute den Abschluss der Staumauer bildet, mit welcher der künstlich angelegte Kirnbergsee gegen das Brändbachtal hin abgesperrt wird. Der Brändbach ist ein vom Bränd her kommendes Nebenflüsschen der Breg, in welche er kurz unterhalb von Bräunlingen einmündet.

Wo sich heute die Staumauer des Kirnbergsees befindet, schlossen links und rechts steile Klippen die hier beginnende Schlucht ab, durch die man aufs ebene Land hinaus nach Waldhausen und auf die Baar gelangte. Der östlich aufragende Fels war Sitz der Kürnburg (oder Kirnburg), die damit die wichtige Straßenverbindung von Bräunlingen über Löffingen und Neustadt in den Breisgau beherrschte, welche an dieser Stelle vorbeiführt. Diese einstmals beherrschende Lage lässt sich wegen der 1922 errichteten Staumauer kaum noch schlüssig rekonstruieren. Man erkennt noch den Burgplatz auf dem vordersten Felsabsatz vor der Staumauer. Auf seiner der Brändbachschlucht zugewandten Seite stehen etliche Mauerreste. Sie folgen dem klippigen Verlauf der Felskante und wirken teilweise wie in den Fels hineingewachsen. Eine Steintreppe, die Fußgänger nehmen müssen, um zur Staumauer hinunterzukommen, könnte an gleicher Stelle stehen wie eine mögliche historische Vorgängerin. Die aus buckligen und verwitterten Quadern

▲ Der einstige Burgfelsen ist stark überwachsen. Aber man sieht noch links im Felsen Mauerwerk, ebenso am Ende des Fußweges über die Staumauer. Die Burg wachte oben auf dem Felsen, als es noch keinen Stausee gab, sondern tief unten in der Schlucht der Brändbach hindurchfloss.

gebildeten Steinstufen könnten sogar schon zu Zeiten der Burg hier eine Treppe gebildet haben.

An den Flanken des flachen Plateaus, das einst der Burg Platz bot, liegen noch einige behauene Mauersteine im Geröllfächer. Umfang und grundsätzliche Anlage der Burg können mit etwas Fantasie rekonstruiert werden. Vor dem Bau der Staumauer hat es 1922 auch Grabungen gegeben, um den Bestand zu erfassen, ehe der Staumauerbau vieles unwiderbringlich zerstörte. Man förderte damals viel Brandschutt zutage, darunter auch verbrannte Getreidekörner, Scherben, eine eiserne Schere, eine Zange zum Kugelgießen, eine eiserne Schnalle und Reste glasierter Kacheln. Die Mauern waren schon bis auf die Fundamente herausgerissen, viele Zerstörungen sind aber erst im 19. Jahrhundert erfolgt, als man die Ruine als Steinbruch für den Straßenbau am Gaishaldenweg plünderte. So oder so ist der Burgplatz sehr klein. Auf dem steil aus der Sohle des Brändbaches aufragenden Felsen bot sich ein zwar nur begrenzter, dafür umso wehrhafterer Raum für die Burganlage. Nach einer Darstellung aus dem 18. Jahrhundert bestand sie lediglich aus einem festen Turm und einem kleinen, ummauerten Burghof mit ein oder zwei Wirtschaftsgebäuden. Der dem Brändbach zugewandte nördliche Teil war durch einen befestigten Wall gesichert. Nach Süden und Westen fiel der Burgberg steil zum heutigen Kirnbergsee ab. Gebäude, Vorburg und Torsituation sind im flachen östlichen Teil zu vermuten. Durch einen Graben ist die Burgstelle vom anstoßenden Bergrücken getrennt.

Karl Siegfried Bader vermutet, dass einst zur Kirnburg auch eine Mühle gehörte, wenngleich darüber in den Quellen keine Hinweise zu finden sind. Stattdessen sind mehrere Höfe nachgewiesen, die in der Nähe der Burg lagen. Dennoch gab es niemals eine Siedlung oder ein Dorf Kirnberg.

Die heute bekannte Geschichte der Burg beginnt mit einer Urkunde aus dem Jahr 1250. In jenem Jahr übereignete Graf Heinrich I. von Fürstenberg »meum castrum Kurenburc«, also »meine Burg Kürnburg«, an das Domkapitel zu Straßburg, um sie vom dortigen Bischof sofort als Lehen wieder zurückzuerhalten. Vermutlich war sie dem Fürstenberger als Eigenbesitz aus dem Erbe seiner Zähringervorfahren zugefallen. Sie existierte jedenfalls schon. Wenn sie zur Sicherung der Zähringerherrschaft auf dem Wald bereits eine wichtige Rolle gespielt haben soll, wie Karl Siegfried Bader annimmt, dann müsste ihre Erbauung schon im 12. Jahrhundert stattgefunden haben. Die demonstrative Übereignung der Burg durch Graf Heinrich I. an das Domkapitel zu Straßburg war ein Akt der Herrschaftssicherung. Er fiel zusammen mit der Verlegung des Herrschaftssitzes Heinrichs auf den Fürstenberg. Von dort aus war es sein Bestreben, auch den Raum gegen Westen mit einem starken Stützpunkt abzusichern. Diese Aufgabe fiel der Kirnburg zu. Sie sollte als Sperre dienen für das enge Tälchen und somit für die Ost-West-Verbindung über Bräunlingen nach Neustadt zum Breisgau. Das liefert erneut einen Hinweis darauf, dass es ein Vor-Neustadt gegeben haben muss (siehe 2. Kapitel, Abschnitt »Honvirst«), denn die Wälderstadt

▼ An den unruhigen Wellen und Erhebungen auf dem Felskopf sieht man die vormalige Bebauung. Hier stand die Burg, heute ein beliebter Picknickplatz.

▲ An der äußersten Kante des Felsens Richtung Brändbachschlucht sind noch diese Mauerreste erhalten.

ist von Heinrich I. frühestens 1250, höchstwahrscheinlich erst um 1275 gegründet worden.

Obwohl die Burg in ihrer Blütezeit nicht unbedingt imponierend ausgesehen haben mag, ist sich die Forschung einig, dass es sich um die »Hauptfeste der Zähringer in der Baar« handelte, hauptsächlich weil sie die Hauptstraße aus dem Breisgau über das Höllental an Bräunlingen vorbei nach Schwaben sicherte. Als Bollwerk zur Sicherung des Verkehrs war die Kirnburg, anders als die meisten übrigen Burgen des Hochschwarzwaldes, kein Wohnsitz für eine ritterliche Familie, sondern eine militärische Anlage. Der Historiker Karl Siegfried Bader hat die Kirnburg mit der Burg von Zindelstein (siehe oben) und mit der Warenburg in Villingen zu einer funktionalen Einheit verbunden. Er sieht in diesen drei Burgen ausgesprochene »Herrschaftsburgen, die der Landesherrschaft dienen«.

Die Kirnburg war demnach in keiner Weise an Befugnissen beteiligt, die sich aus der dörflichen Gemeinschaft der Kirnbergsiedlung herleiten lassen. Sie war auch nicht Sitz der Herren von Ramstain, jenem Geschlecht, das bis etwa 1400 auf dem nach ihm benannten Hof in der Nähe der Kirnburg wirtschaftete und den Ortsadel bildete. Schwierig ist es, die Anfänge der Kirnburg einzugrenzen. Die Kirnbergsiedlung selbst ist ähnlich wie alle frühen Siedlungen westlich von Waldhausen (Bittelbrunn, Steingart) in Verbindung mit dem alten Verbindungsweg aus der Baar über Bräunlingen Richtung Breisgau zu sehen, theoretisch ist also auch ein Stützpunkt zu Römerzeiten nicht ausgeschlossen. 1250, mit oben erwähnter Besitz- und Lehenübergabe, stand die Burg jedenfalls schon. Neben dem Rittergeschlecht von Tannheim, das drei Höfe in Kirnberg besaß, gehörten auch die Adelsfamilien derer von Lanzenhofen, von Almshoven und von Ramstain zu den in Kirnberg begüterten Adligen, so dass auch Vertreter dieser Familien neben den Zähringern als frühere Bauherren infrage kommen.

Die Fürstenberger besetzten die Burg ähnlich wie Zindelstein im Bregtal mit einem Burgvogt und einer wehrhaften Mannschaft. 1273 ist Hug von Almenshofen als Burggraf erwähnt. Als 1305 die Fürstenberger im Streit mit Habsburg die Stadt Bräunlingen verloren, musste Heinrich II. von Fürstenberg auch die Grafschaft in der Westbaar mit »der burg ze Kürenburg« und »der stat ze Löffingen« an das Haus Österreich abtreten, bekam beides aber umgehend als Lehen wieder zurück. Bis 1388 blieb die Kirnburg als Lehen in fürstenbergischem Besitz. Dann versetzte Graf Heinrich IV. von Fürstenberg die Burg mit allen Zwingen und Bännen als Pfand, um die Mitgift seiner Schwester Verene abzusichern, die vor der Ehe mit dem Pfalzgrafen Konrad von Tübingen stand. Dem Pfalzgrafen wurde das Recht eingeräumt, im Revier um die Burg zu jagen, solange er zu Kirnburg »mit hus sizet«, also immer dann, wenn er hier auch wohnte.

Diese Verpfändung an die Pfalzgrafen von Tübingen brachte in der nachfolgenden Generation Ärger. Es erbte nämlich eine Tochter des Pfalzgrafen, welche zur Gemahlin eines Herrn von Lupfen wurde. Ausgerechnet dieses Geschlecht – so etwas wie die Erbfeinde der Fürstenberger. Und so wurde die bereits im Verfall begriffene Kirnburg zum Zankapfel und Ausgangspunkt einer sogenannten »Lupfenschen Fehde«, die von 1410 bis 1420 währte und auf die Baar viel Leid und Elend brachte. 1416 brannten die Grafen von Fürstenberg die von den Lupfenern beanspruchte (und vielleicht auch bewohnte) Kirnburg nieder oder das, was damals von ihr noch existierte. Danach wurde sie nicht wieder aufgebaut, war aber in Teilen noch bewohnbar, wie der oben erwähnte Kachelfund beweist, der aufgrund der Glasiertechnik der Renaissancezeit (15. und 16. Jh.) zuzurechnen ist.

Der Weiler Kürnberg erlebte in den folgenden Jahrhunderten einen merkbaren Niedergang. 1493 ist nur noch von zwei Höfen die Rede, vom »Hofe zu Kürnberg« und vom »Ramstains Hof«. In der Folge wurde der gesamte Besitz um die abgegangene Kirnburg als fürstenbergischer Kürnberg-Meierhof zusammengefasst. Nach 1600 legten die ersten Brändsiedler aus Bräunlingen durch Brandrodung den Grundstein zum Entstehen der neuen Siedlung Unterbränd.

▲ Die ausgetretene Steintreppe vom Burgplatz zur Staumauer hinunter.

Schloss Urach

Kümmerlich sind die Reste der Burgruine Urach zwischen Lenzkirch und Saig. Man sieht eine 2 Meter dicke Bruchsteinmauer, gerade noch mannshoch. Sie bildet die Front zur B 315, die an dieser Stelle auf einer Aufschüttung verläuft. Zu Zeiten der Burg befand sich hier ein tiefer und möglicherweise sogar mit dem Wasser des Hierabächles gefüllter Burggraben. Jenseits der Burgmauer oder dem, was von ihr noch übrig ist, ragen die brüchigen Reste eines einstmals vierkantigen Bergfrieds empor. Von ihm ist lediglich eine etwa 8 Meter hohe Nadel erhalten, eine Ecke des einstigen Turms. Der Schwarzwaldverein Lenzkirch hat in den 1990er-Jahren die damals zugewucherten Mauerreste freigelegt, geputzt und saniert. Eine Infotafel gibt knappe Informationen und ein Ruhebänkchen lädt zum Verweilen und zum gedanklichen Nachspüren ein.

Wenn man die Anlage auf sich wirken lässt, erschließt sich nach und nach ihre einstige Gestalt. Die Wohnburg stand auf einem felsigen Bergsporn über dem Haslachtal. Zur Haslach hin fällt der Fels fast senkrecht ab. Das geübte Auge erkennt hier, überwachsen, zerfallen und verstreut, die Reste einstiger Mauerfundamente. Die Burg muss mit Vorbauten oder Bastionen bis scharf an die Felskante gereicht haben. Da, wo heute die B 315 bergseitig um den Sporn herumführt, befand sich einst der Burggraben. Er wurde höchstwahrscheinlich gespeist von dem kleinen Mühlenbächle (Hierabächle), das vom Hierahof kommend an dieser Stelle eine tiefe Schlucht bildet und zur Haslach hinunterstürzt. Diese Schlucht ist heute zum Teil zugeschüttet, damit die Bundesstraße darüber hinwegführen kann. Der Bach fließt durch unterirdische Röhren. Aber als die Schlucht noch existierte, schützte sie als tiefe Kluft die westliche Seite der Burg. So war diese von drei Seiten uneinnehmbar: im Westen die Schlucht, im Süden die steilen Felsen an der Kante zum Haslachtal, im Norden der Burggraben. Übrig blieb nur ein Zugang zur Burg Urach von Osten, also von der Seite her, wo sich heute der Ort Lenzkirch befindet. Die mittelalterliche Straße kam auf der anderen, der rechten Haslachseite von Lenzkirch herauf. Sie querte die Haslach erst oberhalb der Burg, etwa beim heutigen Rauferhof. Von dort ging sie über die Steig am Hierahof vorbei nach Saig und weiter an den Titisee. Erst später wurde sie auf die Burgseite verlegt, eine historische Trasse aus dem 19. Jahrhundert verbirgt sich noch im überwachsenen Berghang, ihr von dicken Quadern gesicherter Straßenkörper lässt sich noch über hunderte von Metern unterhalb der heutigen B 315 verfolgen. Diese B 315 markiert den neuzeitlichen Straßenverlauf, der mit den historischen Vorgängern nicht mehr viel gemein hat.

Die Burg selbst lag also hoch über dem Weg und von diesem noch durch die Haslach getrennt. Sie war nur über einen schmalen Saumpfad zu erreichen, der in etwa ähnlich dem schmalen Fußweg zum Freibad heute an der Bergflanke entlang verlaufen sein dürfte. Auf jeden Fall beherrschte die Burg die Straße, die in größerem Zusammenhang von Schaffhausen kommend durch Lenzkirch Richtung Titisee und weiter durch das Höllental in den Breisgau führte. Zur Burg Urach gehörte ein Meierhof, manche Quellen nennen den Binsenrainhof, andere den Stollenhof. Der Binsenrainhof stand unweit des heutigen Friedhofs und ist im Dreißigjährigen Krieg abgebrannt. Die Ortsforschung nimmt an, dass die erhaltene Eulogius-Kapelle zu diesem Hof gehört hat. Auch eine Mühle hat zur Burg gehört, die Bezeichnung »Schloßmühle« steht noch heute für die Stelle ge-

▼ Das Hierabächle bildete einst eine tiefe Schlucht, über der die Burg Urach stand. Heute ist die Schlucht zugeschüttet und mit der B 315 überbaut.

▲ Dieses Bild von der Ruine Urach bekommen heute Wanderer und Autofahrer von der B 317 aus.

genüber der Burg. Die überregionale Bedeutung der Burg Urach erschließt sich, wenn man ihre Rolle im Herrschaftssystem der Zähringer und Fürstenberger ins Auge fasst. Dann sieht man, dass die Burg Urach mehr war als nur ein lokaler Adelssitz.

Der erste namentlich bekannte Inhaber der Burg war 1239 der niederadlige Ritter Bertold von Urach, Angehöriger des gleichnamigen Adelsgeschlechts von Urach, das aus dem Württembergischen stammte. Mit Ritter Bertolds Auftauchen gibt es gute Gründe, den Bau der Burg Urach in die Zeit zwischen 1218 und 1239 zu legen. Wir befinden uns erneut inmitten der Erb- und Machtnachfolge der Zähringerherzöge. Im Jahre 1218 starb Herzog Berthold V. von Zähringen, der zu diesem Zeitpunkt machtvolle und unangefochtene Herrscher über den Südwesten. Mit seinem Tod zerbrach, wie bereits mehrfach oben dargelegt, das mächtige Zähringerreich, denn er hinterließ keinen männlichen Erben. Er hatte jedoch zwei Schwestern, die ihn überlebten, Anna und Agnes. An diese beiden fiel das mächtige Erbe. Es umfasste ausgedehnten Besitz in Schwaben, Burgund, in der Nordwestschweiz, im Südschwarzwald, im Breisgau und in der Ortenau. Beide Schwestern waren verheiratet: Anna mit dem Grafen Ulrich von Kyburg, Agnes mit Egino IV. von Urach. Den Nachkommen aus diesen beiden Ehen fielen nach damaligem Erbrecht die Ländereien und Eigenbesitztümer (Allodialbesitzungen) der Zähringer zu, während sämtliche Lehnsgüter und Vogteien an ihre Herren beziehungsweise direkt an die Krone zurückfielen. Jener Teil der Ländereien und Besitztümer, der im rechtsrheinischen Gebiet, im Dreieck zwischen Freiburg, Villingen und St. Blasien lag, ging an Agnes und ihren Gemahl Egino (Egon) IV. von Urach, also an die Linie der Uracher. Dazu gehörten nicht nur die militärisch und als Handelsknoten bedeutsamen Städte Freiburg und Villingen, sondern auch die durch den Hochschwarzwald führenden Verkehrsverbindungen zwischen diesen beiden Städten, ebenso die Vogteien über die großen Reformklöster St. Peter und St. Georgen (mit Friedenweiler) sowie über das aufstrebende St. Blasien. Wie wir bereits gesehen haben, standen alle kleineren, lokalen Adelsgeschlechter in diesem Gebiet an der Wende vom 12. zum 13. Jahrhundert in der einen oder anderen Form in Abhängigkeit von den Zähringern oder wurden von ihnen teils auch gewaltsam verdrängt. Während des 12. Jahrhunderts ist es den Zähringerherzögen gelungen, in dem gesamten von ihnen beanspruchten Raum zwischen Freiburg und Villingen fast alle kleineren Dynastiefamilien unter ihren Einfluss zu bringen.

Nun also, mit dem Tod Herzog Bertolds V. im Jahre 1218, fiel das ganze zähringische Einflussgebiet im Dreisamtal, Hochschwarzwald und auf der Baar an Bertolds Schwester Agnes und deren Gemahl, Graf Egino IV. von Urach, den man auch »den Bärtigen« nannte. Zusammen mit seinem bereits erwachsenen Sohn Egino V. musste er dieses Erbe aber teuer verteidigen. Ansprüche im Breisgau erhoben unter anderem die Markgrafen von Baden, ebenso die Herzöge von Teck, ebenfalls ein Seitenzweig der Zähringer. Sogar der Stauferkönig Friedrich II. (1194–1250) mischte sich in die Erbsache ein und erhob Ansprüche in der Ortenau, im Kinzigtal, in Freiburg und im Südschwarzwald. Er entriss dem Zähringererben St. Blasien, die Grafschaft in der Ortenau, die Herrschaft Rheinfelden und die Kinzigstraße mit der Stadt Villingen. Auch die Vogtei des Klosters St. Georgen ging verloren. Egino IV. und seinem Sohn Egino V. blieb nichts anderes übrig, als sich in den Schwarzwald zurückzuziehen. Im Jahre 1226 kam es zu einem Vertrag zwischen Egino V. und dem Stauferherrscherhaus, der den Urachern den Kern ihrer Herrschaft zwischen Freiburg und Villingen sichern sollte. Mit dieser vertraglichen Absicherung konnte Egino V. von Urach sein Hauptaugenmerk auf den inneren Ausbau des in seiner Hand befindlichen Gebiets richten, und das waren Freiburg, das Dreisamtal, der Hochschwarzwald und die Westbaar. Wie bereits in den Abschnitten über die Kirnburg und Zindelstein dargelegt, sprechen etliche Indizien dafür, dass er zunächst die Verkehrslinie sicherte, die von Freiburg über Wagensteig und Thurner durch das Bregtal nach Villingen führte.

▼ Der heutige Eingang ins Ruinenareal.

▶ An dieser Außenmauer ist noch gut zu erkennen, dass die Burg einst in den gewachsenen Fels hinein gebaut wurde.

Doch es gab noch einen weiteren Verkehrsweg durch den Süd- und Hochschwarzwald, das war die mittelalterliche Straße von Schaffhausen über Bonndorf, Lenzkirch und Titisee nach Hinterzarten (Hinter der Straß) bis ins Dreisamtal. Um die Ansprüche auch in diesem Bereich zu sichern und die Einflussnahme direkt vor Ort zu gewährleisten, bedurfte es eines herrschaftlichen und wehrhaften Stützpunktes an zentraler Stelle entlang dieser Straße. Diese Aufgabe erfüllte die Burg Urach bei Lenzkirch.

Die erste urkundliche Erwähnung der Burg Urach bei Lenzkirch fällt, wie erwähnt, in das Jahr 1239. Ein Ritter Bert(h)old von Urach wird dabei als Burgherr genannt, wobei über den Verwandtschaftsgrad nichts bekannt ist. Vielleicht handelte es sich nur um einen Ministerialen der Grafen von Urach, der den Beinamen »von Urach« nicht aufgrund einer Blutsverwandtschaft, sondern wegen der Dienstherrschaft trug. Mit einiger Sicherheit darf man aufgrund der zuvor geschilderten machtpolitischen Entwicklungen den Bau der Burg Urach in das Jahrzehnt zwischen 1225 und 1235 legen, in jene Jahre, in denen die Uracher Muße hatten, ihre zusammengeschmolzene Herrschaft von innen zu sichern. Die Siedlung Lenzkirch existierte wohl bereits und bestand vorwiegend aus einer Reihe von Höfen, darunter ein großer Meierhof, am Platz der späteren Pfränglemühle im heutigen Ortskern gelegen. Weiter wissen wir von der Existenz einer Kirche in Saig seit mindestens 1149. Der Ort Raitenbuch wird bereits in einer Urkunde des Klosters Schaffhausen 1179 als Klostergut genannt. Den Herren von Urach ist es gelungen, den engen Bezirk um Lenzkirch und ihre dortige Burg mit den Besitzungen des Klosters Allerheiligen innerhalb des fraglichen Gebiets zu vereinigen und daraus die »Herrschaft Lenzkirch« als geschlossenes Hoheitsgebiet zu formen.

Egino V. von Urach hinterließ, als er 1236 starb, vier Söhne: Konrad, Berthold, Heinrich und Gottfried, die den Namenszusatz »von Urach-Freiburg« benutzten.

Diese Söhne ließen endgültig von dem Gedanken ab, die Gebiete östlich und westlich des Schwarzwaldes als geschlossenen Herrschaftsbereich zusammenzuhalten. Gottfried trat in den geistlichen Stand, Berthold erhielt den Stammsitz der Familie in Urach in Württemberg. Die anderen beiden Brüder, Konrad und Heinrich, teilten den verbliebenen Besitz untereinander auf in eine Herrschaft Freiburg, die an Konrad fiel, und eine Herrschaft auf der Baar, die an Heinrich fiel, der sich alsbald »von Fürstenberg« nannte. Zur Herrschaft Freiburg gehörte St. Peter mit all seinen Besitztümern, ebenso der größte Teil von Lenzkirch und Saig. Aber die Herren von Urach-Freiburg zogen sich schon bald aus dem Hochschwarzwald nach Freiburg zurück und hinterließen ihre Lenzkircher Herrschaft nach längeren Streitereien in einem Vergleich dem Grafen Eberhard von Lupfen. Und zwar war es ein Sohn Konrads, wiederum ein Egino oder Egon, der den Verkauf der Herrschaft Lenzkirch 1296 an die Grafen von Lupfen besiegelte. Die Vergleichsurkunde ist erhalten und benennt exakt die Grenzen der Herrschaft Lenzkirch: »da die Hasela in die Wuta gat und von dannen wieder auf in den Boreweg, und von dannen den Boreweg wieder uff untz in Butzenbrunnen, der da leit zu den Glashütten, und von Butzenbrunnen wieder in Ingirisch Gruben, und von Ingerisch Grub untz in Vischbach, und dannen wieder untz in Sattelbogen, und dannen untz in den Hindern Bildstain, und von dem Hindern Bildstain untz in Crannenerich, und von Crannenerich untz in Veltsee (und den Veltsee halbe) und den Veltsee abe untz in Wuta abe enmitten in das Wasser untz an Dittensee, unde Dittensee abe untz an den Alten Stegg, da entzwüschent ist das dritthail graven Egen von Freyburg und die zway thail unser, und von dem Alten Stegg wieder uff untz in Thalwise, die unter dem Hohen Virste lit, und von Thalwise untz an Dietrichs Schwende, da man den weg abe gat gegen der Nuwenstatt, und von Dittrichs Schwende untz in Salibach, von Salibach untz in Enggeluntal abe untz in die Blatta,

◀ Auf der Talseite Richtung Haslach muss Burg Urach Bastionen und Vorbauten gehabt haben, denn dort sind bis heute solche Mauerfragmente erhalten geblieben.

▲ Auf dieser dem Ort Lenzkirch zugewandten Seite befand sich einst der Hauptzugang zur Burg.

und von den Blatta untz in Lobenbrugge bei Kilchstaigen, unde von Lobenbrugge, als die Sneschlaipfi gat, wiedr an das Horn, das abe zueget, unt da Hasla in Wuta gat«.

Aufgrund dieser Beschreibung kann man das fragliche Gebiet recht gut einkreisen. Es entspricht nahezu der heutigen Lenzkircher Gemarkung mit allen Ortsteilen, umfasst aber auch noch Teile des heutigen Altglashütten, Falkau und Bärental. Etwas unklar, weil die historischen Bezeichnungen sich verloren haben, ist lediglich die Grenzziehung zum benachbarten »Nuwenstatt«. Das ganze dünn besiedelte Waldgebiet von Lenzkirch ging also 1296 an Graf Eberhard von Lupfen, Landgraf von Stühlingen. Die Grafen von Lupfen hatten bei ihren Ansprüchen auf die Lenzkircher Herrschaft einen Rivalen, nämlich die Edlen von Blumegg (Blumenegg, Blumeneck). Diese beanspruchten selbst einen Teil der Lenzkircher Herrschaft, den sie bereits seit geraumer Zeit als fürstenbergisches Lehen innehatten. Unklar ist, wie die Blumegger zu diesen Ansprüchen kamen, aber sie waren zu dieser Zeit (um 1296) bereits Burgherren auf der Burg Urach. Klar scheint nur, dass sämtliche Teile der beschriebenen »Herrschaft Lenzkirch« im Jahre 1403 von den Blumeggern endgültig zusammengeführt wurden. Bis dahin besaßen die Herren von Blumegg einen Teil, einen anderen Teil die Herren von Lupfen. Joseph Rombach berichtet in seiner Chronik von stetigen Streitereien dieser Familien um die Gerichtsbarkeit und um Wildbänne in der Herrschaft Lenzkirch. Nachdem die Edlen von Blumegg aus dieser Auseinandersetzung als Sieger hervorgegangen waren, erlebte auch die Burg Urach eine neue Blüte. 1404 entstand dort jener Hausanbau, den man in den heutigen Lageplänen und Zeichnungen sieht. Bis dahin hatte es sich wohl nur um eine reine Turmburg gehandelt.

Einer der zwei Söhne des Ritters Heinrich von Blumegg, nämlich Konrad von Blumegg, bewohnte mit seiner Gemahlin Elisabeth von Bissingen Ende des 13. und Anfang des 14. Jahrhunderts die Burg Urach in Lenzkirch. 1313 starb dieser Konrad von Blumegg und wurde in der Kirche von Lenzkirch bestattet. Seine Gemahlin Elisabeth erbte den Besitz und vermachte ihn dem Johanniterorden in Villingen mit der Auflage, ein Stift neben der Kirche Lenzkirch zu errichten und zu betreiben. Den nächsten Nachweis der Burg Urach gibt eine Urkunde von 1365, die belegt, dass das Freiburger Adelsgeschlecht der Herren Malterer die Burg Alt-Urach für 500 Mark Silber von Heinrich von Blumegg und seiner Frau Udelhilt (die eine geborene von Fürstenberg war) kaufte. Die Malterer, verwandt mit den Snewlin und den Falkensteinern, erhielten den »turn Ura«, gelegen »zu Lentzkilch« mit allem Zugehör. Wenig später, 1404, war die Burg aber bereits wieder im Besitz der Blumegger, denn aus diesem Jahr stammt eine Urkunde, die den erwähnten Anbau belegt: Es wird dem Dietrich von Blumegg erlaubt, »zu Lenzkilch uf den fels nebentzu an den turn, dem man spricht Ura, der selb turn sin [...] ist, diesen Bau fortzusetzen und geben ihm den fels mit grunde und mit grat zu rechtem Eigen.« Wiederum 85 Jahre später, im Jahr 1491, verkauften die Herren von Blumegg ihre Lenzkircher Besitzungen gegen 6600 Goldgulden an das inzwischen mächtig erstarkte Haus Fürstenberg, welches damit die Herrschaft über das »Amt Lenzkirch« antrat. Man nimmt an, dass die Burg, die inmitten dieser Herrschaft stand, aber keinerlei herrschaftliche Bedeutung mehr hatte, nach 1491 nicht mehr bewohnt war. Letzte Burgherren vor 1491 waren Heinrich von Kageneck und seine Frau Elisabetha. Wahrscheinlich zerfiel die Burg Urach in den folgenden Jahrzehnten und Jahrhunderten von allein, vielleicht erfuhr sie auch gravierende Zerstörungen im Bauernkrieg um 1524, oder der Dreißigjährige Krieg besiegelte ihr Ende. Die Quellen schweigen dazu. Mit Sicherheit wurden die Ruinen von den Lenzkircher Bürgern als willkommener Steinbruch genutzt. In Lenzkirch hält sich bis heute die Überlieferung, dass Teile der Lenzkircher Friedhofsmauer aus Steinen der Burg Urach errichtet wurden. Auch eine alte Sage von einem Schatz im Schloss Urach ist bis heute überliefert. Demnach wacht ein schwarzer Geisterhund über eine auf dem Burggelände vergrabene Schatztruhe.

▲ Die älteste Rekonstruktion der Burg Urach.

Grünburg

Von der Grünburg bei Unadingen sind noch einige wenige Mauerreste vorhanden, und man erkennt sehr gut, wie die Mauer einst auf einem vermutlich künstlich abgeflachten Bergvorsprung oberhalb der Gauchachschlucht sehr scharf an den steilen Abbruchkanten der Kalkfelsen gestanden haben muss. Obwohl die wenigen noch vorhanden sichtbaren Spuren kaum belastbare Impressionen vermitteln, sind wir über das einstige Aussehen und die Geschichte der Burg bestens unterrichtet. Das verdanken wir einer 1790 verfassten Beschreibung der »Burgställe und Schlösser im Amt Löffingen«, die im F.F. Archiv verwahrt wird. Demnach bestand die Burg aus einem aus Bruchstein errichteten Haupthaus, bei dem sich Wohn- und Wirtschaftsteil unter einem Dach befanden. Das Ganze war umgeben von einer starken Schildmauer, die nur von einem mächtigen Eingangstor durchbrochen war, über dem sich möglicherweise ein viereckiger Bergfried erhob. Die Burg besetzte den gesamten Bergvorsprung auf der rechten (westlichen) Talseite der Gauchach, der nach drei Seiten steil in die Schlucht abfällt, so dass die Burg auf diesen Seiten bestens geschützt war. Der Zugang erfolgte von Unadingen her auf der Straße, die noch heute den Namen Burgweg trägt. Ein Graben auf dieser Seite erschwerte den Zugang. Vermutlich führte eine vom Bergfried bewachte Brücke über diesen Graben in die Burg hinein.

Als wahrscheinlicher Erbauer dieser Burg gilt die Familie von Grünburg. Die erste urkundliche Erwähnung dieser Familie stammt aus dem Jahr 1297. Unterstellt, dass der Namenszusatz »von Grünburg« sich auf den Sitz der Familie bezog, die gleichnamige Grünburg, dann muss die Erbauung der Burg vor diesem Datum 1297 liegen. Nannten sich die Ritter von Grünburg nach der Burg oder hieß die Burg wegen des auf ihr sitzenden Geschlechts so? In der Ortsforschung liest man die Variante, die Burg habe Grünburg geheißen, weil sie auf einer grünen Wiese stand, während überall ringsum dichter Wald sie umgab. Wie will das mit dem Abstand etlicher Jahrhunderte jemand beurteilen?

Unadingen, Grünburg und Mauchen (Muchen) waren 1218 schon an die Uracher und in deren Nachfolge an die Fürstenberger gefallen. So könnte dieses Jahr als frühester Zeitpunkt einer Erbauung durch fürstenbergische Dienstmannen herangezogen werden. Es ist aber auch nicht völlig unmöglich, dass die Burg schon vorher existierte und mit den Dörfern Unadingen, Mauchen und Grünburg dann in die Hand der Uracher/Fürstenberger fiel. Der Heimatforscher Johann Marx aus Unadingen hat die Auffassung vertreten, das Kloster St. Gallen habe die Burg schon vor der fürstenbergischen Zeit erbaut und dort seine Schutzvögte walten lassen.

Es handelte sich bei den Grünburgern jedenfalls um ein fürstenbergisches Dienstmannengeschlecht, das für die Fürstenberger in Unadingen für ungefähr hundert Jahre die Stellung hielt. Zu ihren Privilegien gehörte das Mühlenrecht, das heißt, dass jeder Bauer innerhalb der von den Grünburgern verwalteten kleinen Herrschaft seine Frucht in der Mühle der Grünburger mahlen lassen musste. Aller Wahrscheinlichkeit nach war dies die Lochmühle unten in der Gauchachschlucht beziehungsweise eine Vorgängermühle am gleichen Platz. Die Lochmühle selbst ist nach einem Hochwasser 1895 nicht wieder aufgebaut worden. Unterhalb der Burgruine Grünburg erinnert die Lochkapelle an eine weitere Hochwasserkatastrophe, bei der schon 1804 drei Bewohner der Lochmühle ihr Leben verloren. Die Ritter von Grünburg haben höchstwahrscheinlich auch selbst Landwirtschaft betrieben. Der Hof Grünburg, der unweit der Burgstelle steht, hat als Bau-

▼ Der Burgplatz der einstigen Grünburg mit dem neuzeitlichen Gedenkkreuz für die Gefallenen des Zweiten Weltkrieges. Die Wälle im Hintergrund zeigen einstige Mauern an und markieren etwa den Umfang der gesamten Anlage.

▲ Unterhalb des Burgkegels steht die Lochmühlenkapelle. An ihr erinnern Hinweistafeln an die Geschichte der Burg und an das tragische Ende der Lochmühle.

ernhof schon damals zur Burg gehört. Anfänglich dürfte es sich um kleine Ritter gehandelt haben, um ein Geschlecht, das bestenfalls niederem Adel entsprang. Aber in Diensten der Fürstenberger muss sich die Familie emporgearbeitet haben. Ältester namentlich bekannter Vertreter ist Gerung von Grünburg. Von 1297 bis 1299 führte das Kloster St. Gallen einen Prozess gegen Conrad von Grünburg, einen Enkel oder Neffen des erwähnten Gerung, wegen der Zehntrechte und verschiedener, auf der ganzen Baar verstreuter Besitzrechte. Auch dies könnte ein Beleg für ein höheres Alter der Burg sein, denn es ging in diesem Prozess auch um die Frage, ob die Grünburg Lehnsgut oder Privatbesitz sei. Der Prozess dauerte lange. Noch 1299 wurden in der Kirche in Mundelfingen Zeugen vereidigt. Am Ende gingen die Grünburger als Sieger aus der Auseinandersetzung hervor. Die Burg war nun ihr Eigengut. Dem Kloster St. Gallen stand laut Urteil noch ein Drittel des Zehnten zu, was nur mit Rechten aus vorfürstenbergischer Zeit erklärt werden kann.

Conrad von Grünburg war mit einer Frau aus der Adelssippe derer von Urach (bei Lenzkirch) vermählt. Verwandtschaftliche Beziehungen hatte die Familie auch auf der anderen Wutachseite mit den Familien von Boll und von Tannegg. Auch dies sowie insgesamt die Nähe zum Haus Fürstenberg ist ein Indiz für den zeitweise hohen Status der Adelsfamilie von Grünburg in der Region. Conrad (auch: Konrad) von Grünburg hatte vier Söhne und eine Tochter, die mit Hugo von Stallegg verheiratet war. Auch ein Vorgang von 1331, als die Familie von Grünburg im Streit mit den

▶ Nur wenn man um den Burgkegel herumklettert und sich auf die steile Außenseite wagt, die zur Gauchach hin abfällt, entdeckt man noch solche letzten Mauerreste.

Stadtvätern von Schaffhausen lag, belegt, dass die Grünburger gut angesehen waren. Aus diesem Streit kamen die vier Söhne von Konrad, Werner, Burkhart, Konrad jun. und Peter(mann) von Grünburg nur deshalb ungeschoren heraus, weil ihre namhafte Verwandtschaft aus dem Hochschwarzwald für sie bürgte, darunter Nikolaus von Boll und Hugo von Tannegg. In diesen Streit mit Schaffhausen waren vorwiegend Burkhart und Werner von Grünburg verwickelt. Werner von Grünburg hieß im Volksmund »Kächkeller«, und es wäre sicher eine reizvolle Aufgabe für die Namensforschung, dem Sinn dieser Bezeichnung auf die Spur zu kommen. Die Brüder verkauften nach 1337 binnen weniger Jahre das Erbe in Unadingen. 1338 ist als Burgherr noch ein Edelknecht Hugo von Grünburg bezeugt, der sich mit dem Grafen von Freiburg verfeindete. Diesem konnte er mit seinen bescheidenen Mitteln allerdings nicht standhalten. Als der Graf mit einem Tross vor der Burg erschien, musste Hugo das Tor öffnen und sich vertraglich verpflichten, dem Grafen von Freiburg Kriegsdienste zu leisten. Die Sippe der Grünburger zog um nach Freiburg. Der letzte namentlich bekannte Nachfahre war Hugos Sohn, Ritter Peter von der Grünburg, der 1530 als Stifter und Wohltäter der Pfarrei Mundelfingen erscheint. Im frühen 16. Jahrhundert ist das Geschlecht wahrscheinlich erloschen. Das Gemeindewappen von Unadingen mit dem aufsteigenden roten Löwen geht auf das Wappen der Herren von Grünburg zurück.

Die Burg Grünburg blieb nach dem Wegzug ihrer bisherigen Herren nicht unbewohnt. Sie fiel vermutlich über die Fürstenberger an die Herren von Blumberg beziehungsweise einen Nebenzweig dieser Familie. Denn die Fürstenberger verkauften Unadingen, Grünburg und Mauchen 1323 (aus Geldnot) an Johann (Hans) von Blumberg, einen ihrer loyalsten Dienstmänner. Ein Albrecht von Blumberg wohnte 1409 nachweislich in der Burg. Seine Tochter Klara von Blumberg heiratete in das Geschlecht derer von Bern ein. So kam ein Teil der Grünburg an Itel Jakob von Bern, der sie um 1452 an die Brüder Hans Ulrich jun., Heinrich und Georg von Almshoven verkaufte. Die Familie von Almshoven hatte um diese Zeit neben Unadingen auch die Ortsherrschaft über Bachheim. Heinrich von Almshoven war um 1473 letzter Bewohner der bereits im Zerfall begriffenen Burg. 1487 ist Jürg von Almshoven als Burgherr genannt, aber zu diesem Zeitpunkt taucht die Burg nur noch als Burgstall in den Urkunden auf. 1513 erwarb Graf Wilhelm zu Fürstenberg die Grünburg mitsamt den Dörfern Unadingen und Mauchen für 3572 rheinische Gulden. Schon im Bauernkrieg scheint die Burg nicht mehr relevant gewesen sein, man hört nichts von ihr, während ringsum alle für die Bauernheere erreichbaren Burgen geschleift wurden. Die Ruinen der Grünburg waren aber um 1800 angeblich noch »25 Schuh« hoch, also etwa 7 bis 8 Meter. Die Steine der Ruine sollen laut Johann Marx beim Neubau des Grünburghofs verwendet worden sein.

◀ Das Wappen der Ritter zu Grünburg.

Rätsel und Spekulationen

▶ Vöhrenbach

Mit der Urkunde zur Stadtgründung aus dem Jahre 1244 tritt der Ort Vöhrenbach (Verenbach) ins Licht der Geschichte. Diese Stadtgründung in der Phase des Machtübergangs an Heinrich, den Sohn des Grafen Egino V. von Urach, ist wie die zu ähnlicher Zeit erfolgte Stadtgründung von Neustadt der Herrschaftssicherung des künftigen Grafen von Fürstenberg geschuldet, doch auch hier bregaufwärts bei Vöhrenbach gilt, was für Neustadt am Ufer der Gutach schon festgestellt wurde: Beide Siedlungen entstanden nicht am Reißbrett, sondern sie bauten auf etwas Früherem auf, das schon seit längerer Zeit existierte. In Vöhrenbach, noch unstrittiger als in Neustadt, hat im Bereich der heutigen Gemarkung bereits eine Siedlung bestanden. Darüber gibt sogar die Gründungsurkunde Aufschluss, denn sie erwähnt einen Berthold von Vernbach mit seiner Frau Adelheid von Kurna (Kirnach) als Bewohner. Heribert Saldik nennt das, was eventuell am Platz der Stadtgründung schon existiert hat, eine »vorstädtische Besiedlung«. Jedenfalls ordnet er dieser Vorgängersiedlung eine Tonscherbe zu, die in den Zeitraum 1000 bis 1200 datiert wird und etwa einen Kilometer westlich der heutigen Kirche von Vöhrenbach gefunden wurde. Für unser Thema noch spannender ist Saldiks Hinweis auf gleich drei noch in Gewannnamen enthaltene Indizien für Wehr- oder Burganlagen (Auf der Steig, Auf der Burg und auf der Schlossermatt), von denen Letztere als Turmhügelburg zur Straßensicherung anzunehmen sei und bei der Stadtgründung von Vöhrenbach noch existiert habe. Das spräche für eine zähringische Herkunft dieser Anlage. Ein Ringgraben, den man 1840 hier identifiziert hat, könnte zu dieser Turmburg gehört haben, da er eine Einfahrtsschneise aufwies, die direkt auf den Burgplatz zuführte. Weitere Nachrichten zu diesen Plätzen sind aber ebensowenig vorhanden wie etwaige archäologische Spuren.

▶ Falkenbühl

Am Ausgang des Wittenbachtals (Nebental des Dreisamtals) stand auf einem flachen, fast kreisrunden Hügel einst ein fester Wohnturm. Das war die Burg Falkenbühl, deren Ausmaße etwa 9 auf 9 Meter betrugen, wovon eine 1,40 Meter dicke Seitenwand bis auf 3 Meter Höhe noch bis etwa 1900 erhalten geblieben ist. Die Mauer bestand zum Teil aus Gussmauerwerk, zum Teil sind beim Bau große Wacken verwendet worden. Um den Turm scheint sich ein bis zu 5 Meter tiefer Befestigungsgraben

▼ Dieses Häuserensemble, darunter das Gasthaus Falken, steht auf der kleinen Kuppe, die einst die Burg Falkenbühl getragen hat.

◀ An einer der Hauswände erinnert diese Inschrift an die einstige Burg.

gezogen zu haben, wie Grabungen aus dem Jahr 1998 ergaben. Der Name »Falkenbühl« taucht erstmals in einer Urkunde des Jahres 1405 auf. Darin wird der Verkauf verschiedener Güter von Werner von Falkenstein an seinen Vetter Klein Kuno von Falkenstein besiegelt. Unter anderem verkaufte Werner von Falkenstein »die hüsere zu Valckenbuhel und zu Baldenwegg und die zwey Witental da by.« Man kann also um diese Zeit von einer falkensteinischen Anlage ausgehen. Die Burg muss aber älter sein, denn eine Urkunde von 1423 spricht davon, dass sie »yetzt nemet Valkenbuhel« (jetzt Falkenbühl genannt, während sie zuvor »ze Baldenweg« hieß, nach einem »oberen Hof Baldenweg« in direkter Nachbarschaft. Wegen der zeitlichen Übereinstimmung kommen Alfons Zettler und Thomas Zotz in ihrem Breisgauer Burgenbuch zu der Annahme, dass hier im oberen Baldenwegerhof und der Burg Falkenbühl der neue Sitz der Falkensteiner Familie zu suchen ist, nachdem sie 1388 von ihrer Burg im Höllental vertrieben worden war (siehe Abschnitt »Falkenstein«). Schon wenige Jahre später kaufte ein reicher Freiburger Bürger, Konrad (Cunrat) Tegenlin, die Burg von den Falkensteinern und bewohnte sie selbst, nannte sich auch »Tegenly von Valckenbühel«. 1451 verkaufte dieser Cunrat Tegenly aber »das hus Valckenbühel mit sampt dem hof zue Baldenweg« an die Familie von Blumenegg, von der es dann über eine Seitenlinie »von Landeck« in den Besitz der sickingischen Herrschaft kam. Beschreibungen aus dem 16. Jahrhundert zufolge gehörte zu der aus Burg und Hof bestehenden Anlage auch noch eine Kapelle. Der Burgturm selbst verfügte über mehrere Wohnräume, darunter ein »stüblin« für die Herrschaft, wenn sie zu Besuch kam, sowie eine »stueb« und eine »thurn kammer«. Auch ein Keller und Stallungen werden 1596 noch erwähnt. So lange mindestens war die Burg noch bewohnt und intakt. Heute stehen das Gasthaus Falken am Rande des Hügels und seit 1958 eine Sammlung kleiner Einfamilienhäuser direkt auf dem Hügel.

NEUZEITLICHE HERRSCHAFTSSITZE

Einführung

Der Nieder- oder Untergang der Hochschwarzwälder Burgen setzte schon im 12. und 13. Jahrhundert ein, spätestens ab dem 14. Jahrhundert ist die massenhafte Landflucht des Landadels als durchgängiges Phänomen zu beobachten. Ihrer einstigen Zwecke beraubt, abgelegen, teuer im Unterhalt und dennoch immer verlockend für aufmuckendes Volk aller Art, daran seinen Frust über die Obrigkeit abzureagieren, bedeuteten Wohnsitz in und Besitz an einer Burg mehr Last als Privileg. Und so zog es die Familien der einstigen Ortsherren aus ihren feuchten und kalten Burgen in die weitaus komfortableren Patrizierhäuser der großen Städte Freiburg, Villingen, Waldshut und Schaffhausen. Das Leben dort kam insgesamt günstiger und es war weitaus attraktiver. Es war nicht nur wesentlich geselliger, man war unter seinesgleichen, es gab einen Heiratsmarkt und florierende städtische Wirtschaft mit Handwerkern, Verkehr, Handel und Märkten. Auf dem Wald blieben die leerstehenden Burgen, manchmal schon im Zerfall begriffen, oft noch von einstigen Dienstmannen, Knechten oder Bürgerlichen bewohnt, bis auch diese selbst oder spätestens ihre Nachkommen die Flucht ergriffen. Unter diesen Umständen war es schon bemerkenswert, dass einige Burgen bis ins 18. oder gar 19. Jahrhundert hinein bewohnt blieben, sogar auch noch bauliche Veränderungen erfuhren, wenngleich unter erbärmlichen Umständen, die mit unseren Vorstellungen von prunkvollem mittelalterlichem Herrensitz nichts gemein hatten. Nach 1500 war die Zeit der Burgen jedoch faktisch vorbei. Dennoch sind auch danach noch herrschaftliche Gebäude, ganze Schlösser gar entstanden, die der Vollständigkeit halber in unserer Sammlung nicht unterschlagen werden dürfen. Zumal es sich bei diesen späten Bauten um jene Schlösser und Herrensitze handelt, welche die Zeiten fast unbeschadet überstanden haben und heute noch in nahezu ursprünglicher Gestalt existieren.

Um was handelt es sich dabei? Das sind keine Burgen im ursprünglichen Sinn. Es handelt sich um Gebäude, die zur Sicherung und Zentralisierung der etablierten Herrschaften entstanden sind, etwa die gräflichen Amtshäuser der Fürstenberger in Neustadt und Löffingen oder das Schloss Weiler bei Stegen, wo Freiburger Herren ihre Lehen hatten. Manchmal spielte auch das Bedürfnis nach Prunkentfaltung eine Rolle, wie etwa bei den Äbten von St. Blasien, als sie im Schloss zu Bonndorf residierten, oder bei den Grafen von Sickingen, die zwar im Schloss Ebnet in Freiburg saßen, für ihre Lustbarkeiten auf dem hohen Wald aber ein standesgemäßes Quartier benötigten, weshalb sie das Jagdschloss Erlenbruck bei Hinterzarten erbauen ließen.

Von all diesen Gebäuden kennen wir sehr gut die Baugeschichte, die Bewohner, den Zweck und dann auch ihren Werdegang bis in die Gegenwart. Diese herrschaftlichen Gebäude sind in Architektur und Bauweise noch recht verwandt mit ihren mittelalterlichen Vorgängern. Da sie heute weitestgehend öffentlich zugänglich sind, bekommt man beim Besuch auch eine Vorstellung davon, wie einstmals eine aus Bruchsteinen und Holz aufgerichtete Burg wohl unter Putz, mit Ziegeldach, möbliert, mit Teppichen und Gemälden ausgestattet, ausgesehen haben mag.

Auch diese »neuzeitlichen« Schlösser haben heute ihren einstigen Zweck und ihre Bedeutung verloren. In dieser Beziehung erging es ihnen nicht anders als den alten Burgen. Aber sie haben unter neuer Bestimmung überdauert. Wie die Burgruinen, sofern noch vorhanden, stehen sie unter Denkmalschutz. Aber im Unterschied zu jenen gibt es Eigentümer und Nutzer, die in diesen Denkmalschutz investieren und den Erhalt dieser wenigen überlebenden Zeugen aus der Vergangenheit sicherstellen. Das Abreißen, das Zerfallenlassen, das Ausliefern an Vegetation und Witterung ist bei diesen Bauwerken beim heutigen Bewusstsein der Öffentlichkeit und der öffentlichen Hand nicht mehr zu befürchten. Im Gegenteil. Ihr Wert steigt mit ihrem Alter.

Schloss Bonndorf

▶ Gesamtansicht des Bonndorfer Schlosses.

Das fürstliche Schloss Bonndorf gehört zu den wenigen Pracht- und Herrenhäusern des Hochschwarzwaldes, das in seiner ursprünglichen Gestalt bis heute weitgehend erhalten geblieben ist. Man tut allen anderen noch erhaltenen herrschaftlichen Häusern in der regionalen Nachbarschaft sicherlich kein Unrecht, wenn man das Bonndorfer Schloss als das schönste weltliche Haus des Hochschwarzwaldes bezeichnet.

Mit dem Tod Heinrichs IV. von Lupfen im Jahr 1582 starb die männliche Linie der Grafen von Lupfen aus. Damit war auch die Herrschaft Bonndorf frei geworden und es entstanden langwierige Erbstreitigkeiten zwischen dem Grafen Conrad, Erbmarschall von Pappenheim, und dem elsässischen Freiherrn Peter von Mörsberg, der mit der Schwester des verstorbenen Grafen Heinrich verheiratet war. Kaiser Rudolf II. (1552–1612), der habsburgische Landesherr im fernen Wien, entschied schließlich, dass Bonndorf dem Freiherrn Peter von Mörsberg gehören sollte, während die lupfischen Reichslehen an die Familie von Pappenheim gehen sollten. Die Familie Mörsberg lebte in der Ortenau und im Elsass. In Bonndorf setzten sie einen Obervogt ein, der sich um die Herrschaft zu kümmern hatte. Aber nur etwas mehr als 25 Jahre blieb die Familie Mörsberg im Besitz der Herrschaft Bonndorf. Geldnot und Misswirtschaft, Schulden und Lasten aus den elsässischen Besitzungen und möglicherweise auch eine sich anbahnende geistige Umnachtung des letzten Besitzers der Herrschaft Bonndorf, des Freiherrn Joachim Christoph von Mörsberg, führten zum neuerlichen Verkauf, diesmal an das Kloster St. Blasien.

Joachim von Mörsberg wuchs als Waise unter der Vormundschaft dreier Vettern auf. Er erbte in Bonndorf eine Brandruine, nämlich die Überreste des alten »Säßhauses« der Grafen von Lupfen, welches 1592 infolge eines Kaminbrandes zerstört worden war. Den Überlieferungen zufolge hatte es sich um einen schlichten, befestigten Wohnbau gehandelt, der mehr als ein Jahrhundert den Lupfenern und zuvor den Herren von Wolffurt als Herrschaftssitz gedient hatte. Unter dem Freiherrn von Mörsberg bewohnte der Obervogt diesen Wohnbau. Beim Brand seien ihm und seiner Frau »alles Silbergeschirr« und »62 Stück Gold« verschmolzen. Freiherr Peter von Mörsberg nahm noch den Wiederaufbau in Angriff. Er wollte ein stolzes Renaissanceschloss erstehen lassen und gab entsprechende Baupläne in Auftrag. Doch er starb sehr früh, so dass der unmündige Sohn Joachim das Erbe antrat. Der Wiederaufbau des Schlosses dauerte drei Jahre; als Peter von Mörsberg starb, standen erst die Fundamente. Als dann Joachim von Mörsberg volljährig geworden war und seine Geschäfte selbst besorgen konnte, geriet er schnell in finanzielle Schwierigkeiten, auch wegen der Schulden, die der Schlossbau hinterlassen hatte. In der Herrschaft Bonndorf galt er bald als »wirr« und »orientierungslos«. So legte er angeblich einen Fischteich an, ohne zu wissen, woher das Wasser kommen sollte. Freigiebig verschenkte er Besitzungen in Tannegg und Steinach. An Bedienstete verschenkte er Äcker, Wiesen und Gärten. Als besonders anschaulichen Beleg für Mörsbergs Verschwendungssucht erzählt die Ortsüberlieferung gerne aus der Baugeschichte des Schlosses, dass Mörsberg beim Aufführen des zweiten und dritten Stockes von einer nahen Anhöhe, dem späteren Amtsgarten, eine Brücke bis zum Rohbau habe schlagen lassen, damit die Handwerksleute Steine und Holz auf Fuhrwerken bis zur Baustelle bringen konnten, während doch ein einfacher Flaschenzug die gleichen Dienste geleistet hätte.

Vom Bau weiß man einiges aufgrund der Verträge und Vereinbarungen, die zu seiner Absicherung zwischen der mörsbergischen Verwandschaft und anderen Beteiligten geschlossen wurden. So lautete eine Bauanweisung, der erste Stock solle »besonders mit Pfosten, Türgestellen und Lichtern aus harten Waldsteinen eingesetzt, wie auch die Giebelmauern ungefähr sechseinhalb Schuh dick aufgemauert werden; ebenso die verzeichneten Gewölbe samt allem anderen Gemäuerwerk, welches in die Länge 100 und dann außerhalb dem Haus den Giebeln nach 65 Schuh und in die Höh vier Gemach von je 13 Schuh hoch sein soll«. Ein Schuh entsprach ungefähr 30 bis 35 Zentimetern. Es wurden beim Bau des Bonndorfer Schlosses zwei Obmänner bestellt, »welche zur Aufstellung der Fron für den Bau vollkommene Gewalt hatten.« Ein Maurermeister aus Stühlingen war oberster Baumeister vor Ort, denn der »Architekt« aus Meßkirch, welcher die Baupläne gefertigt hatte, reiste wieder ab, nachdem er statt mit Bargeld mit Obst, Gemüse und Getreide entlohnt werden sollte. Aus einem Steinbruch bei Ewattingen stammten die Steine, das Holz kam aus dem Bonndorfer »Männliswald«, die Fensterscheiben wurden beim Abt in St. Blasien bestellt, »der eine eigene Glashütte hat«. Das Dach sollte

▼ Die Eingangsfront mit der Freitreppe, die erst nachträglich beim Umbau 1723 hinzugefügt wurde.

▲ Im ehemaligen Amtshaus der Fürstenberger in Neustadt (heute Polizeirevier) ist dieses (neuzeitliche) Wandgemälde vom Bonndorfer Schloss angebracht worden, als das Gebäude Sitz des Landrates im alten Landkreis Hochschwarzwald war.

»mit Flachziegeln dreifach eingedeckt« werden. Eine Diskussion ergab sich, weil »die Hausküche unten in den Boden dem Keller gleich gelegt werden solle und sonst im ganzen Bau keine Bei- oder Nebenküche vorgesehen sei.«

Weil ihnen die Mauersteine ausgingen, führten die Maurer am Ende statt der geplanten vier nur drei Stockwerke aus. Aber immerhin: Das Schloss wurde im Laufe des Jahres 1595 fertig und der großzügige Freiherr von Mörsberg zog höchstpersönlich ein, da er inzwischen infolge seiner Misswirtschaft seiner Besitztümer in der Ortenau verlustig gegangen war. Bald wuchsen ihm aber auch hier die Schulden über den Kopf und die Einheimischen verspotteten ihn als »Freiherrn von Mindersberg und Herrn von Gehfort«. Als eines Tages mehr als ein Dutzend Gläubiger vor seiner Tür stand und um Rückzahlung der Darlehen und um Bezahlung erbrachter Leistungen bat, ließ sie der Herr von Mörsberg eine Zeitlang im Wirtshaus bestens verpflegen. Dann schenkte er jedem zum Abschied ein paar neue Schuhe und forderte sie angeblich auf: »Nun lauft in alle Welt und erzählt, der Mörsberg hat kein Geld«. Ob diese Geschichten, die der Volksmund überliefert hat, nun stimmen oder nicht, jedenfalls griffen die machtbewussten Herren vom benachbarten Kloster St. Blasien zu und erwarben 1609 die gesamte Herrschaft Bonndorf zum Spottpreis von 150.000 Gulden vom Freiherrn von Mörsberg. Damit wurden die Äbte aus St. Blasien gleichzeitig auch Herren über das inzwischen fertiggestellte neue Bonndorfer Schloss.

Seine heutige prachtvolle Gestalt im Innern erhielt Schloss Bonndorf aber erst in den Jahren 1723 bis 1727, als St. Blasien unter Abt Blasius III. Bender und dessen Nachfolger Abt Franz II. Schächtelin stand. Dabei war es eine Zeitlang strittig, ob der alte Mörsberger Bau nur umgebaut und erweitert wurde oder ob es sich bei den Baumaßnahmen von 1723 bis 1727 um einen völligen Neubau handelte. In der Bonndorfer Chronik heißt es dazu: »Wenn auch die Einheitlichkeit des barocken Daches und Dachstuhls, die einheitliche barocke Form des Inneren (Ausstattung der Räume mit Stuck aus feinen Ranken und Bandwerk, wie er stilgeschichtlich genau in die Zeit um 1725 passt), kurzum der heutige Eindruck eines barocken Landschlosses (das bei aller fürstlichen Repräsentation in einer höchst ansprechenden Weise eben doch den Charakter des, wenn auch feudalen, Verwaltungsbaus nicht leugnen kann) auf einen ersten Blick die Auffassung nahe legen mag, es handle sich hier um eine komplette Neuschöpfung des 18. Jahrhunderts, so zeigen doch die spätgotisch-gekehlten Fenstergewände, dass dem nicht so sein kann. Vielmehr wurde der Außenbau des heutigen Schlosses beim Umbau 1723 ff. im Wesentlichen vom Schloss des späten 16. Jahrhunderts der Grafen Mörsberg übernommen.« Auch die Form und Anordnung der beiden Ecktürme spricht gegen einen kompletten Neubau. Lediglich der rückwärtige Treppenhausanbau ist zweifelsfrei eine Zutat aus dem 18. Jahrhundert. Auch die Freitreppe zum barocken Schlossportal ist in jener Zeit entstanden. Davor besaß das Schloss einen ebenerdigen

Eingang. Man kann es noch erahnen anhand der durch die Treppen halbwegs zugebauten Kellerfenster. Aber das Innere des Schlosses wurde in jenen Jahren einer gründlichen Instandsetzung unterzogen. Dabei kam es zu einem Streit zwischen den Schreinern und den Stuckateuren, der durch einen Schriftwechsel belegt ist. Keine der Handwerkergruppen wollte ihre Arbeit zuerst fertigstellen, die Schreiner mit der Begründung, durch den Gips der nachfolgenden Stuckateure würden ihre schönen Böden ruiniert, und die Stuckateure mit dem Hinweis, die schön geglätteten Wände würden von den Schreinern beim Transport ihrer Bohlen wieder verstoßen.

Die Frage, warum das Kloster St. Blasien um 1725/26 einen derartigen Aufwand betrieb, um das Schloss zu einem repräsentativen Prunkbau aufzuwerten, ist mit der seinerzeitigen Bedeutung des Fürstentums Bonndorf beantwortet. Hier war das Kloster reichsunmittelbar, das heißt, vollständig eigener Herr, und hieraus leitete sich der Fürstentitel für den jeweiligen Abt von St. Blasien ab. So sehen auch die lokalen Chronisten in dem prächtigen barocken Ausbau des Schlosses einen Ausdruck des landesherrlichen Machtanspruchs der Fürstäbte. Denn immerhin standen sie einem praktisch selbstständigen Staat (wenn auch nur einem sehr kleinen) vor. 1768, nach dem Großbrand in St. Blasien, erwogen Fürstabt Gerbert und seine Mönche sogar einmal kurz, mit dem gesamten Kloster nach Bonndorf ins Schloss umzuziehen. Mit der Säkularisation 1803–1807 ging das Bonndorfer Schloss schließlich in den Besitz des badischen Staates über. Er nutzte das untere Stockwerk für Diensträume seiner Behörden, die oberen Stockwerke wurden zu Privatwohnungen umgebaut und vermietet. Nach der Auflösung des Bezirks Bonndorf im Jahr 1924 zog das Bezirksamt

◀ Er hat dem Bonndorfer Schloss durch Umbauten und Ergänzungen im Jahre 1723 seine heutige Gestalt verliehen: Abt Blasius III. Bender von St. Blasien.

aus dem Schloss aus und das Amtsgericht zog ein. Dann erfolgte 1934 eine erste größere Restaurierung, bei der viele alte Türen ausgetauscht, Mauern eingefügt, Öfen und Lampen installiert und elektrische Leitungen eingezogen wurden. An die Außenwände wurden vermeintlich »barocke« Freskenmalereien angebracht. Als nach 1948 das Schloss zum Schulgebäude umgewandelt wurde, hat der damalige Architekt Lang etliche dieser »Sünden« wieder rückgängig gemacht. In den 1970er-Jahren erfolgte eine weitere grundlegende Restaurierung durch den Landkreis Waldshut, der das Schloss heute als Kulturzentrum nutzt. Es bietet im Obergeschoss eine Gemäldegalerie und einen Konzertsaal, im Mittelgeschoss die Stadtbibliothek, im Untergeschoss das Fasnetmuseum und Räume für Wechselausstellungen. Speziell die Ausstellungen und die hochkarätigen Schlosskonzerte machen das Bonndorfer Schloss zu einem kulturellen Mittelpunkt der Region.

Schloss Weiler

Das Schloss Weiler im gleichnamigen Ortsteil von Stegen im Dreisamtal heißt zwar nach der Adelsfamilie von Weiler, die vor dem 11. Jahrhundert große Teile des Dreisamtals bis auf die Höhen des Schwarzwaldes hinauf beherrschte, aber der heutige Bau entstand erst viele Jahrhunderte nach dem Wirken dieser Familie. Die Herren von Weiler waren Ende des 11. Jahrhunderts Ministeriale der Zähringer. Dann spalteten sie sich in zwei Linien auf, von denen die stärkere und prominentere jene war, die sich nach ihrem Umzug auf die neu gebaute Burg im Höllental »von Falkenstein« nannte (siehe 4. Kapitel, Abschnitt »Falkenstein«). Diejenigen Familienteile, die in Weiler verblieben, sind noch bis 1183 bezeugt, dann verliert sich ihre Spur. Die Herrschaft über den Ort Weiler geriet in die Hände Freiburger Rittergeschlechter, die sie von Habsburg zu Lehen bekamen. In den Quellen sind diese Freiburger Patrizier, unter ihnen vorübergehend auch die Familie Snewlin, als »Meier-Nies« oder »Meier von Weiler« greifbar, was man als »die Nießnutzberechtigten von Weiler« lesen kann, also diejenigen, die alle spätmittelalterlichen Nutzungsrechte über Weiler innehatten. Dazu passt, dass zu diesem Meierhof auch eine Mühle gehört haben soll. Weil die Snewlin zeitgleich auch Herren über die Burg Wiesneck (siehe 2. Kapitel, Abschnitt »Wiesneck«) waren, gibt es in Stegen auch die Ortsüberlieferung von einem geheimen unterirdischen Gang, der angeblich Wiesneck und Schloss Weiler miteinander verbunden haben soll. Es sind aber niemals Spuren einer solchen Verbindung aufgefunden worden.

Die Forschung ist sich einig, dass die Freiburger Herren, da sie höchstwahrscheinlich nicht vor Ort gewohnt haben, ein Landgut, einen herrschaftlichen Meierhof, in Weiler unterhalten haben. Man weiß davon aus dem Bericht über eine Unwetterkatastrophe, die kurz nach 1500 den gesamten Meierhof völlig zerstört haben soll. Vermutlich handelte es sich um einen Brand nach Blitzschlag. In einem Dingrodel von 1510 ist jedenfalls bereits von einem »Nyven Hofen« die Rede, also einem neuen Hof, der identisch sein dürfte mit dem heutigen Schloss Weiler. Eine spitzbogige, aus Sandstein gebaute Türöffnung im Kellergewölbe des Schlosses gilt heute als ältester Gebäudeteil, der sogar höchstwahrscheinlich noch vom alten Bau stammt, also vom abgebrannten Meierhof. Das Mauerwerk im Keller ist aus mächtigen Gneiswacken zusammengesetzt, die mittelalterlichen Baustandards entsprechen. Im Schloss selbst wird bis heute ein spätgotischer Kelch aufbewahrt, der die Jahreszahl 1383 trägt. Der 1510 errichtete Neubau ist mit Nebengebäuden und Ummauerung in einem Bild festgehalten, dem St.-Sebastiansbild, das sich noch heute in der Stegener Schlosskapelle befindet, die im Schlosspark direkt neben dem Schloss selbst steht. Dieses Gemälde, eine Harzölfarbenmalerei auf Tannenholz, etwa 140 Zentimeter hoch und 50 Zentimeter breit, zeigt das Martyrium des heiligen Sebastian und im Hintergrund unter anderem die Burg Wiesneck und das Schloss Weiler. Da die Burg unversehrt dargestellt ist, aber nachweislich im Bauernkrieg 1525 zerstört wurde, ist davon auszugehen, dass das Gemälde davor entstanden sein muss, also irgendwann zwischen 1510 (Bau des Schlosses) und 1525. Das St.-Sebastiansbild zeigt einen großen, zweigeschossigen Hauptbau, das heutige Schloss, diesem vorgelagert die Schlosskapelle, die in Teilen (Chor) sogar bis ins 12. Jahrhundert datiert wird, dann eine Umfassungsmauer, an die etliche Wirtschaftsgebäude angelehnt sind, sowie eine große Scheune auf der Rückseite des Schlosses. Die Umfassungsmauer und die Schlosskapelle entsprechen noch dem heutigen Bauzustand.

Da die Schlosskapelle in ihren ältesten Teilen aus dem 12. Jahrhundert stammt und auch der Keller des Schlosses deutlich ins Mittelalter weist, glaubt die Regionalforschung inzwischen, dass schon der Meierhof schlossähnliches Aussehen und Funktion gehabt haben und dem vormaligen Herrensitz der Familie von Weiler entsprechen könnte. Diese wiederum hat sich als ursprünglich freier fränkischer Ortsadel schon zur Jahrtausendwende, vor der Zeit der Zähringer, im Dreisambecken aufgehal-

▼ Der 1510 errichtete Bau von Schloss Weiler entstand auf den Vorgängermauern eines herrschaftlichen Hofes. Die Schlosskapelle daneben ist älter, angeblich in Teilen sogar aus dem 12. Jahrhundert.

▲ Die Kapelle ist das älteste Gebäude in Weiler. In ihrem Innern befindet sich ein Gemälde, das die gesamte Schlossanlage von Weiler in ihrem Zustand um 1510 zeigt. Nach diesem Gemälde ist die Rekonstruktion am Anfang dieses Abschnitts entstanden.

ten. Noch weiter gehen Pater Jan Pieter Notermans in seiner 1943 verfassten Chronik von »Schloß Weyler zu Stegen« und Geistlicher Rat Gustenhofer in seiner Chronik von Eschbach zurück. Sie bringen den Schlossplatz von Weiler unmittelbar in Verbindung mit dem keltischen Tarodunum (siehe 1. Kapitel, Abschnitt »Tarodunum«) und glauben, dass Schloss Weiler in seinem ursprünglichsten Teil als Vorwerk der Festung Tarodunum angelegt worden sei.

In der geschichtlich gesicherten Zeit nach dem Bau des »Nyven Hofen« im Jahre 1510 treffen wir auf den Junker Hans von Reischach als Inhaber des Lehens über Weiler. Diesen Hans von Reischach müssen wir als Bauherrn des damaligen Schlosses annehmen und auch als denjenigen, der die Schlosskapelle um ein Langhaus erweitern ließ. Letzteres belegt der Stiftungsbrief vom 21. Oktober 1517, den Hans von Reischach für die »Capellen im Schlosshof zu Weyler« ausstellte. Dort ist mehrfach von »meinem Schloß« und »meinem eigen Gut« die Rede und von »mir und meinen Nachkommen, [...] die das Schloß und der Wyler innehaben und zu lehen tragen«. Es gab aber nicht mehr lange Nachkommen, denn sein Sohn Joppen (Josef) von Reischach hatte nur einen Sohn, Eucharius, der 1579 ohne männliche Erben starb. Damit fiel das Lehen über Weiler mitsamt Schloss und Kapelle wieder an das Haus Habsburg zurück, welches es dem erzherzoglichen Sekretär zu Innsbruck, Dr. Justinian Moser, übertrug. Fortan trug er den Adelstitel »Moser von Weiler«. Dieses Geschlecht blieb über mehrere Generationen Lehnsträger in Weiler, musste aber erdulden, dass im Dreißigjährigen Krieg das Schlossgebäude in Teilen niedergebrannt wurde. Der massive Grundbau mit seinen stellenweise bis zu 4 Meter dicken Mauern blieb dabei erhalten. Die Kapelle blieb gänzlich unversehrt. Maria Clara Anna Moserin von Weiler, möglicherweise die Witwe des vorgenannten Justinian, vielleicht aber auch die Witwe dessen Sohnes Mathias Ulpian, machte sich 1648 an den Wiederaufbau, »damit das noch stehende Gemäuer und der schön gewölbte Keller nicht zugrunde gehen«, wie es in einem Aktenstück aus dem Jahre 1663 heißt. Erst die Kinder der Anna Moserin vollendeten 1657 den Wiederaufbau. In dieser Gestalt ist das Schloss bis zum heutigen Tag erhalten.

Als 1702 Franz Christian Moser von Weiler als letzter männlicher Spross der Familie gestorben und in der Schlosskapelle neben seiner Mutter beigesetzt worden war, fiel das Lehen in neue Hände, diesmal an die Grafen von Kageneck, aus Colmar stammend. Diese Familie saß schon seit dem 14. Jahrhundert auch im Breisgau, unter

◀ Die Grabplatte ist der Familie Moser gewidmet, die rund 150 Jahre lang Herren auf Schloss Weiler waren.

anderem in Munzingen, wo noch heute ihr Stammsitz ist. Die Kagenecks standen im kaiserlichen Hofstaat in höchsten Rängen. Eine geborene von Kageneck, die im kageneckschen Haus in der Salzstraße in Freiburg das Licht der Welt erblickte, war die Mutter des berühmten Staatskanzlers Fürst Metternich. Nach der Säkularisation 1806 gelang es der Familie Kageneck, das Schloss Weiler als Eigentum zu behalten. Graf Philipp Josef von Kageneck unternahm 1841–1843 umfassende Sanierungs- und Renovierungsarbeiten. Im Rahmen dieser Generalsanierung ist 1843 das Schlossgebäude um das heutige dritte Stockwerk ergänzt worden, außerdem kamen weitere Nebengebäude dazu. Weitere 70 Jahre gingen ins Land, als bei Zarten Franz von Kageneck tödlich verunglückte und danach Schloss und zugehörige Ökonomiegebäude von den Kagenecks nicht mehr selbst bewohnt, sondern vermietet und verpachtet wurden. Eine Gräfin von Bismarck lebte auf diese Weise bis 1920 in dem Schloss, anschließend ein ortsansässiger Holzhändler, der in Konkurs ging und sich daraufhin 1925 im Wasch- und Bügelzimmer des Schlosses erschoss. 1928 zog der Orden der Herz-Jesu-Priester als Pächter ein und nutzte das Schloss als Ausbildungs- und Studienhaus. Während des Zweiten Weltkriegs kamen Waisenkinder in das Haus, daraus wurde nach dem Krieg ein Internat und Gymnasium, das heutige Kolleg St. Sebastian, getragen von der Schulstiftung der Erzdiözese Freiburg.

Erlenbruck

▶ Das ehemalige Jagdschlösschen Erlenbruck auf dem gleichnamigen Bergsattel bei Hinterzarten.

Das Jagdschloss Erlenbruck, an dessen Stelle heute ein griechisches Restaurant steht, befand sich am kleinen Sträßchen, das Hinterzarten über die Erlenbrucker Höhe mit dem Seebachtal verbindet. Das heutige Gebäude ist allerdings nicht mehr identisch mit dem einstigen Ursprungsbau. Ein Brand äscherte 1935 große Teile des historischen Gemäuers ein. Auf den Resten der starken Mauern, erneuert und erweitert, entstand dann ein Polizeierholungsheim, das heutige Gebäude.

Das vormalige Jagdschloss geht zurück auf Ferdinand Sebastian von Sickingen (1715–1772). Er war kaiserlicher Kammerherr und Ritterschaftspräsident. Die Sickinger Familie, treue Vasallen Habsburgs, spielte nicht nur im Dreisamtal und auf dem Wald drei Jahrhunderte lang eine bedeutende Rolle, sondern auch in der vorderösterreichischen Stadt Freiburg. Den Sickingern gelang es, bis auf Kirchzarten, das unter die Gerichtshoheit Freiburgs fiel, fast alle Orte des Dreisamtals, nicht nur die einstige falkensteinische Herrschaft, bis hinauf nach Hinterzarten und Titisee in ihrer Hand zu vereinigen. Das heutige Schloss in Ebnet erbauten sie 1742. In der Gruft der dortigen Kirche ruhen die Familienmitglieder seit dem 17. Jahrhundert. Franz Friedrich von Sickingen hatte neun Kinder, darunter fünf Söhne. Einer davon, Franz Ferdinand von Sickingen (1638–1687), der spätere Stammherr, hatte mit seiner Frau Francisca von Dalberg sogar zwölf Kinder, die sie binnen zwanzig Jahren zur Welt brachte, das erste mit 23 Jahren, das letzte als 43-Jährige. In der Nachfolge des Franz Friedrich von Sickingen, dem 1651 nach einem Streit mit Baron von Pfirt Hinterzarten und Breitnau zugefallen waren, finden wir einige berühmte und namhafte Figuren. So etwa Ferdinand Hartmann Freiherr von Sickingen, ein Enkel Franz Friedrichs, der 1706 zum Reichsfreiherrn erhoben wurde und kaiserlicher Rat und Ritterschaftspräsident am Hof in Wien war. Sein Bruder Kasimir Anton war Bischof von Konstanz.

Ferdinand Hartmanns zweiter Sohn Ferdinand Sebastian (1715–1772), der ebenfalls kaiserlicher Kammerherr und Ritterschaftspräsident war, hat von allen sickingischen Freiherren die nachhaltigsten Spuren im Hochschwarzwald hinterlassen. Um 1750 ließ er auf der Erlenbruck zwischen Hinterzarten und der Bruderhalde das Jagdschloss mit Hofkapelle erbauen. Vincenz Zahn weiß in seiner Anfang des 19. Jahrhunderts entstandenen Hinterzarten-Chronik von ihm zu berichten, dass er ein passionierter Jäger war und sich deshalb jedes Jahr viele Wochen auf der Erlenbruck aufhielt. Mit einheimischen Fischern und Bauern soll er beinahe freundschaftlichen Umgang gepflegt haben. Einem Jägerfreund aus Hinterzarten, dem Oberjäger Straub, schenkte er sogar ein Haus. Vom Würzburger Hofmaler Johann Nikolaus Treu ließ er sich lässig mit Jagdflinte porträtieren. Ferdinand Sebastian war es auch, der das Ebneter Schloss in seiner heutigen Gestalt erbauen ließ und dort den Schlosspark begründete, außerdem baute er das sickingische großherzogliche Palais in Freiburg. Zahns Fazit: »Überhaupt lebte er auf einem glänzenden Fusse«. Er war gleich zweimal verheiratet, einmal mit Anna Sophie Freyin von Greiffenklau (1722–1758) und nach deren Tod mit Anna Sophia Gräfin von Schenk zu Castell (1734–1778). Mit beiden Frauen zusammen hatte er acht Kinder. Aus der zweiten Ehe entstammte als jüngster Spross Ferdinand Adam von Sickingen (1669–1794), der unter mysteriösen Umständen starb. Bei Zahn heißt es noch, er habe sich selbst erschossen, in der Chronik der Familie von Gayling, die nach 1811 das Ebneter Schloss erworben hatte, ist hingegen vermerkt, er sei an einer tödlichen Verwundung durch einen Pistolenschuss in den Unterleib gestorben. Er wurde jedenfalls nur 25 Jahre alt, doch hat er erhebliche Unruhe in die Familie gebracht. Er klagte nämlich mit seiner Mutter gegen seinen Halbbruder Casimir von Sickingen (1745–1795), der als Erstgeborener die Herrschaft auf dem Wald antreten sollte. Gegen diesen Anspruch gingen Anna Sophia und ihr Sohn Ferdinand Adam nach dem Tod des Vaters 1772 erfolgreich vor. Dies führte dazu, dass der unterlegene Graf Casimir von Sickingen die Gegend verließ und sich in Würzburg niederließ. Nach dem unglücklichen Tod seines jüngeren Stiefbru-

▲ Das Wappen der Sickinger Grafen ziert noch heute die Außenwand des Gasthauses Erlenbruck.

ders Ferdinand Adam gelang es jedoch Graf Wilhelm von Sickingen, einem der vier Söhne Casimirs, das Erbe »auf dem Wald« wieder in seinen Besitz zu bringen. So wurde Wilhelm von Sickingen-Hohenburg (1777–1855) nächster und damit letzter adliger Grundherr in der Herrschaft auf dem Wald. Denn als der vorderösterreichische Breisgau nach den napoleonischen Kriegen 1806 den Habsburgern verloren ging und vom badischen Staat annektiert wurde, wanderte Graf Wilhelm von Sickingen mit seiner Familie nach Österreich aus. Die Herrschaft Ebnet verkaufte die Familie 1809 an den badischen Fiskus, inklusive der Gebäude auf der Erlenbruck. Das Palais in Freiburg wurde Sitz des Großherzogs.

Das Jagdschloss Erlenbruck entstand wie gesagt unter der Regie des oben erwähnten Ferdinand Sebastian von Sickingen. Er erwarb um 1750 vom Mathislebauern Josef Benitz zusammen mit etwas Feld und Wald dessen Leibgedinghäuslein, das weitab vom Hof auf der Erlenbruck stand. Das Leibgeding war jenes Haus, das er dann dem Oberjäger Straub schenkte, seinem Verwalter vor Ort. Daneben jedoch, auf der dazu erworbenen Wiese, ließ er sein neues Jagdschloss mitsamt Wirtshaus erbauen. Es wurde in mehreren Etappen fertiggestellt. Der unbekannte Architekt, der ein schlichtes, aber doch geschmackvolles kleines Schloss mit Hofkapelle schuf, ließ sich mit der Ausführung der Baupläne Zeit. Rund 13 Jahre dauerte es, bis auch das benachbarte Wirtshaus stand. Man nannte es nur »das Jägerhaus«. Schon 1772, also bevor die Sickinger ihre gesamte Herrschaft an das Großherzogtum Baden abtreten mussten, wurden das Jagdschloss und das Jägerhaus meistbietend auf dem Versteigerungswege verpachtet. Dem jeweiligen Pächter wurden gleichzeitig die Wirtsgerechtigkeit und das Recht zu metzgen zugestanden. Jetzt erst bekam das Gasthaus den Namen »Zum Schwanen« in Anlehnung an das sickingische Hauswappen, das einen Schwan auf Ritterhelm zeigt.

1809, nachdem das Gebäudeensemble auf der Erlenbruck an den badischen Staat gefallen war, stellte der reiche Uhrenhändler Michael Helmle aus Hinterzarten bei der großherzoglichen Rentenkammer den Antrag, für 3000 Gulden den »Schwanen« und das benachbarte Jagdschlösschen käuflich zu erwerben. Er wollte als Uhrenfabrikant ein »Etablissement« für hölzerne Spieluhren einrichten. Dieser Antrag wurde abgelehnt, stattdessen kam als Käufer Kaspar Wehrle zum Zug, der damalige Pächter des Gasthauses. Er verlegte nun die Wirtschaft vom Jägerhaus ins Jagdschloss, weil es wegen des großen Kellers besser geeignet war. Den alten »Schwanen«, jetzt nur noch Wohnhaus, verkaufte Kaspar Wehrle an einen wohlhabenden Uhrenträger. Dieser neue »Schwanen« war Wirtschaft bis 1917, wurde dann aber infolge der großen Kriegsnot jener Zeit für immer geschlossen. Letzter Betreiber und Besitzer war Wilhelm Hensler von der Posthalde, der das Haus 1911 gekauft und die Wirtschaft in »Zur Erlenbruck« umgetauft hatte. Die Umstände der endgültigen Schließung sind nicht exakt überliefert, jedoch antwortete das Bürgermeisteramt Hinterzarten auf eine Anfrage von 1921 wie folgt: »Die Wirtschaft ›Zur Erlenbruck‹ hat bereits am 8 Dezember 1919 zu bestehen aufgehört.« Dann stand das Gebäude lange leer und wurde erst nach dem Brand von 1935 wieder neu aufgebaut und als Polizeierholungsheim genutzt. 1950 kam das Anwesen in den Besitz der »Deutsche Acetat-Kunstseiden A.G. Rhodiaceta« in Freiburg. Die »Rhodia« nutzte das Haus als Erholungsheim für ihre Betriebsangehörigen. Nach einem längeren Stillstand in den 1970er- und 1980er-Jahren zog Ende des 20. Jahrhunderts wieder ein gastronomischer Pächter ein. Seit einigen Jahren wird »Zur Erlenbruck« als griechisches Spezialitätenrestaurant geführt und heißt stilecht »Sonne von Akropolis«.

Amtshaus Neustadt

◄ Blick auf das alte Neustädter Amtshaus vom Kirchturm des Jakobus-Münsters aus. Das Haus beherbergt heute das Polizeirevier Neustadt.

Erstmals im Jahr 1600 ist in einer Amtsrechnung der Fürstlich Fürstenbergischen Finanzverwaltung die Rede vom »gräflichen Haus« in Neustadt. Gemeint ist damit das Amtshaus der Fürstenberger, das heutige Polizeigebäude hinter der Kirche.

Stadtarchivar Walter Goebel war sich in seiner 1951 erschienenen Chronik von Neustadt sicher, dass dieses Haus schon vor 1600 erbaut wurde. Ohne seine Quellen zu benennen, sprach er von einem Baujahr 1530. So oder so ist es eines der ältesten Häuser in Neustadt, das im Laufe der Jahrhunderte allerdings einige An- und Umbauten erfahren hat. Einer Neustädter Amtsrechnung von 1567 ist die Notiz beigefügt: »Die Fürsten sind allhie gewesen« und »als die Herzogin hier gewesen«. Beide Einträge können nur bedeuten, dass der damalige Graf Friedrich II. mit seiner Gemahlin Gräfin Anna von Werdenberg in Neustadt übernachtet hat. Wo sonst als in ihrem eigenen gräflichen Haus? Hermann Münch, der als Landrat von 1928 bis 1942 in dem Gebäude residierte, hat als passionierter Kulturhistoriker sogar eine Bauzeit zwischen 1350 und 1400 angenommen. Er kannte das Gebäude sehr gut, schließlich war er dort fast 15 Jahre lang Hausherr. Seine Schätzung beruht auf der Existenz von frühgotischen Fenstern, Pfosten und Gewölben, die noch heute im Gebäude zu finden sind.

Zwischen dem eigentlichen Bau und einem späteren Anbau, der ursprünglich eine Scheune war, befindet sich ein turmartiger Zwischenbau. Heute ist er durch Durchbrüche und Stockwerksnivellierungen in den Gesamtbau integriert. Aber ursprünglich war es ein massiger Turm, vor dessen Eingang Walter Goebel noch die Reste einer Freitreppe und eine starke Mauerbefestigung identifizierte, die sogar die Annahme erhärten, es könne sich einst um ein befestigtes Gebäude gehandelt haben.

Auf einem Gemälde des fürstenbergischen Hofmalers Menrad – eine Kopie befindet sich im Neustädter Heimatmuseum –, das aus der Mitte des 17. Jahrhunderts stammt, ist das Amtsgebäude deutlich zu

▲ Das runde Giebelfenster im Amtshaus vermittelt noch einen Eindruck vom mittelalterlichen Charakter des Hauses.

erkennen. Regierender Graf und Herr über Neustadt war damals von 1620 bis 1655 Friedrich Rudolph von Fürstenberg, verheiratet mit Maria Maximiliana von Pappenheim, die als Mitgift die Herrschaft Stühlingen in die Ehe eingebracht hatte. Das Amt Neustadt hatte an die Hofhaltung in Stühlingen jährlich beträchtliche Summen abzuliefern. Wenn die fürstlichen Beauftragten in Neustadt erschienen, luden sie jedes Mal die vornehmsten Herren der Stadt sowie die Vögte von Lenzkirch und Vierthäler sowie die Schultheißen der kleinen Orte des Amtsbezirks zum Mittagessen und Trunk ins Amtshaus ein. Nur selten stattete der Fürst persönlich einen Besuch ab. Überliefert ist ein Halt im Jahr 1654. Fürst Friedrich Rudolph kam von Wolfach. Zu seiner Begleitung gehörten zwei Kutschen, gezogen von sechs Schimmeln, weitere 24 Pferde, der gräfliche Hofstaat mit Schreibern, Ministern, Offizieren und Soldaten. Die Stadtgemeinde hatte die Kosten für den Aufenthalt zu tragen: 22 Gulden. Die Pferde des Fürsten fraßen während des dreitägigen Aufenthalts drei Malter und drei Viertel Hafer (ein fürstenbergischer Malter entsprach etwa 390 Litern). Auch der Sohn des Fürsten, Hans Martin, hielt sich häufiger in Neustadt auf und ließ sich hier aushalten. Darüber hat der Neustädter Obervogt Heizmann, der im Amtshaus residierte und die »Ämter über Wald« Lenzkirch und Neustadt regierte, sehr ungnädige Bemerkungen im Protokollbuch hinterlassen, weil er alles bezahlen musste: »Nun mußten uf dieses Jungen Herrn seinen Befehl bey 4 oder 5 Mahlzeiten zuegericht und gekocht werden, allewegen aber umbsonsten gewesen; den Schaden an mir, Verrechnern, selben leiden und haben muß.« Es kehrten aber auch häufig Mönche und Klosterfrauen im Amtshaus ein. Über eine Gruppe Kapuzinermönche notierte der Obervogt: »Kein Einiges Teutsches Wort können sie reden.«

1763 wurde eine feste Mauer um den »Amtsgarten« gebaut. Teile davon sind immer noch vorhanden und geben insbesondere Richtung Graben eine Ahnung vom ursprünglichen Zuschnitt des zum Amtshaus gehörenden Grundstücks. Bei einem der zahlreichen Umbauten ist die markante Giebelwand verschwunden und durch die heutige Fassade zur Pfauenstraße hin ersetzt worden. Spuren davon sind aber heute noch im Dachstuhl zu finden. Auf den Dachstuhl führt eine durchgetretene Holztreppe, deren Stufen aus grob bearbeiteten Stämmen herausgehauen wurden. Eine Altersbestimmung durch Dendrochronologie (nach Jahresringen) könnte hier für interessante Erkenntnisse sorgen.

Ein solches Amtshaus unterhielten die Fürstenberger auch im benachbarten Löffingen. Dort ist es seit 1469 belegt und im 17. Jahrhundert residierte sogar leibhaftig Graf Wratislaus für einige Jahre hier, ehe er mit seiner Gemahlin, der Gräfin von Helfenstein, nach Meßkirch ins dortige Schloss umzog. Dieses ursprüngliche Amtshaus gibt es aber nicht mehr, denn 1739 ließ Fürst Froben Ferdinand zu Fürstenberg ein neues Amtshaus am Marktplatz (heute oberer Rathausplatz) errichten, in dem nach der Säkularisation zunächst ein Bezirksamt, später das F.F. Rentamt untergebracht wurde, ehe es 1852 an den Küfermeister Johann Nägele verkauft wurde. Dieser wiederum teilte das Gebäude und verkaufte eine Hälfte weiter an den Wagner Adolf Baader. Es handelt sich um die durch eine Giebelwand getrennten beiden heutigen Häuser Straetker und Brillen-Burkhard.

In Neustadt residierten die Fürstlich Fürstenbergischen Obervögte ebenfalls nur bis zur Säkularisation 1806. Dann wurden sie abgelöst von Oberamtmännern, die der badische Staat einsetzte. Das ehemalige Amtshaus befand sich jetzt im Besitz der großherzoglichen badischen Domänenverwaltung und war Sitz des Bezirksamtes Neustadt.

Den Großbrand von 1817 überstand das Amtshaus nahezu unversehrt. Zwischen 1806 und 1928 stehen 26 Oberamtmänner in der Liste. Der letzte von ihnen war der bereits erwähnte Hermann Münch, der von 1928 bis 1942 amtierte. In seine Amtszeit fiel die von den Nationalsozialisten 1939 reichsweit durchgeführte Verwaltungsreform. Die Bezeichnung der unteren Verwaltungsebene wurde dabei an das preußische Benennungsschema angeglichen und entsprechend mit den heute noch gültigen Bezeichnungen Landkreis, Landrat und Landratsamt versehen. Der einstige Oberamtmann Münch wurde also zum Landrat und das ehemalige Amtshaus zum Landratsamt.

Aus der Zeit von Landrat Alfred Mallebrein, der hier von 1950 bis 1972 als letzter Landrat des selbstständigen Landkreises »Neustadt/Hochschwarzwald« amtierte, stammt das bemerkenswert ausgestattete Amtszimmer mit Kachelofen und Holzvertäfelung im zweiten Obergeschoss. Vor diesem Dienstzimmer sind hinter Glas einige der ältesten Wandfragmente des Hauses sichtbar gemacht. Es handelt sich um Wandmalereien, angeblich aus dem 16. Jahrhundert. Mit der Kreisreform 1973 ging der Landkreis Neustadt im neugebildeten Landkreis Breisgau-Hochschwarzwald auf, mit Sitz im neuerrichteten Landratsamt in Freiburg. Das alte Amtshaus, nunmehr im Eigentum des Landes Baden-Württemberg, war damit frei geworden für eine neue Nutzung. Es kam das Polizeirevier Hochschwarzwald dort unter. Als Sitz der Neustädter Polizei hat das Amtshaus nun aber auch ausgedient. Die Polizei wird – wiederum aus Platzmangel – demnächst aus dem uralten Gebäude ausziehen. Das Haus soll veräußert werden.

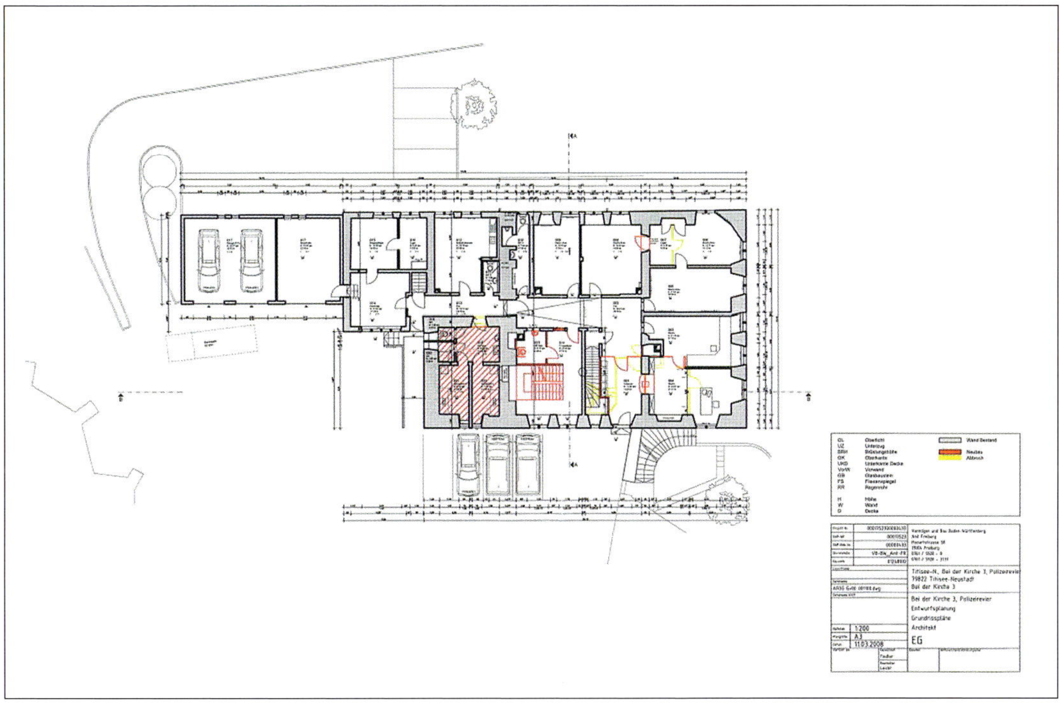

◀ Dieser Plan zeigt den Grundriss des Erdgeschosses im alten Amtshaus. Deutlich zu erkennen ist links am Haupthaus das Quadrat extrem dicker Mauern (über 2 Meter dick), das den ehemaligen Turm an dieser Stelle verrät.

ANHANG

Literatur

Archäologisches Landesmuseum Baden-Württemberg u. a. (Hrsg.): Die Welt der Kelten, Ostfildern 2013

Bader, Karl Siegfried: Kürnburg, Zindelstein und Warenburg. Stützpunkte der Zähringerherrschaft über Baar und Schwarzwald, in: Schauinsland – Jahresheft des Breisgauer Geschichtsvereins 1937, S. 93–128

Beck, Erik, Butz, Eva-Maria, Strotz, Martin, Zettler, Alfons und Zotz, Thomas: Burgen im Breisgau, Ostfildern 2012

Biller, Thomas, Metz, Bernhard: Der spätromanische Burgenbau im Elsaß (1200–1250), Bd. II der vierbändigen Reihe: Die Burgen des Elsaß – Architektur und Geschichte, München/Berlin 2007

Beck, Karl: Die Chronik vom Höchenschwander Berg, Eggingen 1990

Dehn, Rolf: Ein merowingerzeitlicher Einbaum vom Schluchsee im Schwarzwald, in: Archäologische Nachrichten aus Baden, Heft 80/81, 2010

Ehmer, Hermann (Hrsg.): Burgen im Spiegel der historischen Überlieferung, Sigmaringen 1998

Falkenstein, Franz: Über die bemerkenswerten Bodendenkmäler auf dem Berauer Berg, in: Land zwischen Hochrhein und Südschwarzwald, Beiträge zur Geschichte des Landkreises Waldshut, Sonderdruck 2007

Fingerlin, Gerhard: Vom Oberrhein zur jungen Donau: Die Straße durch den südlichen Schwarzwald in keltischer, römischer und frühmittelalterlicher Zeit, in: Archäologische Nachrichten aus Baden, Heft 72/73, 2006

Fischer, Franz: Beiträge zur Kenntnis von Tarodunum, in: Badische Fundberichte 1962

Früh, Sigrid: Rauhnächte – Märchen, Brauchtum, Aberglaube, Waiblingen 1998

Gerbert, Martin: Geschichte des Schwarzwaldes, übersetzt von Adalbert Weh, 2 Bde., Freiburg 1993 und 1996

Goebel, Walter: Die Chronik von Neustadt, Neustadt 1951

Götz, Ursula und Bruno: 750 Jahre St. Wilhelm. Auf Spurensuche in der Geschichte eines Tales, Horb a. Neckar, 2001

Haasis-Berner, Andreas: Das Rätsel vom Titisee – ein Beitrag zur frühmittelalterlichen Besiedlung des Hochschwarzwaldes, in: Archäologische Nachrichten aus Baden, Heft 80/81, 2010

Humpert, Johannes: Eine römische Straße durch den südlichen Schwarzwald, in: Archäologische Nachrichten aus Baden, Heft 45, 1991

Ketterer, Emil und Scherer, Karla: Bachheim – Freud und Leid eines Dorfes im Laufe der Jahrhunderte, Löffingen 1988

Ketterer, Emil: Reiselfingen, Ortschronik, Reiselfingen 2009

Ders: Unadingen, Löffingen 1995

Ders.: Vorgeschichtliche Bodendenkmale im Raum Löffingen, in: Schriften des Vereins für Geschichte und Naturgeschichte der Baar, Bd. 37, 1991

Kleiber, Wolfgang (Hrsg.): Tarodunum/Zarten – Brigobannis/Hüfingen. Kelten, Galloromanen und frühe Alemannen im Schwarzwald in interdisziplinärer Sicht, Mainz 2009

Krimm-Beumann, Jutta: Die ältesten Güterverzeichnisse des Klosters St. Peter im Schwarzwald, Stuttgart 2011

Kürzel, Albert: Der Amts-Bezirk oder die ehemalige sanktblasische Reichsherrschaft Bondorf, Freiburg 1861 (verwendet wurde die von G. Boll digitalisierte Fassung von 2012)

Kwasnitschka, Karl: Laubenhausen – eine befestigte keltische Siedlung, in: Schriften des Vereins für Geschichte und Naturgeschichte der Baar, Bd. 37, 1991

Lais, Robert: Die Steinzeit im Schwarzwald, Sonderdruck aus »Badische Fundberichte«, Jg. 13, Freiburg 1937

Mangei, Bernhard: Herrschaftsbildung von Königtum, Kirche und Adel zwischen Oberrhein und Schwarzwald. Untersuchungen zur Geschichte des Zartener Beckens von

der merowingischen bis zur salischen Zeit, Freiburg 2003
Maya, Thomas und Volzer, Bernd: Das Krumpenschloss, in: Schriften des Vereins für Geschichte und Naturgeschichte der Baar, Bd. 37, 1991
Piper, Otto: Burgenkunde, Augsburg 1993
Planck, Dieter (Hrsg.): Die Römer in Baden-Württemberg, Stuttgart 2005 (Darin die Einzelaufsätze von Gerhard Fingerlin und Klaus Eckerle zum Römerkastell in Hüfingen)
Poisignon, Adolf: Ödungen und Wüstungen im Breisgau, in: Zeitschrift für die Geschichte des Oberrheins, Freiburg 1887, S. 449 f.
Rösch, Manfred: Das Steerenmoos bei Faulenfürst/Schluchsee, in: Archäologisches Landesmuseum (Hrsg.): Einbaum-Lastensegler-Dampfschiff, Frühe Schiffahrt in Südwestdeutschland, Almanach 5/6, Filderstadt 2000
Saldik, Heribert: Die Geschichte des Oberen Bregtals. Eine Einführung zur historischen Entwicklung der Städte Furtwangen, Vöhrenbach und ihrer Ortsteile sowie der Gemeinde Gütenbach, Furtwangen 2007
Schäfer, Alfons: Die Höllentalstraße. Ihre Erschließung und ihre Bedeutung für den Handelsverkehr vom Mittelalter bis ins 19. Jahrhundert, in: Müller, Josef Heinz und Ott, Hugo (Hrsg.): Geschichte –Wirtschaft – Gesellschaft, Festschrift für Clemens Bauer, Berlin 1975, S. 111–151
Schneider, Karl Konrad und Röhrl, Fritz: Zauberisches Dreisamtal, Freiburg 1983
Schuster, Eduard: Die Burgen und Schlösser Badens, Karlsruhe 1908
Voellner, Heinz: Die Burgen zwischen Wutachschlucht und Hochrhein, Waldshut 1975
Wagner, Heiko: Römische Besiedlung im Schwarzwald – von der Auffindung des Undenkbaren, in: Archäologische Nachrichten aus Baden, Heft 82, 2010
Wallner, Ernst: Zastler – Eine Holzhauergemeinde im Schwarzwald, Freiburg 1953
Weber, Max: Die Kirchzartener Geschichte, Kirchzarten im Mittelalter und Kirchzarten unter Freiburger Herrschaft, in: Haselier, Günther (Hrsg.): Kirchzarten, Geographie – Geschichte – Gegenwart, Kirchzarten 1966
Weis, Roland und Riesterer, Harald: Der Hochschwarzwald von der Eiszeit bis heute, Ostfildern 2009
Weis, Roland: Der Hotzenweg – Eine frühgeschichtliche Route vom Hochrhein ins Donaugebiet, Freiburg 2016
Ders.: Magisch – Mystisch – Megalitisch. Die rätselhafte vorchristliche Vergangenheit von Süd- und Hochschwarzwald, Freiburg 2013
Zahn, Vincent: Hinterzarten und der Hochschwarzwald vor zwei Jahrhunderten, (hrsg. von Hermann Brommer) Hinterzarten 1993
Zettler, Alfons und Zotz, Thomas: Die Burgen im mittelalterlichen Breisgau, 3 Bde., Ostfildern 2003, 2006, 2009

Ortsnamenregister

Ortsnamen (auch Gebäude und Einrichtungen)

Schwarzwald, Hochschwarzwald und Südschwarzwald sind wegen des häufigen Vorkommens nicht aufgeführt.

Personenregister

Bildquellennachweis

Alle Fotos von Roland Weis, soweit nicht direkt im Bildtext anders angegeben.